노래의 언어

노래의 언어

초판 1쇄 발행 2018년 3월 14일
초판 2쇄 발행 2018년 3월 28일

지은이 한성우
발행인 김형보
편집 최윤경, 박민지, 강태영, 이환희
마케팅 이연실, 김사룡

발행처 도서출판 어크로스
출판신고 2010년 8월 30일 제 313-2010-290호
주소 서울시 마포구 월드컵로14길 29 영화빌딩 2층
전화 070-5080-0459(편집) 070-8724-5877(영업) 팩스 02-6085-7676
e-mail across@acrossbook.com

ⓒ 한성우 2018

ISBN 979-11-6056-042-8 03700

이 도서의 국립중앙도서관 출판시도서목록(CIP)은 e-CIP 홈페이지(http://www.nl.go.kr/kolisnet)에서
이용하실 수 있습니다. (CIP 제어번호: CIP2018006700)

만든 사람들 | 편집 서지우 **디자인** 오필민

* 이 책은 인하대학교의 연구비 지원(과제번호 55891)의 결과물입니다.

노래의 언어

유행가에서 길어 올린 우리말의 인문학

한성우 지음

어크로스

머리말

'이 땅의 모든 말' 과 '말의 참된 주인'.

그동안 배우고 익힌 것, 그리고 조사하고 연구한 것들을 바탕으로 몇 권의 책을 쓰면서 조합해낸 구절인데 곱씹어볼수록 여러 면에서 스스로 힘을 얻게 된다. '이 땅의 모든 말' 은 우리 땅 곳곳에서 쓰이는 방언을 뜻하고, '말의 참된 주인' 은 우리말을 쓰는 모든 사람을 뜻한다. '사투리, 시골말, 비표준어' 등으로 폄하되기도 하지만 '한국어' 라고 불리는 언어의 실체를 이루는 퍼즐 조각이 '방언' 이고, 그 말을 쓰는 모든 이들이 '말의 참된 주인' 이다. 이 책은 이 땅의 모든 말과 말의 참된 주인으로부터 배우고 익혀서 만든 세 번째 책이다.

전작 《방언정담》에서는 남도에서 두만강까지, 그리고 서울깍쟁이부터 육진 아바이까지 이 땅의 모든 말을 두루 살펴보았다. 그리고 《우리 음식의 언어》에서는 과거의 밥상부터 오늘날의 식탁에 이르기까지 먹고 마시는 것에 관련된 말들을 들여다보았다. 그 이후 말의 참된 주인들 모두가 공유하면서 희로애락을 함께하는, '말로 이루어진 무엇' 을 찾던 차에 노랫말이 눈과 귀로 스며들었다. 기쁠 때나 슬플 때나 늘 우리 곁에 있는 노래, 가락과 장단이 중심인 듯하지만 우리의 마음속에 마지막까지 남는 것이 노랫말이다. 이번에는 이 땅의 모든 말의 참된 주인들이 즐기는 노랫말이 주인공이다.

수없이 많은 노래가 있지만 역시 말의 참된 주인들이 즐기는 노래여야 한다. 그것이 '유행가'라 불리든 '케이팝K-Pop'이라 불리든 우리의 곁에 가장 가까이 있는 노래들이 있다. 라디오와 텔레비전을 통해서 듣기도 하고, 세월 따라 바뀌는 각종 저장 및 재생 장치로 듣기도 하는 그 노래들의 한 축을 노랫말이 차지하고 있다. 멜로디와 리듬은 기억에서 지워져도 여전히 마음 한 구석을 울리는 가사들, 때로는 노래방 기계의 도움을 받아 자신 있게 불러대는 그 가사들은 바로 '말' 그 자체다. 그것도 1920년대부터 지금 이 순간까지 끊임없이 만들어지며 말의 참된 주인들로부터 사랑을 받고 있는.

어쩌다 보니 소위 '문과'와 '이과'를 넘나들며 살아온 덕에 대용량 자료를 모으고, 처리하고, 분석하고, 글로 엮어내는 것이 가능했다. 엄청난 규모의 빅 데이터까지는 아니지만 모으고 처리하는 데 몇 달이 걸릴 정도로 큰 규모의 노랫말 자료를 만들었다. 컴퓨터로 처리하다 막히는 것은 전문가의 도움을 받고, 일일이 눈으로 보며 고쳐야 하는 것은 함께 공부하고 있는 학생들의 도움을 받았다. 그렇게 수십만에 이를 것으로 추정되는 노래 중에 26,000여 곡을 추려 원고지로 계산하면 75,000장 정도가 되는 노랫말이 이 책의 밑바탕이다.

그런데 100년이 넘는 긴 세월이 문제다. 젊을 때는 '요즘 노래'를 좋아하는데 나이가 들면서 '옛날 노래'를 좋아하게 된다. 물론 세월이 흘렀어도 여전히 '젊었을 때의 요즘 노래'를 좋아하는 것일 뿐이다. 사정이 이렇다 보니 노래에 대한 생각과 기억이 저마다 다르다.

예를 들어 노랫말에서 절대 빠질 수 없는 '사랑'에 대해 다룰 때 '이 세상에 하나뿐인 둘도 없는 내 여인아'로 시작되는 '훈아 오빠' 혹은 '훈아 형아'의 〈사랑〉을 반드시 언급해야 한다고 믿는 세대가 있다. 그러나 어떤 세대는 '훈아 할배'를 몰라서 공감하지 못하거나 알기 때문에 원초적으로 싫어하기도 한다. 이는 세대의 문제다.

그래서 시대 전체와 노래 모두를 꿰뚫을 수 있는 키워드들을 중심으로 노랫말을 들여다보았다. 단언컨대 이 땅의 말의 주인들이 모두가 좋아하는 노래는 없다. 그러나 좋아하는 모든 노래를 망라해 분석해보면 분명한 사실이 있다. 노랫말은 곧 '사람의 삶을 노래하는 말'인 것이다. 갖가지 통계 기법을 활용해 '노래, 말, 사람, 삶'이 노랫말 속에 어떻게 반영되었는지, 그리고 그것이 시대에 따라 어떻게 변화해왔는지를 살피는 것이 모두를 만족시킬 수 있는 유일한 방법이기도 하다.

책을 쓰기까지 많은 이들의 도움을 받았다. 무엇보다도 노랫말 자료를 만들어준 모든 이들에게 감사한 마음을 전한다. 너무 크고 복잡한 자료들을 손쉽게 다룰 수 있도록 도와주신 서울대학교 국어국문학과의 박진호 선생님께 감사드린다. 자료를 띄우는 10여 분 동안 멍하니 기다리는 사위를 위해 초고속 컴퓨터를 사주신 어머님, 혼자서 수정하려면 몇 년이 걸렸을 일을 도와준 인하대학교 한국어문학과 시 창작 동아리의 회원들 또한 고맙기 그지없다. 초고를 꼼꼼히 읽고 도움말을 주신 주변의 여러분들 또한 큰 힘이 되었다. 세 권의 책을 내기까지 변함없는 지원과 조언을 아끼지 않은 김형보 대표님, 90년대 언저리까지에만 머물러 있는 저자의 '아재 감성' 때문에 노심초사하며 꼼꼼하게 도와준 편집자 서지우 씨는 이 책을 쓰면서도 큰 도움이 되었다. 이번에도 멋진 표지를 만들어준 디자이너 오필민 씨와 잘못된 문장과 표기를 바로잡아준 출판사 여러분께도 고마움을 표한다.

이 땅의 모든 말의 참된 주인을 위해 이 책을 썼다지만 고마움 뒤에는 늘 두려움이 뒤따른다. 지루하고도 까다로운 방언조사의 제보자가 되어주신 모든 분들, 말을 배우기 시작하면서부터 지금까지 이 땅의 모든 말을 들려준 모든 분들은 늘 고맙다. 그러나 그 말을 재료로 엉뚱한 요리를 만들거나 듣기 싫은 노래를 불러대는 것은 아닐까 두렵다. 오류가 있다면 여전히 배움과 생각이 부족한 탓이다. 혹시라도 잘못이 있다면 늘 배워서 고쳐나갈 준비가 되어 있다. 부족하지만 이 책을 이 땅의 모든 노래꾼들에게 바친다. 노랫말을 지은 이, 가락과 장단을 얹은 이, 혼과 정을 담아서 부른 이, 그리고 듣고 따라 부르며 즐긴 모든 이에게.

2018년 2월 마지막 날
한성우

차례 ─────────────────────────────

노랫말을 찾아가는 길

매일 노래를 듣는다. 잠 안 오는 새벽이든 일찍 눈 뜬 새벽이든 텔레비전을 틀면 애국가가 4절로 이루어졌다는 것을 다시금 확인하게 된다. 버스나 택시를 타게 되면 기사님의 노래 취향이 파악되고, 카페와 술집에 가게 되면 음악만 들어도 그곳에 드나드는 손님의 연령대가 감지된다. 인터넷상의 개인 블로그를 방문했을 때 주인장이 배경음악을 깔아놓았다면 좋든 싫든 들어야 한다. 세상의 온갖 소리가 거슬릴 때에는 이어폰으로 막은 귀를 온전히 노래에 내어주기도 하고, 혼자만의 시간에는 오래된 음반을 꺼내 플레이어에 걸어보기도 한다. 일부러 피하지 않으면 하루가 온통 노래와 함께한다.

그런데 무엇을 듣는가? '노래'는 '가사에 곡조를 붙여 목소리로 부를 수 있게 만든 음악'으로 정의된다. '곡조'라고 뭉뚱그려져 있지만 이 속에는 리듬과 멜로디가 포함된다. 가사, 리듬, 멜로디, 목소리 중 무엇을 듣는가? 모든 것이 어우러져야 노래가 되니 이중 하나만 꼽으라는 것은 이상하다. 그러나 직업이 직업이다 보니 어느 순간 하나에 집중하게 된다. '말'이다. 노래에는 '가사'라는 말로 들어 있는데 각각 '노래〔歌〕'와 '말〔辭〕'이니 우리말로 하면 '노랫말'이다. 리듬과 멜로디는 음악을 전공하는 사람들의 영역이지만 목소리를 통해 나오는 말은 언어를 전공하는 사람들의 영역이다. 사정이 이렇다 보니 꽤 오랜 시간 노랫말에 집중하게 된다.

노래와 노랫말은 삶의 체취가 배어 있는 말이다. 곡조에 사람의 목소리가 실려 나오는 것은 모두 노래지만 일상적으로 '노래'라고 하면 가곡, 오페라 등의 클래식 음악의 그것과는 구별된다. 텔레비전, 라디오, 음반을 통해 누구나 듣고 누구나 따라 부를 수 있는 것을 뜻한다. 노랫말은 국어시간에 배우거나 시집을 따로 사야 읽을 수 있는 시와 구별된다. 형식이야 비슷하지만 격이 한층 높은 것으로 인식되는 시와는 달리 노랫말은 우리의 삶 깊숙이 들어와 있다. 우리 삶의 체취가 짙게 배어 있어 매일 듣고 따라 부르는 노랫말이니 구미가 당긴다. 옛 문헌이나 사전에 박제된 말이 아닌 삶 속에 살아 있는 말이니 그것을 들여다보는 것은 우리의 삶을 비춰보는 것이기도 하다.

노랫말을 찾아가는 길은 그렇게 시작된다. 노랫말을 들여다보려면 노랫말을 모두 모아야 한다. 모으는 것에서 그치지 않고 잘 추려내야 한다. 그렇게 추려낸 노랫말을 다시 분석해야 한다. 일상의 다른 말과 비교도 해봐야 하고 노랫말에 담긴 단어의 기원도 찾아봐야 한다. 그뿐 아니라 시간의 흐름에 따른 변화도 살펴보아야 한다. 만만치 않은 작업이다. 무엇을 '노래'라 정의할 것인가도 문제이고, 그노래를 어떻게 모아야 할 것인가부터 높은 장벽이다. 그래도 길을 떠난다.

어떤 노래를 대상으로 할 것인가

우리의 삶 속에 살아 숨 쉬는 말을 노랫말을 통해 살펴보고자 한다면 그 대상을 정하는 것이 무엇보다도 중요하다. 아무래도 모두가 자연스럽게 접하고, 즐기고, 부르는 것으로 정하는 게 좋겠다. 동요처럼 특정한 세대나 집단에 한정돼 있는 노래는 제외하자. 어릴 때 주로 부르다 기억 속에만 남게 되는 동요는 언어적인 면에서도 다소 차이가 있다. 가곡도 우리의 노래인 것은 틀림없지만 학창 시절의 음악 시간이나 몇몇 사람들만 즐기는 음악회에서 불리는 것이어서 역시 한정적이다. 민요, 신민요 등 국악 프로그램에서나 들을 수 있는 노래도, 시위 현장에서 주로 불리는 소위 민중가요 혹은 운동권 가요도 빼는 것이 좋겠다.

이런 것들을 죄다 빼고 나면 남는 부류의 노래가 비로소 분명해진다. '대중가요'라 할지 '유행가'라고 할지, 다시 검토해봐야겠지만 이 이름들이 가리키는 노래다. 작사자와 작곡자가 만든 노래를 가수가 불러서 음반으로 내거나 무대에서 직접 부르는 노래들이다. 가사와 곡조가 친숙해서 누구나 즐겁게 듣고 따라하는 그런 노래다. 동요를 부를 만한 아이들도 곧잘 따라 부르고, 클래식 음악을 하는 이나 국악을 하는 이들도 사석에서 때때로 부르고 즐기기도 하는 그런 노래다. 음악적으로 꼬치꼬치 따지면 한이 없겠지만 그런 분석 없이도 직감적으로 알 수 있는 그 노래를 대상으로 하는 것이 좋겠다.

대중가요 혹은 유행가를 대상으로 하더라도 시기가 문제다. 이는 음악 자체에 대한 논의와 더불어 역사적 고찰이 필요한 문제지만,

1920년대 초에 유성기 음반으로 발매되어 널리 불리게 된 노래부터 지금도 새롭게 만들어지고 있는 모든 노래를 대상으로 삼기로 한다. 벌써 100년 가까이 된 노래들도 있으니 그 노래를 모르는 사람들도 수두룩하다. 하지만 형식적으로나 내용적으로 어느 정도 통하는 것이 있으니 100년의 세월에 걸쳐 만들어진 모든 노래를 대상으로 하는 것이 좋겠다. 게다가 100년의 세월은 시간의 흐름에 따른 변화를 살펴보기에 충분하니 길게 느껴질 수 있는 이 역사가 오히려 고맙기도 하다.

그러나 100년 동안 만들어진 '모든' 노래를 대상으로 할 수는 없다. 대상과 범위를 정하더라도 이 노래가 몇 곡이나 되는지 아는 사람은 아무도 없다. 만들어지기는 했지만 악보에만 남은 노래도 있고, 음반 한 구석을 차지하고 있지만 주목을 전혀 끌지 못한 노래도 있다. 할 수만 있다면 이런 노래들을 모두 모으는 것도 좋지만 방법이 없다. 다 모은다면 어림잡아 몇 십만 곡은 넘을 듯한데 노랫말은커녕 제목 목록도 완전하게 만드는 것이 불가능하다. 게다가 어떤 노래는 다른 사람에 의해 다시 불리기도 하고, 조금 고쳐서 발매되기도 해서 이 모두를 다시 정리하는 것도 만만치 않다. 결국 모든 노래를 대상으로 하되 적절한 방법으로 추리는 작업이 필요하다.•

• 가장 많은 자료가 정확히 정리되어 있을 것으로 보이는 한국음악저작권협회의 자료를 보면 2017년 12월 1일 기준으로 604,029곡이 등록되어 있다. 작사자, 작곡자, 편곡자 등의 저작권을 기준으로 한 것이 같은 곡이 여러 번 등록되어 있는 경우도 있어 곡만을 기준으로 하면 많이 줄어들 것이다. 가장 많은 음원이 정리되어 있는 것으로 보이는 N포털 자료를 살펴보면 가수 중 나훈아가 가장 많은 곡을 목록에 올린 것으로 보인다. 이름으로 검색해보면 653개의 앨범에 3,965곡을 부른 것으로 나오는데 곡 목록에 들어가보면

그래도 대상은 정해졌다. 음반으로 발매된 최초의 노래라고 알려진 〈희망가〉가 나온 1923년 이후 오늘날까지의 모든 노래 중 대중가요 혹은 유행가를 대상으로 추려내면 된다.

어떻게 노랫말을 모을 것인가

대상과 범위를 정하고 나면 노랫말을 어떻게 모을 것인가 하는 문제에 바로 맞닥뜨리게 된다. 범위를 어떻게 정하든 결국 노랫말을 모을 수 있어야 하는데 만만치가 않다. 이전의 누군가가 노랫말을 깔끔하게 정리해뒀다면 감사한 일이지만 그런 자료는 없다. 노래 전체의 목록이 없으니 목록에 따라 노랫말을 모으는 것도 애초에 불가능하다. 음반의 뒷면이나 속지에 가사가 적혀 있는 것도 있는데 이것을 모두 모을 수도 없는 노릇이다. 그리고 분석을 하자면 모두 입력을 해야 하는데 긴 시간이 필요한 작업이다. 결국은 어딘가에 정리된 자료를 찾아야 한다. 데이터베이스로 만들어진 자료가 있으면 좋겠지만 없다면 노랫말이 정리된 책자를 구해 입력하면 된다.

　　관련 단체에서 자료를 정리해놓았다면 고마운 일이지만 역시 그런

3,632곡이 정리돼 있다. 이중에서 같은 노래를 다른 음반에 실은 것이 있어 중복된 것을 제외하면 어림잡아 767곡이다. 그러나 767곡의 목록을 다시 살펴보면 〈황혼의 부루스〉, 〈황혼의 부르스〉, 〈황혼의 블루스〉가 표기상의 문제로 다른 곡으로 처리되는 것이 꽤 있다. 이것마저 일일이 비교해 목록을 만드는 것도 쉬운 일이 아니다. 제목만으로도 이러한데 노랫말 전체를 정리하는 것은 불가능해 보이기도 한다.

자료를 찾지 못했다. 다행히 희망은 있다. 세상이 좋아지다 보니 개인이나 단체가 인터넷상에 올려놓은 자료가 꽤 된다. 인터넷상에서 음원 서비스를 하는 업체도 몇몇 되는데 대부분 자료를 깔끔하게 정리해놨다. 그러나 이들 업체의 주된 서비스 대상은 음원 파일이지 노랫말이 아니다. 그렇다 보니 노랫말은 업체에서 정리한 것이 아니라 이용자 중 누군가가 올린 것이 대부분이다. 누군가가 올리지 않으면 빈칸으로 남을 수밖에 없는데, 상당수가 그렇다. 결국 이런 자료들은 쓸 수가 없다.

그런데 가능한 많은 곡을 가지고 있어야 하는 곳이 있다. 게다가 노랫말, 아니 가사가 생명인 곳이 있다. 웅장한 반주와 함께 화면에 정확한 가사를 보여줘서 누구든 가수가 된 기분을 느끼게 해주는 곳이다. 노래방이다. 더 정확하게는 노래방 기계를 만들고 반주와 가사를 제공하는 노래방 업체다. 손쉽게 검색해서 손님이 원하는 노래를 바로 부를 수 있게 해야 하니 체계적인 데이터베이스는 필수다. 이렇게 고마울 수가……. 회사의 홈페이지에서 친절하게 가사 서비스를 제공하고 있다. 원하는 곡을 클릭하면 꽤나 정확한 가사가 제공된다. 인터넷상으로 제공되는 정보를 감사한 마음으로 모두 받아 정리하면 된다.

반가운 것이 한 가지 더 있다. 이곳에는 '모든' 노래가 정리되어 있지는 않지만 '의미 있는' 노래가 정리되어 있는 것이 분명하다. 손님들이 관심이 없어 찾지 않을 곡의 반주와 가사를 제공할 이유가 없으니 이 업체의 기준은 철저히 손님이다. 그리고 이 손님은 노래를 듣고 즐기고 따라하는 사람과 대개 일치한다. 고맙게도 목록 선정의 어려움을 덜어준다. 어떤 기준으로 목록을 선정하든 객관적인 기준을 정하기가 어려운데 이곳에선 연령, 성별, 취향 등 모든 것을 고려해 손님이 한 번쯤은 찾을 만한 노래를 가능한 한 많이 정리해놓는다. 이보다 더 좋은 선별 기준을 만들 수 없는 한 업체가 서비스하는 목록에 기대는 것이 가장 현실적이다.

그래도 남는 문제가 있다. 상대적으로 오래된 노래들의 숫자는 적은데 반해 최근의 노래는 아주 많다는 것이다. 물론 절대적인 숫자의 문제이기도 하다. 노래를 만드는 이나 부르는 이가 적은 시절, 그리고 음반을 만들기 어려웠던 시절의 노래와 오늘날의 노래는 그 수에서 많은 차이가 난다. 오늘날 홍수처럼 쏟아지는 노래들은 선별을 해야겠지만 몇 곡 되지 않는 초기의 노래들은 가능하면 전부 다루는 것이 좋겠다. 일제 강점기의 유성기 음반 모두를 포함시키고, 1980년에 모 출판사에서 엮은 〈한국가요전집〉 5권에 포함된 노래 중 노래방 업체의 목록에서 빠진 노래를 보충한다. 그래도 부족하겠지만 어느 정도 구색을 갖출 수 있게 된다.

어떻게 노랫말을 정리할 것인가

2016년 11월 6일, 특별한 날은 아니지만 이날까지 5만 곡의 노래의 정보를 모았다.* 5만 곡을 모두 분석해야 하는 것은 아니다. 이 중에는 영어, 일어, 중국어로 된 외국 노래가 꽤나 포함되어 있다. 제외하기로 한 동요, 가곡 등도 포함되어 있고 '메들리'나 행사곡도 들어 있다. 같은 노래라도 리메이크되거나 방송에서 다른 사람이 불렀으면 다시 정리해 올렸으니 겹치는 노래도 많다. 이런저런 이유로 필요 없는 것들을 모두 제외하고 보충해야 할 것들을 보충하고 나니 26,250곡이 된다. 이것이 절대적인 수는 아니지만 1923년의 〈희망가〉부터 2016년의 노래까지 담아야 할 노래는 모두 담았다.

이제 노래를 적절하게 분류하는 것이 남았다. 무엇보다도 각각의 노래를 시대별로 분류하는 것이 중요하다. 지난 100년 동안의 변화를 살피기 위해서는 언제 만들어진 노래인지에 대한 정보가 있어야 하기 때문이다. 26,000여 곡을 모두 개별적으로 조사해 가능한 한 최초 발표 시점을 기준으로 다섯 개의 시기로 나눈다.

시기 구분은 우리 근현대사의 흐름과 음악 자체에 나타난 변화를 기준으로 한다. 최초의 노래부터 한국전쟁이 일어나기 전까지 시대적으로나 음악적으로 연속성이 있으니 1기로 묶는다. 50~60년대는 이전 시기의 연속선상에서 우리 노래가 틀을 잡아가는 시기이니 2기로 묶고, 포크 음악이 새로운 흐름을 형성하는 70~80년대를 3기로 묶는다. 이어 발라드 음악이 주류를 이루던 90년대를 4기로 묶고, 댄스와 힙합 음악이 대세를 이루는 2000년 이후를 5기로 묶는다. 이런 시기 구분은 노랫말의 역사적 변화를 잘 보여준다.

• 국내 최대의 노래방 업체 TJ미디어가 운영하는 TJ노래방 질러 홈페이지에서 제공하는 노래 목록을 저본으로 삼고 인터넷상의 다양한 가사 자료를 참고했다. 노래는 계속 쏟아져 나오는데 모든 노래를 대상으로 동일한 방법을 사용해 분석하자면 대상을 확정해야 하니 자료 수집이 끝난 이날까지의 자료만을 대상으로 한다. 이후에 여러 곡이 추가되었지만 그새 불후의 명곡이 나온 것 같지도 않고, 그 곡들이 빠졌다고 해서 통계에 미치는 영향은 미미하다.

시기	곡수
1기(~1949)	566
2기(1950~1969)	584
3기(1970~1989)	1,983
4기(1990~1999)	3,640
5기(2000~)	19,477
합계	26,250

▶ 노래의 다섯 시기와 곡수

　노랫말을 만든 작사자, 곡을 만든 작곡자를 가능하면 정확하게 정리하고 노래를 부른 가수도 가능하면 맨 처음 부른 사람으로 정한다. 노랫말을 분석할 때 가수가 그리 중요한 변수는 아니지만 작사자는 꽤 중요한 요소다. 이제 남은 것은 각 노래를 장르로 구별하는 것이다. 트로트, 포크, 발라드, 댄스, 힙합 등 일상에서 흔히 쓰이는 장르 구분이 있으니 시도할 만하다. 그러나 이 작업은 덮어둘 수밖에 없다. 분명한 기준이 없다. 가수에 따라 장르를 구분하는 것이 그나마 정확할 수 있지만 한 가수가 꼭 한 장르의 노래만 부르라는 법이 없다. 음원 서비스 업체의 분류를 기준으로 삼아보려고 해도 분류가 제각각인데다가 신뢰할 수 없는 것도 꽤 많다. 남은 방법은 모든 곡을 다 살펴서 정하는 것인데 이 작업을 책임지고 할 수 있는 사람은 어디에도 없다. 아쉽지만 어쩔 수 없는 일이다.

어떻게 노랫말을 분석할 것인가

언어를 분석하는 방법은 여러 가지가 있다. 분석할 양이 얼마 되지 않으면 일일이 읽어보며 꼼꼼하게 분석하는 것이 최선이다. 그러나 26,000여 곡의 노랫말을 모아보면 제목만으로도 원고지 2,600장이 되고 가사는 원고지로 75,000장 정도가 된다. 한 번 죽 읽어내는 것도 보통 시간이 걸리는 일이 아니다. 게다가 여러 가지 기준으로 분석을 하고 통계까지 내는 것은 시간상 불가능하다. 그러나 일단 입력된 자료가 있으면 컴퓨터의 도움을 받을 수 있다. 자료를 이리저리 가공하면 각종 기본적인 통계는 쉽게 낼 수 있다. 언어와 컴퓨터를 접목시킨 연구자들의 노력 덕에 노랫말을 프로그램에 넣으면 문장을 거의 완벽하게 분석해준다. 단, 컴퓨터에게 줄 문장이 컴퓨터가 알아볼 수 있도록 표기와 띄어쓰기가 정확해야 한다.

안타깝게도 노래방에서 제시되는 가사는 이런 점에서는 완벽하지 않다. 맞춤법이 틀린 것은 많지 않지만 띄어쓰기가 문제다. 노래방의 화면에 나오는 가사는 규범에 맞게 띄어 쓴 것이 아니라 노래를 부르기 좋게 끊어놓은 것이다. 그러니 띄어쓰기는 일일이 눈으로 보며 고쳐야 한다. 컴퓨터를 이용한 분석을 하기 위해서는 어쩔 수 없는 과정이어서 다섯 명이 한 달 남짓 이 작업을 했다. 컴퓨터에 문장을 넣으면 이렇게 바꿔준다.*

---

* 이러한 작업을 해주는 프로그램을 형태소분석기라고 하는데 기존의 여러 형태소분석기 중 울산대학교 한국어처리연구실의 utagger를 이용했다. 정확하고도 편리하게 작업할 수 있는 프로그램을 만들어주신 분들께 감사의 뜻을 전한다.

난 알아요. 이 밤이 흐르고 흐르면 누군가가 나를 떠나버려야 한다는 그 사실을 그 이유를 이제는 나도 알 수가 알 수가 있어요.

나_03/NP+ㄴ/JX 알/VV+아요/EF+./SF 이_05/MM 밤_01/NNG+이/JKS 흐르_01/VV+고/EC 흐르_01/VV+면/EC 누구/NP+이/VCP+ㄴ가/EC+가/JKS 나_03/NP+를/JKO 떠나/VV+아/EC+버리_01/VX+어야/EC 하_01/VX+ㄴ다는/ETM 그_01/MM 사실_04/NNG+을/JKO 그_01/MM 이유_04/NNG+를/JKO 이제_01/NNG+는/JX 나_03/NP+도/JX 알/VV+ㄹ/ETM 수_02/NNB+가/JKS 알/VV+ㄹ/ETM 수_02/NNB+가/JKS 있_01/VA+어요/EF+./SF

• 서태지 작사, 서태지와 아이들 노래, 〈난 알아요〉, 1992

외계어같이 보이지만 웬만한 언어 분석은 다 가능한 결과물이다. 명사니 동사니 하는 품사별로 빈도와 빈도별 순위를 낼 수도 있고 말끝을 반말로 끝내는지 존댓말로 끝내는지도 알아낼 수 있다. 좀 더 가공을 하면 특정한 단어 앞뒤에 어떤 단어가 많이 나타나는지도 찾아볼 수 있다.

노랫말에 쓰인 여러 요소별로 빈도를 내어보는 것은 가장 기본적인 작업이다. 이것을 시대별로 비교해보기도 하도 작사자별로 비교해볼 수 있다. 노랫말 내에서의 이러한 비교도 의미가 있지만 노랫말의 특성을 더 정확히 파악하기 위해서는 다른 자료와 비교하는 것이 필요하다. 노랫말에 특정한 단어가 많이 쓰인다는 심증을 객관적인 비교를 통해 물증으로 보여주는 것이 필요하다. 이 작업은 '말뭉치'를 분석한 결과와 대조하면서 진행했다. 영어로는 '코퍼스corpus'라고 하는 말뭉치는 방대한 분량의 각종 언어자료를 집적해놓은 것이다.* 컴퓨터에 입력된 자료라면 여러 가지 방법으로 분석이 가능하고 더 세밀한 언어적 분석까지 곁들여 구축한 것이라면 훨씬 다양하게 이용할 수 있다. 노랫말의 특성을 밝히기 위해 비교 대상이 필요할 때마다 이 말뭉치와 비교한다.

어떻게 서술할 것인가

노랫말을 분석한 결과는 목록과 수치로 표현된다. 어떠한 말이 어느 정도의 빈도와 비율을 보이는지, 각종 기준에 따라 어떤 변화 혹은 차이를 보이는지를 보여주는 도표가 그것이다. 이것을 무작정 나열하는 것만으로는 재미가 없다. 노랫말은 죽어 있는 단어와 문장의 조합이 아니라 살아 숨 쉬는 생명체와 같은 것이다. 노래로 불리기 위해 다듬어진 말이고, 부르고 듣는 사람들의 삶을 담아낸 것이 노랫말이다. 그러니 '노래', '말', '사람', '삶'에 초점을 맞추게 된다. 결국

• 말뭉치 혹은 코퍼스는 언어 연구를 위해 컴퓨터가 읽고 처리할 수 있는 형태로 가공한 언어자료를 뜻한다. 여러 종류의 언어 표본을 추출하고 이를 일정한 형식에 따라 저장해놓는다. 컴퓨터의 발달에 따라 말뭉치의 크기도 커졌고 이를 활용하는 방법도 다양해졌다. 이 책에서는 국립국어원에서 구축한 세종말뭉치를 이용했다. 원시자료는 600MB 분량의 텍스트 파일이고 앞의 노래처럼 형태소 분석이 된 것은 1,400만 어절로 된 247MB 분량의 텍스트 파일이다.

'노래를 위한 말 속에 반영된 사람의 삶'에 대한 이야기로 엮어내는 것이다.

첫 장에서는 '노래'와 관련해 집중적으로 서술한다. 분석과 서술의 대상이 되는 노래를 어떤 이름으로 부르는가에 대해 먼저 다룬다. 부를 이름이 있어야 이후에 언제든지 불러내어 서술할 수 있기 때문이다. 이어 성격이 서로 비슷한 노랫말과 시를 비교해본다. 서로 간에 같은 점과 다른 점은 무엇인지, 그리고 그 속의 주된 정서가 무엇인지 밝혀본다. 다음으로 우리 노래의 일부분을 차지하고 있는 번안곡을 시간의 흐름에 따라 살펴보고, 그다음으로 노래의 일부분이지만 오늘날 중요하게 다뤄지는 후렴에 대해 서술한다. 마지막으로 황당한 이유로 금지곡 목록에 올랐던 노래들을 되짚어본다.

두 번째 장에서는 '말'의 속성에 기대어 노랫말을 서술한다. 노랫말도 결국은 문장을 이루게 되는데 그 문장의 주어, 목적어, 서술어가 어떤 특성을 가지는가를 먼저 살펴본다. 다음으로 제목이나 노랫말의 끝부분에 주목해 노랫말이 주는 여운을 집중적으로 서술한다. 또한 노랫말에는 사투리가 어떻게 반영되는지와 우리의 말이 얼마나 절묘하게 노랫말에 담기게 되는지 속속들이 들여다본다. 마지막으로 많은 이들이 지적하는 노랫말 속의 외국어를 시간의 흐름에 따라 살펴보고 색다른 분석 결과를 제시해본다.

세 번째 장에서는 노랫말 속의 주인인 '사람'에 대해 서술한다. 먼저 노랫말에는 어떤 '사람'이 등장하는지에 대해 다각적으로 살펴본다. 뒤이어 그 사람들이 노랫말을 통해 그토록 하고 싶어 하는 '사랑'을 집중적으로 분석해 결과를 보여준다. 다음으로 노랫말 속에서 가족은 어떠한 모습으로 나타나고 있는지를 알아보고, 사랑만큼 중요하다고 여겨지는 '우정'은 어떻게 다뤄지는지 이어서 살펴본다. 마지막으로 노랫말에 자주 등장하는 직업군의 의미에 대해 탐구해 본다.

네 번째 장에서는 노랫말이 그리고 있는 '삶'에 초점을 맞추어 살펴본다. 우리 삶의 순환구조를 만들어주는 계절이 노랫말 속에서 어떻게 그려지고 있는가를 먼저 살펴본다. 뒤이어 100년의 세월 동안 시간을 어떻게 표현하고 있는지, 노랫말이 우리 삶의 터전인 공간을 어떻게 나타내고 있는지 살펴본다. 또한 노랫말 속에 우리의 의식주는 어떻게 반영되고 있는지, 자연의 변화는 또 어떻게 노래하고 있는지 꼼꼼히 살펴본다.

이제 노래를 위한 말 속에 담긴 사람들의 삶에 대한 이야기를 시작한다.

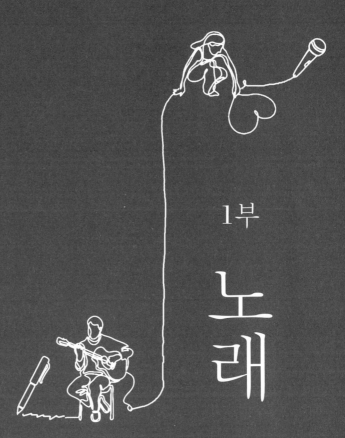

1부

노래

1
'노래'를 부르는 말들

한 남자가 사랑하는 여자를 두고 떠난다. 남자는 그냥 가기 미안했던지 뒤를 돌아보며 지극히 통속적인 말을 한마디 남긴다. '사랑하지만 떠난다'고. 그러나 이미 마음을 다잡은 여자는 단호하게 말한다.

> 사랑한단 말을 마오 유행가 가산 줄 아오
> 갈래면 가지 왜 돌아봅니까
> • 윤항기 작사, 윤복희 노래, 〈왜 돌아보오〉, 1984

1984년에 발표된 이 노래는 전혀 생각지 못한 충격파를 연속으로 던진다. 구수한 가락에 호소력 짙은 목소리의 창법도 그렇지만 무엇보다도 가사 속의 두 단어 '사랑'과 '유행가'가 그렇다. 노랫말이 온통 사랑타령인 것은 누구나 알고, 또 느끼는 사실이다. 그런데 이 노래는 사랑타령이 노래의 본질인 것을, 그리고 그 사랑타령이 바로 '유행가'임을 명확히 한다. '유행가'는 1930년대부터 흔히 쓰인 말이지만 그것을 노랫말 속에 그대로 담아낸 것은 처음이다. 겉으로 보면 싸구려 노래에 값싼 사랑을 싸잡아 폄하하는 듯하다. 그러나 절대로 그렇지 않다. 윤복희는 한국과 미국을 오가며 큰 인기를 누린 '유행가 가수'다. 그런 그녀가 스스로 이름을 인정한 '유행가'를 부르고 있다.

뭐든 이름이 있어야 한다. 텔레비전이나 라디오만 켜면 들려오는 노래, 기쁘면 한 곡, 슬프면 두 곡도 부르는 그 노래, 우리의 삶 가장 가까운 곳에서 우리와 함께 숨 쉬는 그런 공기 같은 노래에도 이름이 있어야 한다. '노래'는 가리키는 대상이 너무 넓다. 좁혀 생각하면 '가요 歌謠'라는 말이 가장 먼저 떠오른다. 한자의 뜻을 따르자면 '부르는 노래' 정도의 의미다. '대중大衆'을 앞에 붙인 '대중가요'란 말도 흔히 쓰인다. 그런데 이 말은 머리에 먹물이 많이 든 사람들이 약간의 폄하와 무시를 담아 쓰기도 한다. 적어도 이것이 지시하는 노래를 부르는 이들이나 즐기는 이들이 스스로 '대중가요'라고 일컫지는 않는다.

이 모든 말을 하나로 부를 수 있는 이름이 '유행가'다. 유행가는 사전에서 특정한 시기에 대중의 인기를 얻어서 많은 사람들이 듣기도 하고 부르기도 하는 노래라고 정의하고 있다. 우리 노래의 역사로 치자면 서양음악의 영향을 받아 1920년대 이후에 만들어져 함께 즐기고 불러온 노래를 가리킨다. 음악적으로 더 깊이 따지자면 수없이 많은 갈래의 노래가 유행가라는 말로 뭉뚱그려진다. 기원도 제각각, 내용과 형식도 제각각이지만 이른 시기의 신민요부터 오늘날 힙합 곡까지 어쨌든 당대의 많은 사람들이 좋아하는 노래가 결국은 유행가인 것이다.

유행가의 많은 갈래 중 가장 많이 입에 오르내린 것이 소위 '뽕짝'

이다. 이 부류의 노래가 등장한 것이 우리 유행가의 시작이기도 하고 이것과 싸움을 해온 것이 유행가의 역사이기도 하다. 노랫말을 모으고 분석해 그 이야기를 쓰려는 첫발을 '뽕짝'에 디뎌야 하는 이유가 여기에 있다. 미우나 고우나 우리 노래의 출발점이기 때문이다. 그리고 우리의 '유행가' 속에 녹아든 블루스, 엘레지, 트위스트, 맘보, 발라드, 댄스 등도 함께 돌아볼 필요가 있다. 물론 음악 자체가 아닌 노랫말이 우리의 관심사다. 이렇듯 다양한 갈래를 가리키는 용어들이 우리 노랫말 속에 녹아들어 있는 것은 '유행가'의 변화와 발전을 보여주는 것이기도 하다.

'뽕짝'의 탄생

'노래 한 곡 불러봐'라는 말은 우리의 삶 속 여러 자리에서 들을 수 있는 말이다. 이 요청에 응해 나오는 노래에 따라 그 자리의 성격과 자리를 채우고 있는 사람의 면면이 훤히 그려진다. 그러나 이 요청에 어느 때고 부응하는 노래는 누가 뭐라 해도 유행가다. 아이들끼리 모인 자리라도, 클래식 음악을 하는 사람들끼리 모인 자리라도 당대 유행하는 노래를 한 자락 뽑아야 환영받는다. 그럼에도 불구하고 이 노래에 대한 태도는 늘 이중적이다. 아주 오래전부터.

연극장 근방과 기생촌 이외 료리점, 주점, 노리터가 갓가이 잇는 동리에서는 류행가 그중에서도 잡가가 아이들의 입에 옴겨저 때

업시 부르고들 잇습니다.

• '순진한 심정을 기르기 위하야 아이에게 조흔 음악을', 〈동아일보〉, 1931.
10. 20.

아무리 비판을 하더라도 유행가의 유행을 막을 길은 없다. '누가 뭐라 해도 좋은 걸 어떡해'라는 노랫말처럼 들으면 기쁘고 부르면 좋으니 널리널리 퍼져나갈 수밖에 없다. 좋아하면서도 싫어하는 척해야 하기도 하는, 그러면서도 욕을 먹으면 또 한없이 안쓰러워하기도 하는 노래 유행가, 이 노래들을 둘러싼 복잡한 심경은 '뽕짝'이라는 말로 압축되어 나타난다.

'뽕짝'의 음악적 기원과 역사적 변천에 대한 논의는 무수히 많다. 리듬은 '폭스 트로트Fox Trot'에서 기원을 했고, 곡조는 일본의 5음계에 영향을 받았고 하는 등등은 음악의 영역이니 논할 바가 아니다. 중요한 것은 말이다. '트로트, 도롯도, 뽕짝, 아리랑, 전통가요' 등 갖가지 이름에 대한 기원이 궁금하다. '폭스 트로트'에서 '폭스'를 떼어내면 '트로트'가 되고 이것의 일본식 발음이 '도롯도'이니 가볍게 해결된다. 뽕짝의 대가가 자부심을 가지고 의욕적으로 새롭게 제안한 '아리랑'은 호응을 많이 얻지 못했으니 역시 논외다.* '전통가요'는

• 자신을 '아리랑 노래꾼'으로 부르는 나훈아의 주장이다. 미국은 '팝', 프랑스는 '샹송', 이탈리아는 '칸초네', 일본은 '엔카'라는 이름으로 자신들의 노래를 부르는데 우리는 그런 이름이 따로 없다는 데서 낸 제안이다. 민요 '아리랑'이 이미 많은 사람들에게 각인이 되어 있는 터라 이 주장이 받아들여지기는 어려워 보인다. 사실 '팝'은 그저 널리 알려졌다는 의미의 'popular'에서 일부를 따온 것이고, '샹송'과 '칸초네'는 단순히 '노래'라는 뜻을 가진 프랑스어어와 이탈리아어일 뿐이다.

'케이팝K-Pop'과 함께 다시 다뤄야 하니 잠시 미룬다. 남는 것은 '뽕짝'이다.

우리말에서 된소리가 들어간 단어는 그리 많지 않다. 최근에 와서 많이 된소리로 변한 말도 많고, 된소리가 들어간 새로운 말이 많이 생기기도 하는데 별로 환영을 받지 못한다. 그런데 '뽕짝'은 된소리가 둘이나 들어 있다. 게다가 '뽕'은 이상야릇한 단어다. '뽕'은 누에를 치기 위해서 꼭 필요한 나무일 뿐인데 다들 뽕나무가 우거진 속에서 님도 보고 뽕도 따는 장면을 연상한다. 마약의 하나인 '필로폰 Philopon'이 일본을 거쳐 들어오면서 같이 들어온 말 '히로뽕'이 다시 '뽕'으로 줄어들기도 한다. 보정용 속옷에 들어가는 것도 '뽕'이고 방귀소리도 '뽕'이다. 심지어 '뽕을 뽑다'에도 정체불명의 '뽕'이 있다. 하나같이 좋은 의미는 없다.

하지만 '뽕짝'의 '뽕'을 이러한 것과 관련짓는 것은 터무니가 없다. 뽕짝의 전성시대인 60년대에 '히로뽕'이 퍼져나가기 시작했지만 이는 우연의 일치이자 결과론적인 견강부회일 뿐이다. '뽕짝'을 '히로뽕'이나 다른 '뽕'과 관련을 지으려면 '짝'도 해결을 해야 한다. 그런데 아무도 그에 대해서는 말하지 못하고 있다. 누가 이 말을 썼는지 알 길이 없으니 물어볼 방법도 없다. 그렇다면 특정한 음악의 갈래를 가리키는 말이니 아무래도 음악적으로 풀어야 한다. 트로트, 아니 그이전에 폭스 트로트의 음악적 특성에 기대어 풀어봐야 한다. 그런데 이미 우리의 유행가 중 하나에 그 답이 있다.

쿵짝쿵짝 쿵짜자 쿵짝 네 박자 속에

사랑도 있고 이별도 있고 눈물도 있네

• 김동찬 작사, 송대관 노래, 〈네박자〉, 1998

폭스 트로트, 혹은 트로트의 전형적인 리듬을 입으로 표현하면 이
노래 속의 '쿵짝쿵짝 쿵짜자 쿵짝'이 된다. '쿵짝'은 본래 소리를 흉내
내는 말이기만 '쿵짝이 맞는다'라는 말이 생길 정도로 우리의 삶 속
에 깊이 들어와 있는 말이기도 하다. '쿵짝'과 '뽕짝'은 조금 달라 보
이지만 언어학적으로는 아주 가깝다. '쿵'과 '꿍'은 거센소리와 된소
리의 차이가 있기는 하지만 소리를 흉내 내는 말이니 거기서 거기다.
'오'와 '우'는 글자상으로 점의 위아래가 다르지만 소리상으로 왔다
갔다 할 수 있다. 그렇더라도 'ㄲ'이 'ㅃ'이 되는 것이 이상하게 여겨
질 수도 있다. 그런데 묘하게도 우리의 귀는 'ㄱ'과 'ㅂ'을 혼동해서
듣기도 하고 이런 이유로 방언에 따라 'ㄱ'과 'ㅂ'이 교체되기도 한다.*
그러니 '쿵짝'과 '뽕짝'은 그리 멀지가 않다.

의성어 '쿵짝'이 특별한 의미를 담고 있지 않다면 '뽕짝'도 역시 그
렇다. 그저 리듬을 흉내 낸 소리가 노래의 갈래로 정해진 것일 뿐인
데 이후 우리말의 모든 '뽕'과 연관을 지으면서 썩 좋지만은 않은 이

• '덤불'과 '덩굴'이 혼동되어 쓰이는 것, 해장국 재료로 쓰이는 민물 다슬기가 지역에 따라
'올갱이'와 '올뱅이'로 불리는 것을 예로 들 수 있다. 우리는 '쿵짜작쿵짝'이라고 하는 것
을 일본에서는 '분챳챠분분챳챠ぶんちゃっちゃぶんちゃっちゃ' 하는 것을 봐도 그렇다. 우리
는 '쿵'이라고 듣는 소리를 일본사람들은 '분(붕)'이라고 듣는 것이다. 그러나 '분챳챠분
챳챠'가 '뽕짝'에 더 가깝다고 해서 '뽕짝'이 일본말에서 왔다고 하는 것은 또 다른 억측
이 될 수 있다. 우리는 '쿵'이라도 듣는 대포소리를 영어권에서는 '붐boom'이라고 듣는
것까지 포함해 'ㄱ'과 'ㅂ'이 왔다 갔다 하는 것으로 이해해야 한다.

미지가 고정된다. 심지어 '유치 뽕짝'이란 말이 나올 정도로. 비하하는 의미를 이름에 담기도 하고 실제로 천대를 하기도 하지만 '뽕짝'으로 대표되는 유행가는 우리의 삶과 떼려야 뗄 수도 없다.

유행가 노래 가사는 우리가 사는 세상 이야기
그 시절 그 노래 가슴에 와 닿는 당신의 노래
• 송애린 작사, 송대관 노래, 〈유행가〉, 2003

우리 댄스 음악의 역사

'음주가무飮酒歌舞'라는 말에서도 알 수 있듯이 노래와 춤은 늘 함께 붙어 다닌다. 춤을 추기 위한 노래가 있고, 노래가 있으면 춤을 출 수 있으니 함께 붙어 다니는 것은 이상한 일이 아니다. 사실 우리가 즐기는 노래의 상당수가 춤과 관련이 있다. 노래의 형식이 춤과 관련이 있는 것뿐만 아니라 가사에도 그대로 반영이 된다. 음악을 전문으로 하는 사람들이 아닌 한 '맘보, 차차차, 트위스트, 탱고, 쌈바'가 뭔지 잘 모른다. 그나마 '고고'와 '디스코'는 '고고장'과 '디스코장'으로 현실에 들어와 있어서 조금은 친숙하다.

그런데 묘하다. '맘보'는 〈닐리리 맘보〉로 기억되고, '차차차'는 '얼씨구 절씨구 차차차 지화자 좋구나 차차차'란 가사로 기억된다. '트위스트'도 〈울릉도 트위스트〉로, '쌈바'는 '쌈바 쌈바 쌈바 쌈바'라는 노래의 일부로 기억된다. 누가 봐도 물 건너 들어온 '맘보, 차차차,

트위스트'가 '닐리리, 얼씨구'와 같이 토속적인 추임새와 어우러져 있고, 동해에 뚝 떨어져 있는 섬 울릉도와 짝을 이루고 있다. 먼 곳에서 유래했지만, 춤과 관련된 리듬으로 우리 땅에 들어왔지만 결국은 우리의 유행가로 자리를 잡았음을 보여주는 사례다. 그리고 본래는 리듬으로 기억되던 것이 어느 순간 가사로 기억되고 있음을 말해주기도 한다. 또한 유행가에서 가사가 차지하는 비중이 얼마나 큰가를 보여주기도 한다.

그러나 가사가 저만치 밀려나기 시작한다. 소위 '댄스 음악'이 유행하기 시작하면서 나타난 현상이다. 직전에 유행하던 '발라드'는 부드러운 선율에 고운 가사를 실어 부르는 장르였다. 사실 '발라드'란 말이 우리 땅에서는 음악의 한 갈래로 자리를 잡았지만 본래는 자유로운 형식의 시를 뜻하니 가사가 중요시되는 것은 당연하다.* 그런데 그 뒤를 이은 댄스곡들은 빠른 리듬, 높내림이 급격한 멜로디, 시끄러운 전자음, 정신 사나운 춤을 특징으로 한다. 뜻 모를 내용의 가사가 담기기도 하고 의미 없는 소리가 반복되기도 한다. 가사로 기억되고, 가사로 소환되던 그런 맛이 없어졌다.

• '발라드'는 춤을 춘다는 뜻의 라틴어 ballare에서 유래했다. 처음에는 춤에 맞춰 노래하기 위해 만들어진 시였는데 14세기에 이르러서는 정형화된 작은 서사시를 가리키게 되었다. 음악에서는 춤을 추기 위한 통속적 가곡이었는데 14세기에 이르러서는 춤과 멀어져 독창곡이 되었다. 쇼팽의 피아노곡 〈발라드〉에서 알 수 있듯이 19세기에는 피아노 소품을 가리키기도 했다. 우리는 통상적으로 발라드는 감성적인 사랑 이야기를 담은 노래를 가리킬 때 쓴다.

빱빱 빱 빱뚜 와리와리 빱빱 빱 빱뚜 와리와리

춤을 추고 싶을 때는 춤을 춰요 할아버지 할머니도 춤을 춰요

• 김창렬 작사, DJ DOC 노래, 〈DOC와 춤을〉, 1997

댄스 음악의 새로운 변화는 '뽕짝'을 '유행가'와 동일시하는 세대들
이 양보할 문제다. '뽕짝'이 그 리듬 '쿵짝'에서 나온 것임을 생각해보
면 더더욱 그렇다. '빱뚜 와리와리'라는 알 수 없는 소리로 노래를 시
작하지만 이들은 할아버지 할머니도 함께 춤을 추자고 손을 내밀고
있다. 이 땅에 '유행가'가 불리기 시작할 무렵의 세대는 '이 풍진 세
상을 만났으니 너의 희망이 무엇이냐'라는 가사를 읊으며 어깨춤을
추었다. 그다음 세대는 나팔바지를 입고 트위스트를 추었고, 또 그다
음 세대는 '멀리 기적이 우네'라는 가사를 읊으며 손가락을 여기저기
찌르는 디스코에 즐거워했다. 댄스 음악도 '유행가'이고 모든 유행가
가 그렇듯이 물이 흐르듯 자연스럽게 그 줄기가 이어진다. 불리는 모
든 노래가 유행가이고, 유행가라는 것은 시간의 흐름과 뗄 수 없는
관계다. 우리의 '유행가'는 그렇게 풍성해진다.

'늴리리야'가 '케이팝'?

유행가를 듣는 촌뜨기와 팝송을 듣는 세련이, 이런 구분은 꽤 오랫동
안 지속되었다. 오늘날은 음반과 음원이 국경 없이 실시간으로 넘나
들지만 지직거리는 라디오와 소위 '빽판'으로 불리는 불법복제 LP판

이 전부였던 시절이 있었다. 한국의 엘비스 프레슬리라 불리는 가수의 '저 푸른 초원 위에 그림 같은 집을 짓고'를 따라 부르는 이들이 있었는가 하면 원조의 '밧 아이 캔트 헬프 폴링 인 러브 위드 유'란 가사를 힘들게 따서 흥얼거리는 이도 있었다. 어찌됐든 유행가와 팝송은 격이 다른 노래였다.

그런데 이상하다. 유행가를 영어식으로 표현하자면 '파퓰러 송 popular song'이고 '팝송pop song'은 그 줄임말이다. 'popular'가 인기가 있다는 뜻이니 '파퓰러 송'은 '인기곡'란 뜻이 된다. 인기곡이란 것이 특정 시대에 여러 사람의 사랑을 받는 노래란 뜻이니 결국 팝송이나 유행가나 본래의 의미는 같은 것이다. 하지만 말이란 것이 본래의 의미와는 상관없이 쓰임이 달라지기도 해서 유행가와 팝송이 전혀 다른 말로 쓰이고 있는 것이다. '파퓰러 송'이 본래 인기곡이란 뜻이지만 '팝송' 혹은 더 줄어든 '팝'은 유럽과 북아메리카에서 만들어진 노래를 뜻하게 된다. 아니, 우리말이 아닌 '꼬부랑 말'로 된 노래를 가리킨다고 보면 더 쉽다.

'popular song'은 최근 들어 많이 쓰이고 있는 '케이팝K-pop'이란 말의 모체가 되기도 한다. '케이팝'은 '라틴팝Latin pop', '제이팝J-pop'과 같은 궤를 이루는 말인데 여기에는 영어를 모국어로 쓰는 사람들의 묘한 '부심'이 반영돼 있다. '팝송'은 콩글리시라고 지적을 받으니 '팝pop' 혹은 '팝 뮤직pop music'은 우리식으로 하자면 '영어로 된 유행가'이다. 영어권의 노래가 'pop'이니 다른 지역, 다른 언어를 구별할 필요가 있어서 앞에 'Latin, Korea, Japan'을 붙이는 것이다. 결국 영어로 된 팝을 먼저 상정해놓고 다른 지역, 다른 언어로 된 노래를 팝에 끼워주는 형국이지만, 케이팝이라는 이름은 우리의 노래가 전 세계로 알려지기 시작하면서 만들어진 것이니 그 나름의 의미가 있겠다. 새로운 단어가 기존의 단어를 이용해 만드는 것은 흔한 일이기도 하다.

그렇다면 이 노래는 케이팝인가?

> 어머나 어머나 이러지 마세요 여자의 마음은 갈대랍니다
> 안 돼요 왜 이래요 묻지 말아요 더 이상 내게 원하시면 안 돼요
> • 윤명선 작사, 장윤정 노래, 〈어머나〉, 2003

요즘 말로 대박이 난 노래지만 정작 이 노래를 부른 가수는 곡을 받고 부르기 싫어 사흘 동안 울었다고 알려진 노래다. 제목에, 그리고 노래의 첫머리에 있는 '어머나'는 경박하기 이를 데 없고, '안 돼요'라 말하는 여자의 목소리는 상스럽게 보이기도 한다. 그러나 강변가요제에서 댄스곡으로 대상을 받은 경력의 소유자가 부른 찰진 노래다. 경박하고 상스럽다는 것은 선입견일 뿐 막상 노래를 들어보면 묘하게 빨려 들어가는 매력이 있다. 멜로디와 창법 때문이기는 하지만 쉬우면서도 솔직한 가사 때문이다. 이런 노래에 '케이팝'이란 상표를 붙일 수 있을 것인가?

케이팝은 한류와 함께 생겨난 말이다. 노래에서 한류를 주도한 것은 주로 아이돌 그룹의 댄스곡이다. 그러니 이런 부류의 곡들이 아무리 한국에서 유행하더라도 케이팝이란 상표를 붙이기가 망설여진다. 그렇다고 2003년에 만들어진 노래를 '뽕짝'이라고 부르기도 마땅치

않다. 그래서 새롭게 만들어진 상표가 '전통가요' 혹은 '성인가요'다. 과연 이런 부류의 노래에 '전통'이란 말을 가져다 써도 되는가 하는 부정적인 시각도 있다. 아이들도 따라 부르는 노래인데 굳이 '성인'이란 말을 쓴 것은 다소 과해 보이기도 한다. 그래도 '뽕짝'의 부정적인 이미지를 씻고자 하는 노력이 돋보인다.

> 닐리리야 니나노 난실로 내가 돌아간다
> GDRAGON hot 뜨거운 냄비
> 이것은 힙합 우리나라 민요에 rappin
> 얼씨구 절씨구 잘도 놀아난다
> • 지드래곤 외 작사, 지드래곤 노래, 〈닐리리야〉, 2013

〈어머나〉와 지드래곤의 노래 〈닐리리야〉의 가사만을 비교해보면 놀랍도록 비슷하다. '어머나'가 경박하다면 '닐리리야'는 촌스럽다. '안 돼요'나 '잘도 놀아난다' 모두 상스럽기는 마찬가지다. 그러나 이러한 접근은 유행가에 대한 근본적인 비하 의식을 바닥에 깔고 있는 것이다. 얼마나 더 고상해야 하고 세련되어야 하는가. 이런 기준으로 보자면 본바닥의 팝 가사의 상당수는 맨 정신으로는 봐줄 수 없는 수준이다. 하지만 색안경을 벗고 보면 많은 사람이 듣고 즐거워하고 또 따라 부르는 유행가다. 그것이 전통가요라고 불리든 케이팝이라고 불리든 상관없이.

유행가에서 마지막에 남는 것

유행가라는 말은 근본적으로 연속된 시간을 전제로 한 말이다. '유행 流行'이란 말 자체가 '흐르다(流)'와 '가다(行)'란 말이 결합된 것을 봐도 그렇다. 그런데 '흘러가는'과 '흘러간'은 인식 면에서 큰 차이가 있다. '유행'을 현실에서 진행되고 있는 것으로 파악하는가, 이미 지나가 버린 과거의 것으로 파악하는가의 차이다. '유행가'란 말 자체가 구닥다리의 말이요, 그것이 지시하는 노래 또한 과거의 노래이니 많은 사람들이 유행가를 '흘러간 노래'로 받아들인다. 그러나 이러한 인식은 시간의 속성을 망각한 데서 기인한 것이다. 지금 유행하는, 아니 인기를 얻고 있는 곡도 곧 흘러가버린다. '지금'의 시기를 확대해서 잡는다고 하더라도 결국에는 흘러가버린다. 결국 모든 노래는 흘러간 노래가 된다.

노래의 생산과 소비 양상을 세대 간의 다툼으로 보는 시각들이 꽤 있다. 음반 가게와 음원 리스트, 그리고 텔레비전의 음악방송을 점령해 버린 아이돌 그룹의 댄스 음악이 못마땅한 어른들이 있다. 일요일 낮의 〈전국 노래자랑〉과 월요일 밤의 〈가요무대〉에 채널을 고정시킨 어른들에게 볼멘소리를 하는 젊은 친구들도 있다. 그러나 새로운 노래에 지갑을 열 마음의 준비가 안 돼 있는 어른들이 음악시장에 대해 불만을 표하는 것은 시장 논리를 무시하는 처사다. 반면에 일주일에 겨우 두 번, 그것도 재방송도 되지 않는 프로그램마저 없애라는 것은 최소한도의 다양성마저 말살하려는 시도다.

'유행가'의 시각으로 보면 이러한 다툼은 무의미하다. 결국은 모두가 흘러가는 노래일 뿐이다. 지금, 아니 요즘 나오는 노래 중 극히 일부만 '진짜 유행가'가 되고 대부분은 소멸한다. 그런 진짜 유행가는 세대를 뛰어넘어 사랑을 받게 된다. 그러니 흘러간 노래만 찾는 세대도 진짜 유행가에 마음을 열 필요가 있다. 그리고 요즘 노래를 듣는 젊은이들의 세월도 공평하게 흘러간다. 이들 또한 머잖아 흘러간 노래를 즐기는 세대가 되고 나이가 들어갈수록 더 시간의 폭을 과거로 넓혀간다. 자신들도 곧 흘러간 세대가 되는데 먼저 흘러간 세대들과 그들이 즐기는 노래에 대해 미리 관대해질 필요가 있다.

'흘러간 노래'로서의 유행가에서 마지막까지 남게 되는 것은 무엇인가? 뮤직비디오 속의 현란한 춤이나 쿵쾅대는 리듬, 그리고 화려한 선율은 아니다. 조용히 따라 불러 보고 곱씹어 보는 노랫말이 가장 마지막까지 남는다. 그것이 노랫말이 가진 힘이다. 수없이 만들어지는 노래 중에서 어떤 노래가 진짜 유행가가 될지 아무도 모른다. 그것은 결국 세월이 정한다. 노래를 듣고 부르는 이들이 곁에 남기를 바라는 노래들이 유행가의 목록 속에 포함돼 오래오래 기억될 뿐이다. 그러니 모두가 노래나 과거의 노래 모두에 관대하게 마음을 열 필요가 있다. 그래서 이영훈과 이문세는 이렇게 노래한다.

세월이 흘러가면 어디로 가는지 나는 아직 모르잖아요
그대 내 곁에 있어요 떠나가지 말아요 나는 아직 그대 사랑해요
• 이영훈 작사, 이문세 노래, 〈난 아직 모르잖아요〉, 1985

'왜 돌아보오'의 대상은 사랑하는 사람이다. 그것을 '노래'로 바꾸

어보는 것도 홍미롭다. 어차피 노래는 되돌아볼 수밖에 없다. 지금 흘러가는 노래 중에 어떤 노래가 진짜 유행가가 될지 알 수 없으니 시간의 선택을 거친 노래를 되돌아볼 수밖에 없다. 돌아본다고 해서 모두가 과거의 것은 아니다. 되돌아봐서 보이는 노래는 지금도 애정이 남아 있는 노래다. 지금도 떠오르는 옛 노래가 있다면, 지금도 노랫말을 되새겨보는 노래가 있다면 그것이 진짜 유행가다. 그런 유행가들을 돌아보면서 지금의 유행가가 그저 흘러가버리지 않고 늘 우리 곁에 남아 있기를 바라는 것이 진정으로 우리 노래를 사랑하는 방법이다.

2
노래가 된 시, 시가 된 노래

크리스마스 무렵부터 섣달그믐까지 각 방송사의 황금시간대는 각종 시상식으로 채워진다. 세 방송사가 각각 연기, 연예, 가요 등으로 나눠 따로 발표하고 온갖 명목의 상들이 해마다 늘어나니 지루한 수상 소감을 듣다 보면 어느새 새해가 밝아온다. 요즘에는 가사에 대한 상이 가요에 대한 상의 일부로 편입이 되어 있으나 한때 가사만을 위한 시상식이 따로 마련되기도 했다. 그중 1983년 제1회 KBS 가사대상의 수상곡은 여러 가지 생각을 하게 해준다.

> **[대상]** 눈이 부시게 푸르른 날은 그리운 사람을 그리워하자
> 저기 저기 저 가을 꽃자리 초록이 지쳐 단풍 드는데
> • 서정주 작사, 송창식 노래, 〈푸르른 날〉, 1983

> **[금상]** 하늘엔 조각구름 떠 있고 강물엔 유람선이 떠 있고
> 저마다 누려야 할 행복이 언제나 자유로운 곳
> • 박건호 작사, 정수라 노래, 〈아 대한민국〉, 1983

상을 빈은 곡은 가사이지만 시이기도 하다. 대상 수상곡은 온갖 논란에도 불구하고 시만은 최고라고 인정받는 시인 서정주의 시다. 금상 수상곡도 본래 시인이었던 박건호가 썼다. 하나는 '눈이 부시게 아름다운' 시이고, 다른 하나는 '용비어천가'와 비슷한 찬양 일색의 가사다. 그럼에도 불구하고 가사와 시의 관계를 곱씹어 보게 해주는 것은 확실하다.

시에 곡을 붙이면 노래가 된다. 애초에 연주곡으로 만들어진 것이 아닌 한 본래 노래란 모두 이런 식으로 만들어진다. 그러나 본격적으로 유행가가 만들어지기 시작하면서 가사가 시와 분리되기 시작한다. 시인이 쓴 것을 시집에 발표하면 시가 되고, 작사가가 쓴 것에 선율을 입혀 가수가 부르면 가사가 된다. 시는 품격이 높고, 가사는 천박하다고 여겨지기도 한다. 유명 시인의 시가 노래로 만들어지면 '승화'로 표현되는데 시인이 작사가로 나서면 '전락'으로 표현된다. 단순한 분리가 아니라 차별이다.

그런데 언뜻 보면 내용과 형식면에서 시와 가사는 쉽사리 구분되지 않는다. 전문가들이야 각각의 품격을 따질 수 있겠지만 보통 사람들의 시각에서 보면 거기서 거기다. 잘 알려진 시가 유행가로 만들어지기도 하고 유행가의 가사를 쓰는 이 중에서는 시인 출신이거나 한때 문학도였던 이들도 많으니 쓰는 사람을 기준으로 둘을 구별하기가 쉽지 않다. 그러나 이는 약간의 '차이'가 '차별'로 과장된 것일 뿐 본질적인 뿌리는 같다. 내용과 형식도 그렇고 정서도 그렇다.

노래, 더 정확히는 유행가가 된 시는 손에 꼽을 수 있을 정도다. 김소월의 시가 유독 많은데 왜 그런가를 밝히는 것만으로도 노랫말의 속성을 밝히는 데 도움이 된다. 어떤 가사들은 가사가 아닌 시로 대접받기도 한다. 그런 가사를 쓰는 이, 그리고 그런 가사의 특성을 살펴보는 것도 역시 노랫말을 이해하는 데 유용하다. 시와 노래에 담긴 정서, 혹자는 그것을 '한恨'이라고 하는데 정말 그러한가를 살펴보는 것도 좋다. 공통적인 정서적 기반 위에 차이가 나는 요소가 있다면 그것이 노랫말과 시를 구별 지을 수 있는 요인이 될 수도 있다.

김소월의 시가 노래로 많이 불린 이유

노랫말이 되기 위해서는 갖춰야 할 요건이 있다. 말은 말이되 '부를 수 있는 말'이어야 한다는 것이다. 주어진 말에 리듬과 멜로디를 올려야 하니 말의 길이가 적당해야 하고 어느 정도 규칙적이어야 한다. 요즘에는 말과 노래가 구별되지 않는 노래들도 많이 만들어지지만 우리에게 익숙한 노래들은 대개 일정한 길이의 노랫말이 어느 정도 규칙성을 가지고 있다. 이는 노랫말과 시가 구별되는 특성이기도 하고 모든 시가 노래가 될 수 없는 이유이기도 하다. 또한 노랫말이 시에 비해 내용과 형식상 뭔가 자유롭지 못하다는 느낌을 주는 요인이기도 하다.

노래가 된 시를 찾아보다 보면 처음으로 만나게 되는, 그리고 가장 많이 만나게 되는 시인이 김소월이다.

〈개여울〉 김소월 시, 김정희 노래, 1967

〈부모〉 김소월 시, 유주용 노래, 1969

〈세상 모르고 살았노라〉 김소월 시, 활주로 노래, 1978

〈실버들〉 김소월 시, 희자매 노래, 1978

〈못 잊어〉 김소월 시, 장은숙 노래, 1978

〈예전엔 미처 몰랐어요〉 김소월 시, 라스트포인트 노래, 1979

〈진달래꽃〉 김소월 시, 마야 노래, 2003

〈세노야〉 고은 시, 양희은 노래, 1971

〈세월이 가면〉 박인환 시, 박인희 노래, 1976

〈순아!〉(사랑) 정만영 시, 최헌 노래, 1978

〈어디서 무엇이 되어 다시 만나랴〉 김광섭 시, 유심초 노래, 1980

〈해야〉 박두진 시, 마그마 노래, 1981

〈푸르른 날〉 서정주 시, 송창식 노래, 1983

〈향수〉 정지용 시, 이동원과 박인수 노래, 1989

〈우리가 어느 별에서〉 정호승 시, 안치환 노래, 1993

많지 않은 노래 중에 다른 시인들은 단 한 곡씩만 리스트에 올라 있는데 김소월은 여러 곡을 올리고 있다. 김소월이 먼 훗날 자신의 시가 노랫말이 될 것을 예상하고 그리 썼을 리는 없다. 그러나 가장 먼저 노래로 만들어진 〈개여울〉을 시 원문대로 보면 답이 저절로 나온다.

당신은 무슨 일로
그리합니까?
홀로이 개여울에 주저앉아서

파릇한 풀포기가
돋아나오고
잔물은 봄바람에 헤적일 때에

가도 아주 가지는
않노라시던
그러한 약속이 있었겠지요

날마다 개여울에
나와 앉아서
하염없이 무엇을 생각합니다

가도 아주 가지는
않노라심은
굳이 잊지 말라는 부탁인지요

　노래는 절로 구분이 되지만 시는 연으로 구분이 된다. 5연으로 구성된 이 시는 각 연의 행의 수가 같고 각 연의 모양이 비슷하다. 한글은 한 음절이 한 글자로 표현되니 각 연의 모양이 비슷하다는 것은 글자 수가 비슷하다는 것이고 글자 수가 비슷하다는 것은 같은 호흡으로 노래를 부를 수 있다는 것이다. 이 시가 노래로 만들어지는 과정에서 연의 구분이 없어지고 노래의 형식에 맞게 노랫말이 배치된다. 중고등학교 국어시간에 배웠던 말이기는 하지만 음보, 즉 3음보

가 각 연마다 일정하게 지켜지는 덕분에 리듬과 멜로디를 만들기가
극히 쉽다. 게다가 3연과 5연이 같아서 후렴처럼 노래를 꾸릴 수도
있다. 애초부터 김소월은 우리 시가의 전통적인 음보율을 자신의 시
에 잘 반영했으니 그의 시가 노래로 많이 만들어지는 것은 당연하기
도 하다.

　누구나 이해할 수 있을 정도로 쉬운 내용도 한몫한다. 〈부모〉라는
제목의 이 시를 읽고, 혹은 노래를 듣고 내용을 이해 못 할 이는 없
다. 그리고 부모에게서 생겨나오지 않은 사람이 없으니 이 노래가 마
음에 와 닿지 않을 사람도 없다.

　　낙엽이 우수수 떨어질 때
　　겨울의 기나긴 밤
　　어머님하고 둘이 앉아
　　옛 이야기 들어라
　　나는 어쩌면 생겨나와
　　이 이야기 듣는가
　　묻지도 말아라 내일 날에
　　내가 부모 되어서 알아보랴

　의도하지 않았지만 '노래를 위한 시'를 많이 쓴 김소월은 노랫말의
특성을 간접적으로 보여준다. 길고, 복잡하고, 난해한 시도 멋진 시
로 인정을 받는다. 하지만 노랫말이 된 시는 더 널리 알려지며 사랑
을 받는다. 규칙적이고도 적당한 길이, 쉽지만 누구나 공감할 수 있

는 내용의 시들이다. 혹시라도 '품격 높은 시'와 '수준 낮은 노랫말'이라는 대립적인 시각을 가진 이가 있을지도 모른다. 그러나 노랫말은 노랫말대로 갖추어야 할 고유의 특성이 있다. 그것 때문에 노랫말이 시보다 폄하되는 것은 옳지 않다. 읽히지 않는 시집의 한 페이지를 차지하고 있는 것보다 여러 사람이 기억하고 공감하는 노랫말이 더 큰 가치를 가질 수 있다.

아름다운 시가 노래로 더 많이 만들어지고, 시인이 좋은 노랫말을 써준다면 시도 노래도 풍부해지는 일이다. 박두진의 〈해야〉와 정지용의 〈향수〉를 노래로 만든 이들이 고마운 이유가 여기에 있다. 〈해야〉는 시의 일부만 따 왔지만 시의 느낌을 잘 살렸다. 길고도 규칙적이지도 않은 〈향수〉는 시 맨 마지막의 '그곳이 차마 꿈엔들 잊힐리야'를 후렴처럼 중간에 반복적으로 살려 노래로 만들었다. 너무 길어서 둘이 나눠서 불렀다는 우스갯소리도 있지만 서로 다른 분야의 노래꾼이 어우러져 더 멋진 노래를 탄생시켰다.

시인이 극찬한 노랫말

가사대상의 첫 번째 수상자인 시인 서정주가 극찬한 노랫말이 있다. '한 편의 아름다운 시'라고 한껏 찬사를 받은 노래는 다름 아닌 〈슬픈 베아트리체〉다.

그대 여린 입술 사이로 바람처럼 스친 미소가

나의 넋을 휘감아 도는 불꽃이 되어 타오르리니
슬픈 그대 베아트리체 아름다운 나의 사랑아

• 곽태요 작사, 조용필 노래, 〈슬픈 베아트리체〉, 1992

이 노래는 여러 모로 특이한 노래다. 대부분의 노래의 길이가 3분 내외인 시절, 이 노래는 6분이나 된다. 오케스트라 반주에 가성과 진성을 넘나드는 창법도 그렇다. 노래를 발표한 지 얼마 되지 않아서 활동을 중단하게 되어 상대적으로 많이 알려지지 않는 노래, 그런데 이 노래의 가사를 들여다보면 서정주가 왜 찬사를 아끼지 않았는지 이해가 된다. 단테의 사랑과 시혼詩魂의 원천이라는 베아트리체가 등장하는데 사실 우리는 베아트리체를 잘 알지 못하니 그저 신비로움이 더해진다. 감각적이고도 섬세한 단어와 문장을 엮어낸, 한때 문학청년이자 당대 현직기자는 이 곡을 포함해 몇 곡만 남기고 어느 날 홀연히 사라진다. 가수가 직접 작곡을 하고, 단번에 녹음을 끝냈다는 일화와 함께 노랫말은 아련한 아름다움으로만 남는다.

시와 노랫말은 같으면서도 다른데 아름다운 노랫말은 시라고 불리며 칭송을 받기도 한다. 그리고 그런 노랫말을 쓰는 이는 시인으로 대접을 받기도 한다. 〈슬픈 베이트리체〉를 쓴 곽태요처럼 문학을 꿈꾸던 이, 〈타타타〉, 〈그 겨울의 찻집〉을 비롯해 수많은 노래의 노랫말을 작곡한 양인자처럼 문학을 전공한 이들도 있다. 그러나 시를 꼭 문학도들만 쓰는 것이 아니듯 노랫말을 쓰는 이들의 면면은 무척이나 다양하다. 다음의 표를 봐도 그렇다.

분석의 대상이 된 곡들의 상당수가 최근의 곡에 몰려 있으니 통계가 약간은 왜곡되어 있을 수는 있지만 사람들에게 어느 정도 알려진 노래를 대상으로 한 것이니 믿을 만하다. 그런데 대부분 낯설다. 1위부터 5위까지의 이름은 음악 관계자나 음악에 특별히 주의를 기울이지 않은 사람들이 아닌 한 잘 모른다. 박진영, 윤종신, 김창환, 용감

순위	작사가	곡수	순위	작사가	곡수
1	강은경	309	11	심현보	140
2	안영민	273	12	김창환	129
3	최갑원	265	13	이건우	123
4	이승호	220	14	김영아	117
5	조은희	217	15	용감한형제	114
6	박진영	211	16	민연재	110
7	윤종신	160	17	양재선	108
8	윤사라	159	18	반야월	107
9	김이나	150	19	한경혜	102
10	한성호	141	20	박건호	97

▶ 곡수에 따른 작사가 순위

● 이 책의 분석 대상인 2016년 11월, 노래방 업체 홈페이지에 등록된 곡을 기준으로 한 것이다. 한국 음악 저작권 협회에 등록된 곡은 이보다 훨씬 더 많다. 2017년 12월 기준으로 강은경은 755건, 안영민은 529건, 606건이다. 협회에서는 저작자의 권리 보호를 위해 모든 곡을 등록시켜놓은 것이고 노래방 업체에서는 노래의 인기도에 따라 선별해 올린 것이어서 이런 차이가 나타난다. 이 표에서 18위로 나타난 반야월은 협회의 목록에는 897건이나 등록돼 있다.

한형제 등은 낯이 익지만 이들이 가수와 프로듀서로서도 활동하고 있기 때문에 알고 있을 뿐이다. 노래는 노랫말과 곡, 그리고 가수가 삼위일체가 돼서 우리 곁으로 오는데 어찌된 일인지 노랫말을 만든 이들에 대한 우리의 관심은 영 부족하다.

그렇다고 이들이 베이트리체처럼 마냥 슬프기만 한 것은 아니다. 〈잊혀진 계절〉을 쓴 박건호는 '시월의 마지막 밤'이 되면 다시금 떠오른다. '뽕짝' 작곡가로서 유일하게 순위에 든 반야월은 가수 진방남의 다른 이름이기도하다. 〈아빠의 청춘〉과 〈소양강 처녀〉를 비롯한 3,000여 곡의 가사를 쓰고 100여 곡의 노래를 불렀으니 싱어송라이터Singer Song-writer란 말이 없던 시절 이미 박진영과 윤종신에 비견될 만한 업적을 보여준다. 박진영과 윤종신처럼 노래를 만드는 전 과정을 장악하고 노래까지 잘 부르는 것은 탁월한 능력이다. 그러나 우리 곁에 머물러 있는 노랫말을 쓴 이 모두가 고맙고도 소중한 존재이다. 부족한 건 우리의 관심이지 그들의 열정과 노력이 아니다.

'청승'과 '흥'의 노랫말

무엇이든 한 마디로 딱 잘라서 말할 수 있다면 그것은 꽤나 매력적이다. 복잡하게 설명할 것 없이 단어 하나로 모든 것이 설명된다면 굳이 잡다한 말로 애쓸 필요가 없기 때문이다. 그렇다면 우리의 시나 노래 속에 담긴 정서를 한 마디로 한다면? 이 정서는 100년 역사의 유행가뿐만 아니라 그 이전까지 거슬러 올라가 살피는 것이 마땅하다. 형식이야 서양 음악의 그것을 받아들였지만 노랫말 속에 면면히 흐르는 정서가 어디 갈 리가 없기 때문이다. 이 정서는 민요를 고쳐 만든 다음 노래에 적나라하게 드러나는 듯도 하다.

한 많은 이 세상 야속한 님아 정을 두고 몸만 가니 눈물이 나네
아무렴 그렇지 그렇구 말구 한 오백 년 사자는데 웬 성화요
• 강원도 민요, 조용필 노래, 〈한 오백 년〉, 1979

강원도 민요 두어 자락을 조합해서 새로 만든 노래이지만 노래의 첫 단어가 '한恨'이고, 살아가는 세상은 '한 많은 세상'이다. 그러니 이 노래의 주된 정서를 '한'이라고 단정 짓는 것은 전혀 문제가 없을 듯하다. 그런데 이 노래의 제목이 되기도 한 '한 오백 년'은 곰곰이 생각해보면 이상한 구절이다. 숫자 중에서 하나, 열, 백, 천, 만 등은 상징성도 있고 십진법과도 일치하니 흔히 언급되는 숫자이다. 하지만 오백은 전혀 낯설다. 오백은 천의 반이니 부족한 느낌을 피할 수 없고, 백 다섯을 모아야 할 일도 없다. 게다가 어림잡아 말할 때 쓰는 '한'이 앞에 붙었다. 인생이 길어봤자 백인데 왜 굳이 어림잡아 오백을 살겠다고 하는지 알 길이 없다.

'한 오백 년'의 '한'이 '恨'일리는 없다. 그런데 우리가 사는 시대 이전의 조선 500년, 나아가 그 이전의 역사까지 모두 통틀어 우리의 주된 정서를 '恨'이라고 잘라 말하는 시도가 있다. 길거리 점쟁이들의 말처럼 뭔가 맞는 말인 듯하기도 하지만 결코 긍정적이라 할 수 없는 말로 우리의 정서를 대표하려 하니 꺼림칙하다. 이것을 우리의 전통

적인 시가, 그리고 현대시에 적용해보면 부분적으로 맞기도 하다. 그러나 노래에는 맞지 않는다. 슬프고 우울한 노래들이 꽤 되는데 그것을 '한'으로 대표할 수 있는지는 의심스럽다. 기쁘고 활기찬 노래들도 많으니 이 말이 우리의 노래를 대표할 수는 없다.[*]

사전에서 '한'은 '몹시 원망스럽고 억울하거나 안타깝고 슬퍼 응어리진 마음'으로 풀이된다. 더 자세하게 '욕구나 의지의 좌절과 그에 따르는 삶의 파국, 또는 삶 그 자체의 파국 등과 그에 처하는 편집적이고 강박적인 마음의 자세와 상처가 의식·무의식적으로 얽힌 복합체'라고 풀이해놓은 것도 있다. 문학에서의 정의이기는 하나 이것을 노래에 적용하려니 더 꺼려진다. 적어도 우리가 노래를 듣고 부르면서 '파국'을 맞이하거나 '편집적이고 강박적인 마음'을 가지지는 않는다. 우리의 시나 노래에서 이런 정서를 오롯이 담아내고 있는 예가 무엇이 있을지 궁금하다. 그래도 다음의 노래는 '한'의 사전적 정의와 맞아떨어지는 듯하다.

불러봐도 울어봐도 못 오실 어머님을
원통해 불러보고 땅을 치며 통곡해요 다시 못 올 어머니여
불초한 이 자식은 생전에 지은 죄를 엎드려 빕니다
• 김영일 작사, 진방남 노래, 〈불효자는 웁니다〉, 1940

• '한'은 60년대부터 80년대 중반까지 유행하던 담론 속에서 '만들어진 정서'일 가능성이 크다. '한' 하나만으로 우리의 정서를 모두 표현할 수 없다는 점이 지적되어 80년대 후반부터는 이에 대한 논의가 더 이상 이루어지지 않는데 여전히 '한'을 우리의 주된 정서로 이해하는 이들이 많다.

원통해서 땅을 치며 통곡을 하고, 엎드려 죄를 비니 그야말로 한이 맺힌 노래가 아닐 수 없다. 〈한 많은 청춘〉, 〈한 많은 대동강〉 등 '한'이 제목에 그대로 드러난 노래도 있고, 분석 대상이 된 가사에서도 233회나 등장하니 적은 숫자는 아니다. 그러나 이렇게까지 절절하게 한을 토로하는 노래는 많지 않다. 그저 적당히 슬프고, 우울하고, 축축한 분위기에 젖어들 정도의 노래가 대부분이다. 노래를 듣고 부르면서 늘 애가 끓는다면 너무 괴로운 일이기도 하다.

그렇다면 '한'을 무엇으로 대신해야 할까? 우리 시를 연구하는 한 학자는 그것을 '청승'으로 대신한다.• '청승맞다, 청승을 떨다, 청승을 부리다'라고 말할 때의 그 청승이다. 청승이 사전에서는 '궁상스럽고 처량하여 보기에 언짢은 태도나 행동'이라고 정의하는데 '궁상스럽고 처량하다'는 부분이 의외로 노랫말의 정서와 어울린다. 노래를 부르면 주변에서 청승맞다고 구박할 때도 있지 않은가. 모든 노래가 그렇지는 않지만 '한'보다 '청승'이 더 잘 어울리는 노래가 많다. 물론 슬픈 노래가 그렇다는 것이다. 그리고 과거로 거슬러 올라갈수록 그런 노래가 많다는 것이다.

요즘에 만들어지는 노래 중에도 여전히 청승맞은 노래가 있기는 하지만 요즘 노래는 즐겁고 발랄한 것이 더 많다. 과거에도 그런 노

• 시 연구자와의 개인적인 자리에서 나온 이야기인데 여러 경로로 찾아봐도 그 출처가 확인이 되지 않는다. 언뜻 보면 한자어일 듯한데 이에 맞는 한자를 찾을 수 없어 고유어로 취급된다. 어원도 밝힐 수 있는 방법이 없다. '한'이 '만들어진 정서'였듯이 '청승' 또한 그럴 가능성이 있지만 모든 곡을 '청승'으로 설명하려고 무리하지만 않는다면 꽤나 많은 곡에 적용될 수 있다.

래가 없었던 것은 아니지만 요즘 들어 그런 노래의 비율이 훨씬 더 높아진 것이 사실이다. 이런 노래의 정서는 무엇으로 대표해야 할까? '흥興'만큼 적절한 단어를 찾기는 어려워 보인다. '신바람'이라 할 때의 '신'도 괜찮다. 이런 분위기의 노래들이 많아지는 것은 반가운 일이다. 노래를 부르면서 늘 청승을 떤다면 부르는 이나 듣는 이 모두가 행복할 수 없으니 말이다.

'청승'은 우리의 시를 설명하기 위한 말이지만 노래에 더 잘 맞는다. 여기에 '흥'과 '신'의 노래가 더해지니 노래는 기쁠 때나 슬플 때 늘 함께하는 동반자가 된다. 그런데 묘하게도 슬픈 노래가 오래오래 기억에 남는다. 흥겨운 노래는 좋은 일이 있을 때만 생각이 나는데 슬픈 노래는 가슴 한구석에 오래오래 남아 있다가 시도 때도 없이 솟아나온다. 노래가 적당히 청승맞아야 하는 이유이기도 하다. 작사한 곡의 수를 기준으로 한 순위에서는 다소 뒤로 밀리지만 가사가 아름답기로 유명한 이영훈의 노래가 많은 사람들의 기억 속에 남아 있는 이유이기도 하다.

바람이 불어 꽃이 떨어져도 그대 날 위해 울지 말아요
내가 눈감고 강물이 되면 그대의 꽃잎도 띄울게
　• 이영훈 작사, 이문세 노래, 〈시를 위한 시〉, 1988

이영훈은 '시를 위한 시'를 노래로 만들었다. 시처럼 아름다운 노랫말이라고 칭송을 받는 이영훈이지만 그는 시를 쓰지는 않았다. 노랫말이 아름다워야 하지만 그것을 굳이 시처럼 아름다운 노랫말이라고 표현할 필요가 있을까. 노랫말이 시와 닮아 있기는 하지만 노랫말 고유의 속성이 있다. 가락에도 잘 얹히고, 입에도 착 달라붙고, 우리의 기억 속에도 오래오래 남아 있는 그런 시가 진짜 노랫말이다. '시를 위한 시'가 아니라 '노래를 위한 시'를 써왔고, 지금도 쓰고 있고, 앞으로도 쓸 모든 이에게 경외와 감사를! 그리고 청승과 흥이 버무려진 우리의 노래에게도 감사를!

3
노래도 번역이 될까

우리의 삶을 담아낸 노랫말에 사람과 땅이 나오는 것은 당연하다. 그리고 그 사람은 우리나라 사람일 테고, 땅은 우리의 땅일 것이다. 그렇다면 '최 진사 댁 셋째 딸'은 어느 나라 사람일까? 내 고향 충청도는 어느 나라 땅일까? 어리석기 짝이 없는 질문 같지만 우리의 노랫말에 등장하니 짚고 넘어가보자.

건넛마을에 최 진사 댁에 딸이 셋 있는데
그중에서도 셋째 따님이 제일 예쁘다던데
아따 그 양반 호랑이라고 소문이 나서
먹쇠도 얼굴 한 번 밤쇠도 얼굴 한 번 못 봤다나요
• 이은하 노래, 〈최 진사 댁 셋째 딸〉, 1976

일사후퇴 때 피난 내려와 살다 정든 곳 두메나 산골
태어난 곳은 아니었지만 나를 키워준 내 고향 충청도
• 조영남 노래, 〈내 고향 충청도〉, 1976

그러나 아니다. 최 진사 댁 셋째 딸은 미국 어딘가의 풀밭에 있는 뱀이고, 충청도는 미국 중동부에 있는 오하이오 주다. 두 노래의 가사가 저토록 토속적인데 본래 이 땅에서 만들어진 노래가 아니다. 〈최 진사 댁 셋째 딸〉은 1969년 미국 사람 알 윌슨Al Wilson의 〈뱀The Snake〉란 노래를 가져다 가사만 바꿔 부른 노래다. 〈내 고향 충청도〉 역시 일사후퇴 운운하며 우리의 역사를 끌어들이고 있지만 1973년 올리비아 뉴튼 존Olivia Newton John이 부른 〈오하이오의 강둑Banks of the Ohio〉을 가사만 바꿔서 부른 노래다. 앞의 노래가 뱀을 보고 놀라서 부르는 노래고, 뒤의 노래는 사랑 때문에 살인까지 저지른 내용이었음을 알고 나면 더더욱 놀랄 수밖에 없다.

그러나 우리에게 그것이 그리 중요한 문제는 아니다. 우리는 그저 최 진사 댁 셋째 딸에게 치근대는 떠꺼머리총각들의 이야기와 정말 토속적으로 생긴 가수의 고향 이야기로 들리니까 말이다. 우리의 몸과 땅이 하나라며 신토불이身土不二를 외치기도 하지만 우리의 귀와 노래가 하나여야 할 이유는 없다. 오늘날 우리가 듣고 부르는 노래의 형식도 나라 밖에서 흘러들어왔다. 우리 땅에서 우리가 만든 노래라 할지라도 태생적으로 상당 부분은 우리 것이 아니다. 그렇더라도 〈최 진사 댁 셋째 딸〉과 〈내 고향 충청도〉는 일반적인 노래와는 사뭇 다르다.

이런 부류의 노래를 번안곡이라 부른다. '번안飜案'은 주로 외국의 소설이나 희곡을 들여오면서 내용과 줄거리는 그대로 두고 풍속, 인명, 지명 등을 우리 실정에 맞게 바꾸는 것을 뜻한다. 〈이수일과 심순애〉로 더 알려진 〈장한몽〉이 일본의 〈금색야차金色夜叉〉를 들여와 우리 실정에 맞게 만들어진 것이 대표적인 예이다. 그런데 노래에서는 조금 다르게 쓰인다. 노래의 내용과 줄거리를 그대로 두기도 하지만 대부분 우리의 정서에 맞도록 많이 고치거나 아예 다른 내용으로 바꾼다. 오히려 리듬과 멜로디는 가져오되 가사를 다시 쓰는 것으로 이해하는 편이 낫다. 리듬과 멜로디의 출처를 밝히니 모든 것을 도둑질하는 표절과는 분명히 다르다. 그 덕분에 국내산이 아닌 줄 알면서도 많은 사랑을 받기도 한다.

번안곡이 우리 노래에서 차지하는 비중은 그리 크지 않다. 그러나 우리의 노래가 자리를 잡는 데 도움을 주기도 했고, 그중 몇 곡은 많은 사랑을 받기도 했다. 또한 단순한 번역을 넘어 창작의 영역으로까지 나아가기도 했다.

최초의 번안곡

최초라는 수식은 늘 영광스럽다. 그래서 각 분야의 최초를 찾는 작업은 늘 이루어지는데 우리나라 최초의 가요로는 〈희망가〉를 꼽는다. '이 풍진 세상을 만났으니'로 시작하기 때문에 최초에는 〈이 풍진 세월〉이란 제목이 붙기도 하고, 〈탕자 자탄가〉, 〈청년 경계가〉 등의 별명을 갖기도 한다. 그런데 이 노래를 최초라고 꼽기에는 뭔가 찜찜함이 있다. 일제강점기에 만들어진 노래이자 음반이다 보니 아무래도 일본의 영향을 받을 수밖에 없겠지만 이 노래는 창작곡이 아닌 번안곡이다. 일본의 〈새하얀 후지산 기슭眞白き富士の根〉이란 노래의 번안곡이다. 아니, 더 거슬러 올라가면 영국의 제레미아 잉갈스Jeremiah

Ingalls가 1885년에 만든 〈우리가 집으로 돌아올 때When we arrive at home〉이 일본을 거쳐 들어온 것이다. 먼 길을 떠돌아다니다 들어온 탕자를 우리의 조상으로 모시는 듯한 느낌이다. 그렇더라도 최초의 노래이니 가사를 살펴보지 않을 수 없다.

이 풍진 세상을 만났으니 너의 희망이 무엇이냐
부귀와 영화를 누렸으면 희망이 족할까
푸른 하늘 밝은 달 아래 곰곰이 생각하니
세상만사가 춘몽 중에 또다시 꿈같도다

• 채규엽 노래, 〈희망가〉, 1920

'풍진風塵'은 바람에 날리는 티끌 혹은 어려운 세상의 어려운 일을 뜻하니 '풍진 세상'은 살아가기 어려운 현실을 뜻한다. 노랫말 중에 희망이란 단어가 나오기는 하니 세상사가 어렵더라도 희망을 가지라는 노래로 보일 수도 있다. 그러나 축 처지는 곡조에 봄날의 꿈(春夢)을 얹어 놓았으니 그리 희망차게 느껴지지는 않는다. 외려 젊은이들이 들으면 삶을 비관할 것 같기도 하니 〈청년 경계가〉란 별명이 괜한 것은 아닌 듯 보인다. 본래의 찬송가는 빠르고 경쾌했으나 일본 창가의 형식으로 들어오고, 당대의 암울한 시대적 배경까지 한몫을 했으니 〈희망가〉란 제목은 역설적으로 들리기도 한다.

〈희망가〉보다 더 비탄에 잠기게 하는 노래가 있으니 〈사의 찬미〉가 그것이다. 이 노래 또한 번안곡의 범주에 넣을 수 있는데 그 계통은 조금 다르다. 다른 번안곡은 원곡의 가사가 있는 데 반해 이 노래는 루마니아 작곡가 이바노비치J. Ivanovich의 〈다뉴브 강의 잔물결 Donauwellen Walze〉이라는 클래식 음악에 기원을 두고 있다. 연주곡이다 보니 본래 가사가 없는데 노래를 부른 윤심덕이 직접 가사를 붙인 것이다. 적어도 가사는 창작인 셈이니 이 노래를 번안곡이라 해야 할지 애매하다. 그런데 어찌 가사가 이리 비통할 수 있을까?

> 광막한 황야에 달리는 인생아 너의 가는 곳 그 어디냐
> 쓸쓸한 세상 험악한 고해에 너는 무엇을 찾으려 가느냐
> 눈물로 된 이 세상에 나 죽으면 그만일까
> 행복 찾는 인생들아 너 찾는 것 설움
> • 윤심덕 작사, 윤심덕 노래, 〈사의 찬미〉, 1926

왈츠풍의 원곡은 우아하게 춤을 출 수도 있는 곡인데 윤심덕은 노래를 듣는 이가 당장이라도 죽고 싶을 만큼 가사를 썼고, 또 그렇게 부른다. 이루지 못할 사랑, 그리고 그 상대와의 동반 투신자살까지 이어져 이 노래는 갖가지 이야기 속에 전설처럼 남는다.•

이른 시기의 번안곡, 혹은 창작곡 〈희망가〉와 〈사의 찬미〉는 우리

• 윤심덕과 김우진에 얽힌 이야기는 대중의 구미를 자극하는 요소가 많아서 많은 이들의 입에 오르내렸고 영화로도 만들어졌다. 목포 출신의 젊은 문학도와 평양 출신의 성악도가 일본 유학 시절에 만나 사랑에 빠지게 되는 것은 흔한 이야기일 수 있으나 김우진이 이미 결혼한 몸이라는 데서 비극이 시작된다. 그 비극이 한국으로 돌아오는 배 위에서 동반 자살하는 것으로 결론이 나니 이보다 더 극적일 수는 없다. 시신을 찾을 수 없는 죽음이었기 때문에 두 사람은 죽은 것이 아니라는 소문, 이후에 두 사람을 봤다는 소문 등이 끊이지 않았다.

노래의 정조를 결정짓는 데 알게 모르게 영향을 미친다. 요즘 사람들이 들으면 왜 저리 처져야 하는지, 가사는 왜 그리 슬퍼야 하는지 이해하기 어렵겠지만 한때는 이런 노래를 부르고 들으며 희망을 이야기하기도 했다. 이후 수없이 많은 번안곡들이 우리의 노래로 불리게 되는데 묘하게도 원곡과 상관없이 청승맞게 불려진다.

그러나 번안곡이 꼭 청승만 담고 있는 것은 아니다. 번안곡의 전성기를 이끈 트윈폴리오를 비롯한 소위 '세시봉' 가수들은 맑고 경쾌한 감성의 곡을 주로 불렀다. 이후의 번안곡도 우리 노래의 전반적인 분위기와 크게 다르지 않아 자연스럽게 우리 노래의 일부로 녹아들어 왔다. 그리 오래되지 않은 다음의 곡은 본래 우리 노래가 아니지만 잘만 번안된다면 모두가 괜찮다고 생각하는 노래로 살아남을 것이라 말하는 것처럼 들린다.

At first I was afraid I was petrified……

(처음엔 두려웠어요 난 겁에 질렸죠)

And I grew strong

(난 강해졌어요)

• Dino Fekaris, Gloria Gaynor 노래, 〈I Will Survive〉, 1979

니가 떠나면 남겨진 내가 눈물로 수없이 많은 밤을 지샐 거라

너는 믿고 있겠지만 내게 미안하겠지만

난 괜찮아 나를 동정하지는 마 난 괜찮아

• 진주 노래, 〈난 괜찮아〉, 1997

신토불이의 노래든, 수입되어 번안된 노래든 우리가 공감할 수 있는 노래는 이제까지 살아남았고 앞으로도 살아남을 것이다. 먼 이국 땅에서 만들어져 들어오더라도 우리의 정서에 맞게 만들어지면 우리의 노래가 된다. 오래전에 지금과 다른 정서로 만들어지고 불린 노래도 그때 사람들의 감각에 맞는다면 괜찮다. 그 모두가 우리의 노래이니 가슴과 귀를 열고 들으면 된다. 앞으로도 어떤 노래가 이 땅에서 만들어지고 또 번안이란 이름으로 발표될지 모르지만 표절이라는 이름의 도둑질만 아니면 된다. 원산지 표기를 속이지 않는 먹거리는 아무 문제없이 식탁에 오르듯이.

번안의 묘미

독실한 기독교 집안의 사람 이름을 살펴보면 '삼열'이나 '대위'란 이름이 종종 보인다. 조금 우스워 보이기도 하고 군인의 계급처럼 들리기는 하지만 각각 '사무엘Samual'과 '다윗David'을 한자 '三悅'과 '大偉'로 적은 것이다. 본래 히브리어 이름이었던 것이 희랍어를 거쳐 영어에 흘러들어가서는 '새뮤얼'과 '데이비드'가 되듯이 우리말에 흘러 들어와서는 '삼열'과 '대위'가 된 것이다. 우스꽝스럽게 여겨질 수도 있으나 선교가 이루어지면서 사람 이름마저도 토착화되는 사례이다. 성서 속의 이름뿐만 아니라 성경의 번역도 마찬가지다. "사람은 빵으로만 살 것이 아니라Man shall not live on bread alone"가 초기 성경에서는 '빵'이 아닌 '떡'으로 번역된 사례가 그것이다.

찬송가의 경우는 성경보다 더 적극적인 변형이 시도된다. 노래는 가사와 함께 가락과 장단이 있으니 가사의 내용만 번역해서는 노래의 맛을 살릴 수 없다. 그렇다 보니 기본적인 내용과 정서는 살리되 운을 맞추기 위해 여러 가지 변화가 시도된다.

Amazing grace, how sweet the sound

That saved a wretch like me

(놀라운 은총 나 같은 비열한 자를 살린 그 소리가 얼마나 감미로운가)

I once was lost, but now I'm found.

Was blind, but now I see

(나는 한때 방황했지만 지금은 내 자신을 찾았다 한때 눈이 멀었지만 지금은 보인다)

• 존 뉴턴J. Newton, 〈Amazing Grace〉, 1779

나 같은 죄인 살리신 주 은혜 놀라워

잃었던 생명 찾았고 광명을 얻었네

• 찬송가, 〈나 같은 죄인 살리신〉

언어적인 차이 때문에 직역으로는 그 맛을 전혀 살릴 수 없지만 적당한 의역과 변형으로 원곡의 분위기와 내용은 살리되 부르는 이나 듣는 이 모두를 만족시켰으니 꽤나 훌륭한 번안이라 할 수 있다.* 서양의 시가 본격적으로 번역되기 이전에 이미 찬송가가 번역 혹은 번안되었으니 찬송가 가사를 우리말로 바꾸었던 경험은 이후에 여러 분야에 영향을 미쳤을 것으로 보인다. 종교적인 특성상 찬송가는 원곡 가사의 내용에 충실해야 하지만 다른 노래는 군이 그럴 필요가 없다. 어차피 우리가 원곡을 찾아들을 것도 아니니 곡만 가져와도 아무런 문제가 없는 것이다. 사정이 이렇다 보니 번안곡의 가사는 직역부터 완전 창작까지 그 스펙트럼이 매우 다양하다.

번안곡의 시대를 활짝 열어젖힌 이들은 아무래도 통기타 시대를 주름잡던 '세시봉' 가수들을 꼽지 않을 수 없다. 소위 '뽕짝'에 반기를 들었으나 자체적인 동력이 충분하지 않았던 이 시대의 가수들은 서양의 노래를 가져다 가사만 바꾸어 부르게 되고, 이것이 큰 인기를 끌게 된다. 이 시기에 〈내 고향 충청도〉 같이 뜬금없는 번안곡이 나오기도 하지만 대체로는 제목부터 내용까지 원곡을 충실하게 따르려는 노래가 주류를 이룬다. 그런데 다음의 노래는 묘한 경계선에 놓여 있다.**

- 오늘날 번안은 소설이나 희곡 분야의 전용 용어처럼 인식되고 있으나 본래의 뿌리는 찬송가에 있다는 주장이 있다. 직역을 해서는 곡조에 맞는 가사를 쓰기 어려우니 내용은 살리되 적당한 창작도 가미하는 번안이 최선으로 보이기도 한다. 문학 분야에서 우리에게 가장 잘 알려진 번안은 메이지 시절의 일본 소설 〈금색야차 金色夜叉〉를 번안한 〈장한몽〉이다. 이 소설은 〈이수일과 심순애〉란 제목의 연극으로 만들어져 많은 인기를 끌었다.
- ** 〈웨딩케이크〉를 부른 코니 프랜시스는 〈기념일 노래Anniversary Song〉를 부르기도 했는데 이 노래는 〈사의 찬미〉에 곡조가 차용되기도 했던 이바노비치의 곡에 가사를 붙인 것이다. 1946년 가수 알 졸슨Al Jolson이 자신의 삶을 영화화 한 〈졸슨 이야기Jolson Story〉에서 부모의 결혼기념일 장면에 넣은 곡이다. 20년 전 한반도의 한 비련의 여인이 먼저 번안해 부른 노래의 가사를 알았다면 결코 결혼기념일 장면에 쓰지는 않았을 것이다. 가사의 내용을 봐도 〈사의 찬미〉가 원곡의 곡조와 훨씬 더 잘 어울린다.

Don't be troubled 'bout me 'cause I'm tired from workin' 'round the house when day is done.

(하루가 끝나고 내가 집안일에 힘들어해도 너무 걱정하지는 마)

Don't think you failed me 'cause you can't afford that dishwasher to make my life more fun

(식기 세척기를 사줄 능력이 안 돼 나를 실망시켰을 거라고 생각하지도 마)

You know the measure of a man is much more than just the money he can make

(남자의 가치가 돈을 얼마나 버느냐로 결정되는 건 아니니까)

And every woman knows a lot of joy and tears come with the wedding cake

(여자들은 잘 알고 있어 웨딩케이크를 자르는 순간 기쁨과 함께 눈물도 찾아 온다는 것을)

 • Margaret Lewis 작사, Connie Francis 노래, 〈The Wedding Cake〉, 1969

이제 밤도 깊어 고요한데 창문을 두드리는 소리
잠 못 이루고 깨어나서 창문을 열고 내어다보니
사람은 간 곳이 없고 외로이 남아 있는 저 웨딩케이크
그 누가 두고 갔나 나는 아네 서글픈 나의 사랑이여

 • 트윈폴리오 노래, 〈웨딩케이크〉, 1976

제목을 〈웨딩케이크〉라 하고, 가사에도 '웨딩케이크'가 나오니 번 안곡이 원곡을 충실하게 따른 것 같으나 내용을 들여다보면 전혀 아니다. 원곡에서는 결혼한 여자의 시점에서 일상에서 느끼는 사소한 행복과 삶에 대한 관조가 느껴진다. 그런데 번안곡은 내용이 완전히 바뀌어 원치 않는 사람과 결혼하는 신랑 혹은 신부의 안타까운 마음을 표현하고 있다. 왜 이렇게 번안을 했을까는 그리 중요한 문제는 아니다. 원곡은 모른 채 경쾌한 리듬과 상쾌한 멜로디 때문에 많은 사람들에게 사랑을 받았으면 됐다. 오죽하면 '웨딩'이 들어간다고 결혼식 축가로 불러달라는 요청이 많았을까. 모든 이가 노래를 깊이 있게 파고들어가지는 않는다. 외려 편안하게 귀로 흘리며 소비하는 이들도 많다. 번안곡은 그 지점에 적절한 노래이기도 하다.

때로는 파격적인 번안을 하기도, 번안곡에 심오함을 담아내기도 한다.

It ain't no use to sit and wonder why, babe. If you don't know by now.

(앉아서 왜인지 궁금해한들 소용없어. 지금까지도 알 수 없다면)

And it ain't no use to sit and wonder why, babe. It doesn't matter anyhow.

(앉아서 왜인지 궁금해한들 소용없어. 어쨌든 소용없어.)

When your rooster crows at the break a dawn, look out your window and I'll be gone

(날이 밝고 수탉이 울면 창문 밖을 봐 난 떠났을 테니까.)

You're the reason I'm travelin' on. Don't think twice, it's all right

(넌 내가 여행하는 이유야. 두 번 생각하지 마 괜찮으니까.)

- Bob Dylan 작사, Bob Dylan 노래, ⟨Don't Think Twice It's All Right⟩,
  1963

두 바퀴로 가는 자동차 네 바퀴로 가는 자전거
물속으로 나는 비행기 하늘로 나는 돛단배
복잡하고 아리송한 세상위로 오늘도 애드벌룬 떠 있건만
포수에게 잡혀온 잉어만이 한숨을 내쉰다

- 양병집 노래, ⟨두 바퀴로 가는 자동차⟩, 1985

음유시인이라 불리는 밥 딜런답게 원곡은 삶에 대한 진지한 성찰
이 돋보인다. 그런데 양병집은 원곡과 전혀 관련이 없는 제목을 붙였
을 뿐만 아니라, 가사도 원곡과 전혀 다른 역설적인 내용을 채우고
있다. 밥 딜런이 이 가사를 보면 어떤 생각을 할까? 반항적이고도 엉
뚱한 구석이 많은 양반이니 가뜩이나 받기 싫은 노벨문학상을 나눠
받자고 할지도 모를 일이다. 밥 딜런의 노래를 듣는 이들이나 양병
집, 혹은 김광석의 노래를 듣는 이들 모두 곡을 만든 사람과 부르는
사람들과는 또 다른 생각과 감성으로 듣는다. 어차피 노래는 만들어
지고 난 후에는 듣는 이들의 것이다. 번안도 번안자 마음이다.

번안과 표절 사이

우리의 노래 중에 이웃 나라의 역사를 소재로 만든 노래가 있다면 어떤 느낌일까? 예를 들어 일본의 메이지유신이나 중국의 신해혁명을 노래로 만든다면? 생뚱맞다는 느낌을 넘어 반감까지 불러일으킬지도 모를 일이다. 그런데 스코틀랜드 출신의 싱어송라이터가 엉뚱하게도 프랑스 혁명을 소재로 〈베르사이유 궁〉이란 노래를 만들어 발표한다.

> The wands of smoke are rising from the walls of the Bastille
> (연기가 바스티유의 담으로부터 피어오른다)
> And through the streets of Paris runs a sense of the unrea
> (그리고 파리의 거리를 헤치고 비현실적인 존재들의 느낌이 스쳐간다.)
> • Al Stewart 작사, Al Stewart 노래, 〈The Palace of Versilles〉, 1978

세계사 시간에나 나올 법한 이야기를 노래로 만들었으니 우리가 관심을 가질 이유도, 우리에게 알려질 이유도 없다. 그런데 어느 순간 이 노래가 우리의 가슴을 울리기 시작한다. 물론 원곡이 아니라 폭발적인 창법의 소유자가 애절한 목소리로 다시 부른 노래로 다가온다.

> 긴 하루 지나고 언덕 저편에 빨간 석양이 물들어 가면
> 놀던 아이들은 아무 걱정 없이 집으로 하나둘씩 돌아가는데
> • 전인권 노래, 〈사랑한 후에〉, 1987

원곡은 옛날이야기를 담담하게 들려주고 있지만 다시 만들어진 이 노래는 슬픈 사랑이야기를 아프게 읊조리고 있다. 원곡도 나름대로의 가치가 있겠지만 우리의 정서에 딱 들어맞는, 그래서 원곡보다도 더 낫다고 평가되기도 한다. '번역곡'이 아닌 '번안곡'의 장점을 극대화시킨 노래이기도 하다. 1980년대 말의 향수를 불러일으키는 이 곡은 같은 분위기의 드라마 〈응답하라 1988〉에 삽입되어 다시 한 번 주목을 받는다. 그리고 같은 노래꾼이 부른 이 노래 또한 젊은 노래꾼에 의해 다시 불려 같은 드라마에 삽입된다.

그대여 아무 걱정하지 말아요 우리 함께 노래합시다
그대 아픈 기억들 모두 그대여 그대 가슴에 깊이 묻어버리고
  • 전인권 노래, 〈걱정 말아요 그대〉, 2004

들고 있노라면 제목 그대로 많은 위로가 된다. 함께 노래하면 아픈 기억들 모두가 사라질 듯한 느낌을 준다. 그런데 이 노래가 많은 사람들에게 알려지면서 표절 의혹이 제기된다. 1970년대에 활동한 독일 밴드 블랙 푀스Bläck Fööss의 〈Drirnk Doch eine Met〉과 곡 전체의 흐름이 비슷하다는 것이다. 제기된 의혹에 대해서 노래를 부른 이는 부인을 한다. 그리고는 관계자를 만나러 독일에 갔다는 소식도 전해진다. 진실은 본인만이 알고 판단은 듣는 이의 몫이다. 〈사랑한 후에〉가 번안곡이어도 사랑을 받듯이 〈걱정 말아요 그대〉 또한 충분한 사랑을 받을 수 있는 것은 분명하다.

번안과 표절은 그 기준이 분명하지 않은 면이 있다. 그리고 역사를

기슬러 올라가면 표절이란 말이 없었던 시절에는 아무렇지도 않게 표절과 번안을 넘나들기도 했다. 일제강점기 독립의 의지를 불태우며 불렀던 '신대한국 독립군의 백만 용사야 조국의 부르심을 네가 아느냐 삼천리 삼천만의 우리 동포를 건질 이 너와 나로다'란 가사의 〈독립군가〉는 미국 남북전쟁 시기의 조지아 행진곡Marching Through Geiogia에 닿게 된다. 이 노래가 찬송가로 편입되고, 그 노래가 선교사를 따라 다시 동쪽으로 전해진다. 묘하게도 일본에서는 〈파이노 파이노 파이ㇷ㇟ノㇷ㇟ノㇷ㇟〉 혹은 〈동경절東京節〉이란 우스꽝스러운 노래로 번안되고 우리 땅에서는 〈독립군가〉로 불리게 된다. 심지어 애국가마저 지금은 〈작별〉이라는 노래로 불리는 스코틀랜드 가곡 〈올드랭 사인Auld Lang Syne〉에 가사를 얹어 부르지 않았는가.

번안이란 개념조차 없던 시절, 노래를 만들 능력을 갖춘 사람들이 드문 시절, 노래에 대한 권리가 희박했던 시절에는 노래의 기원을 따지는 일이 없었다. 그러나 세상이 바뀌었다. 창작, 번안, 표절의 구분이 명확해졌다. 창작은 그 권리를 분명히 인정을 받고, 솔직한 번안은 노래만 좋다면 받아들여진다. 그러나 표절은 범죄로 취급이 된다. 노래를 훔친 사람만의 문제가 아니다. 훔친 물건을 가지고 있거나 사용하는 사람들도 죄를 묻는 것을 생각해보면 훔친 노래를 듣고 따라 부르는 사람도 범죄자를 만드는 일이다. 신토불이의 노래, 원산지 표기가 되어 있는 우리말 노래는 '우리의 노래' 범주에 들 수 있다. 그러나 밀수된 노래를 여기에 끼워 넣을 수는 없는 것이다.

귀화한 지 오래인 〈최 진사 댁 셋째 딸〉은 이미 우리 노래가 되었다. 이제까지 번안의 방법으로 우리 노래의 일부가 된 곡도 많다. 그러나 앞으로 이 방법으로 얼마나 더 많은 노래가 만들어져 사랑을 받을지는 미지수다. 번안도 우리가 듣고 부를 수 있는 노래의 자산을 풍부하게 하는 것이니 사양할 이유가 없다. 노래는 어디에서 만들어졌든 결국은 인류 전체가 즐기는 자산이 되었다. 이런 마당에 우리만의 독립적인 노래를 꿈꾸는 것은 시대착오일 수밖에 없다. 그러나 네 것 내 것 구분 없이 가져다 쓰는 것은 도둑질일 것이다.

4
후렴의 반란

1977년 제1회 전국 대학가요제, 무척이나 특이한 곡이 은상을 차지한다. 가사는 고려가요에서 따오고, 선율은 저 멀리 이스라엘의 민요에서 가져온 노래가 그것이다. 누가 만들었을까? 아니나 다를까 노래를 만들어 부른 이는 국어국문학과 학생이다.

> 가시리 가시리잇고 바리고 가시리잇고
> 날러는 엇디 살라고 바리고 가시리잇고
> 얄리얄리 얄라셩 얄리얄리 얄라셩
> 얄리얄리 얄리 얄라리 얄리얄리 얄라셩
>
> • 고려가요, 이명우 노래, 〈가시리〉, 1977

천년은 되었음직한 옛 노래의 가사가 소환되고, 어떻게 찾게 되었는지 궁금한 이스라엘의 민요와 결합되었다는 점에서 우리 노래의 역사에서 다시는 없을 만큼의 드문 노래이다. 그런데 고등학교 국어 시간을 좋아했던 사람이라면 뭔가 이상한 점을 느낄 것이다. 제목대로 첫 구절은 고려가요 〈가시리〉와 일치한다. 그런데 후렴구가 이상하다. 고려가요 〈가시리〉의 후렴구는 '위 증즐가 태평성대太平聖代'이다. 노래 속의 '얄리얄리 얄라셩'은 또 다른 고려가요 〈청산별곡〉의 후렴구다.

단순한 번안이 아닌 동서고금의 혼종이지만 노래를 만든 이의 고민이 느껴진다. 이 노래에 〈가시리〉 본래의 후렴구를 붙여서는 맛이 살지 않는다. 게다가 독재자의 망령이 어린 유신 치하에서 '태평성대'를 외칠 수는 없는 노릇이다. 어차피 3절은 〈청산별곡〉의 '살어리 살어리랏다'로 채우고 있으니 후렴도 여기서 가져다 쓰는 것도 그리 이상할 것이 없기는 하다. 이 후렴구가 특별한 의미를 가지고 있는 것은 아니니 슬쩍 바꾸어놓았어도 대부분 눈치채지 못하는 것도 그 이유 중 하나이긴 하다.

시나 노래에서 일정한 단위의 말미에 후렴이 놓이는 것은 오래된 전통이다. 그저 의미 없는 짧은 소리가 놓이기도 하고, 약간의 의미를 담은 긴 구절이 놓이기도 한다. 민요의 전통을 잇는 후렴구가 있는가 하면 의미는 없지만 특별한 느낌을 주는 소리들도 있다. 아예 짧은 후렴구와 반복되는 가사로 만들어진 '후크송'도 있다. 소리 하나하나, 혹은 후렴구 전체에 특별한 의미를 부여하기 어려울 수도 있지만 후렴구는 오래전부터 노랫말의 중요한 부분을 차지하고 있다. 그것도 시대에 따라 다양하게 변모하면서.

노래 한 곡에 몇 글자나 들어갈까?

영화 〈범죄와의 전쟁: 나쁜 놈들의 전성시대〉는 많은 공을 들여 유행어 하나를 탄생시켰으니 "살아 있네!"가 그것이다. 이 대사가 처음 등장하는 장면이 19금이라 따라 하기 민망할 법도 한데 이후 음료 광고나 고양시 홍보 노래에도 사용되기도 한다. 급기야 노래로도 여러 곡 만들어지게 되는데 싱어송라이터 겸 제작자 박진영도 가세해 직접 노래를 만들고 부르기까지 한다.

> 레코드판이 카세트가 되고 카세트 테입이 CD로 바뀌고 CD가 다운로드 스트리밍이 돼도 90년대 2000년대 2010년대도 살아 있네 살아 있네 살아 있네
>
> • 박진영 외 작사, 박진영 노래, 〈살아 있네〉, 2016

노래의 내용은 데뷔한 지 20년이 넘는 40대의 나이에도 여전히 댄스 가수로 활동하고 있는 자신에 대한 자화자찬이지만 노래의 역사를 보여주는 흥미로운 내용도 담겨 있다. 노래는 소리이니 듣는 이에게 전달되기 위해서는 이 소리를 담기 위한 매체가 있어야 하는데 LP, 카세트테이프, CD, 디지털 음원이 차례로 언급되고 있는 것이다. '워크맨' 또는 '마이마이'로 들었던 카세트테이프마저 아련한 추억으로 남는 현실에서 그 이전의 LP는 그 특유의 매력 때문에 일부 부활하고 있기도 하다. LP 이전에 있었던 것이 나팔 모양의 소리통이 달린 축음기 위에서 돌아가던 유성기 음반이다.

유성기 음반은 우리의 노래를 유행시키는 데 큰 기여를 하지만 노래의 길이를 정하는 데도 많은 영향을 미친다. 25센티미터가 조금 넘는 이 판 한 면에 담을 수 있는 노래의 길이가 3분 남짓이니 노래의 길이를 여기에 맞춰야 한다. 이보다 길면 판을 뒤집거나 바꿔야 하고 짧으면 판이 아깝다는 생각이 드니 대충 3분 내외의 곡으로 만드는 것이 일반화된다. 요즘에야 3분이 짧아 보이지만 노래 한 곡으로 감동을 주고받기에 충분한 시간이다. 초기의 노래들은 이 시간을 알뜰히 써서 1절, 2절, 3절 등으로 절을 나누고 후렴까지 붙였다. 절을 나누면 멜로디를 만드는 수고는 줄이되 가사는 충분히 전달할 수 있으니 효과적이다. 초기의 노래들이 요즘과 달리 절의 구분이 많은 이유이기도 하다.

이후에 개발된 LP는 한 면에 20분 이상 녹음이 가능하고, CD는 75분 이상이 가능하니 3분에 제한을 받을 이유는 없다. 디지털 음원은 저장 장치의 용량이나 전송 회선이 허락하는 한 충분한 양을 담고 전달할 수 있으니 더더욱 제한이 없다. 그럼에도 불구하고 애초에 정해진 길이는 꽤나 오래 유지된다. 지루하지 않게 듣고 부를 수 있는 길이, 외워서 부를 수 있는 길이가 본래 그 정도이거나 오랜 동안 그렇게 우리의 귀와 마음이 훈련된 것일 수도 있다. 하지만 시대에 따라 살펴보면 서서히 노랫말의 길이가 늘어났음을 간접적으로 파악할 수 있다.

제목의 글자 수는 큰 변화가 없는 데 반해 가사의 글자 수는 점차 늘어 세 배 가까이 됐음을 알 수 있다. 노래를 담을 수 있는 매체의 변화가 반영된 것이기도 하고, 노래가 과거보다 빨라진 것이기도 하

1기(~1949)	5.0
2기(1950~1969)	5.6
3기(1970~1989)	5.3
4기(1990~1999)	5.4
5기(2000~)	5.7

〈제목의 평균 글자 수〉

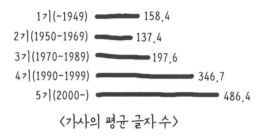

1기(~1949)	158.4
2기(1950~1969)	137.4
3기(1970~1989)	197.6
4기(1990~1999)	346.7
5기(2000~)	486.4

〈가사의 평균 글자 수〉

다. 또한 랩이 포함된 노래가 급격하게 증가한 것도 원인이다. 그러나 길이와 관계없이 지금까지도 살아 있는 노래의 분명한 구성이 있기는 하다. 수가 줄어들긴 했지만 적당한 길이의 절 구조와 반복되는 후렴구가 그것이다. 음악을 전문으로 하는 사람들끼리 쓰는 '인트로, 벌스, 브릿지, 싸비'란 용어를 굳이 몰라도 듣는 이들은 이미 이 구조에 익숙해져 있다. 물론 랩을 먼저 접한 이들이 많아지게 되면 이 구조마저 낯선 것이 되겠지만 이 형식이 익숙한 이들이 살아 있는 한 이러한 형식도 살아 있을 것이다.

최고의 악기, 목소리

작사가는 노랫말을 쓰면 그 임무가 끝나지만 작곡가는 가수를 위한 선율을 만드는 것 외에 또 할 일이 있다. 가수의 노래를 더욱 풍성하게 해줄 반주를 만드는 것인데 능력 있는 작곡가는 이를 위한 편곡까지 직접 하기도 한다. 반주는 당연히 악기로 하는 것이니 사람의 목을 통해서 나오는 노래와 악기를 통해 나오는 반주가 잘 어우러져야 좋은 노래가 만들어진다. 사정이 이렇다 보니 노래와 악기는 떼려야 뗄 수가 없는 관계이고 그 결과 노랫말에도 많은 악기와 악기 소리가 등장한다. 그중 가장 많이 등장하는 악기는 단연 이 악기다.

> 오색등 네온불이 속삭이듯 나를 유혹하는 밤
> 가슴을 휘젓듯이 흐느끼는 색소폰 소리 아 나를 울리네
> • 정은이 작사, 주현미 노래, 〈눈물의 부르스〉, 1986

벨기에 사람인 삭스A. Sax가 발명한 악기여서 그의 이름을 딴 '색소폰'이 정확한 이름인데 어찌된 일인지 '섹스폰'이라고 쓰고 또 부르는 사람들이 많다. 졸지에 가장 야한 악기가 되어 버렸고 가사 속의 '흐느끼는 색소폰 소리'마저 묘한 상상력을 자극하게 된다. 악기마다 고유의 음색을 가지지만 어떻게 연주하느냐에 따라 다양한 소리를 낼 수 있고 사람의 소리까지 흉내 낼 수 있다. 색소폰이 호흡악기이고 음색을 자유자재로 바꿀 수 있는 악기여서 사람의 목소리를 흉내 내기 더 쉬운 것도 사실이다.* 그런데 반대로 사람이 악기

의 소리를 만들어내려는 시도도 끊임없이 이어진다. 이 소리 또한 사람의 목을 통해 나와야 하니 노랫말에도 그것을 밝혀줘야 한다. 또한 특별한 뜻이 없지만 선율을 담아내기 위한 말도 노랫말 속에 포함된다.

말은 내용과 형식으로 이루어지는데 형식에 해당하는 소리는 있어도 내용에 해당되는 의미가 없으니 이런 소리들을 노랫말로 봐야 하는지 애매하다. 그러나 노래방의 화면에 이 소리마저 한글의 힘에 의지해 마구 쏟아지니 따라 불러야 하는 노랫말로 보지 않을 수 없다. 뜻은 없지만 노랫말에 등장하는 소리들은 그 종류와 수를 헤아리기가 쉽지 않다. 어디서 끊어야 할지도 애매하니 통계도 불확실하다. 그래도 컴퓨터가 분석해주는 대로 모두 나열해보면 어느 정도의 경향은 보인다.

아(4,627) / 라라라(1,924) / 라라(1,072) / 아아(817) / 오오(767) / 랄랄라(740) / 오(668) / 야(661) / 오오오(657) / 라라라라라(576) / 아아아(562) / 음(450) / 야이(323) / 워워(301) / 아하(295) / 오오오오(282) / 예이(268) / 아아아아(266) / 예(265) / 랄랄랄라(248) / 야야야(207) /

• 색소폰이 클래식 음악에서는 듣기 어려운데 그 이유를 두고 여러 가지 억측이 만들어진다. 이 악기가 사람의 목소리를 너무 닮아 있어서 클래식 음악에는 부적합하다는 것도 그중의 하나인데 실은 말도 안 되는 소리다. 이 악기가 1800년대 중반에 발명되다 보니 그 이전에 작곡된 곡에 이 악기가 편성될 수는 없으니 현대 음악을 듣는 이가 아니면 당연히 접할 기회가 없는 것이다. 반면에 소위 대중음악에서는 무척이나 사랑을 받는 악기이다. 가장 늦게 만들어져 불기 쉬운 것도 이유겠지만 음색이 대중들의 감성에 잘 맞는 것이 가장 큰 이유이다.

야야(199) / 하(181) / 랄랄랄(178) / 어어(167) / 예예(160) / 하하(151) / 음음(141) / 야야야야(131) / 랄랄(125) / 라랄라랄(121) / 음음음(120) / 에이(116) / 에에(115) / 홍(112) / 에헤야(104) / 아아아아아(104)

가장 많이 눈에 띄는 것은 모음 '아'와 자음 'ㄹ'이다. 왜 '아'일까? 모음의 순서 '아야어여' 중 가장 먼저이기 때문일까? 아니면 가장 내기 쉬운 소리이기 때문일까? 아니다 모음 중에서 가장 내기 쉬운 소리를 굳이 흉내 내자면 '으' 소리에 가깝다. 술 취한 사람, 잠꼬대 하는 사람이 무의식중에 내는 소리를 생각해보면 그렇다. '아'는 입을 가장 크게 벌리고도 비교적 편안하게 낼 수 있는 소리다. 음악시간 첫머리에 '아아아아아'로 음정 연습을 하는 이유도 여기에 있다. 'ㄹ'은 자음 중에서 물 흐르듯이 가장 자연스럽게 낼 수 있는 소리이기 때문에 가장 많이 나타난다. '아'와 결합돼 '라라라라' 또는 '랄라랄라'와 같이 쓰여 자연스럽게 음을 붙일 수 있다. 이런 소리들을 모아 〈예럴랄라〉(강산에 작사, 강산에 노래, 1993)와 같이 아예 제목으로 쓴 것도 있다.

이 소리들은 사람들이 흔히 내는 감탄사나 입으로 리듬이나 멜로디를 만들어내기 위한 소리이다. 이러한 소리들은 의미 있는 가사들 사이에 부분적으로 들어가서 흥을 돋우고, 노래를 이끌고 잇는 역할을 한다. 사람의 입을 통해서 나오는 소리이니 이런 소리도 가사의 일부로 보이기도 한다. 이와 달리 의미 없는 소리들로 노래 전체를 채우기도 하는데 재즈에서 가끔 사용되는 스캣Scat 창법이 그것이다. 얼마나 다양하고도 적절한 소리를 리듬과 멜로디에 맞춰 내느냐가 관건인데 흔히 들을 수 있는 것은 아니다. 그러나 스캣은 가사라기보다는 입으로 악기 흉내를 내는 것이라 할 수 있다. 그 악기가 어떤 악기인지는 모르지만 인간의 몸 자체가 악기가 되어 연주를 하는 것이기도 하다.

후크 송의 화려한 등장

의미가 없는 사람의 소리 혹은 악기를 흉내 낸 소리가 노랫말에 들어가긴 하더라도 그것은 양념일 뿐 주재료는 역시 의미가 있는 말이다. 여러 가지 의미 없는 소리가 노랫말 속에 포함되어 있더라도 그 노래는 역시 가사로 기억된다. 그런데 반대로 양념으로만 기억되는 노래가 나오기 시작한다.

> 미쳤어 내가 미쳤어 그땐 미처 널 잡지 못했어
> 나를 떠떠떠떠떠 떠나 버버버버버 버려
> • 용감한형제 외 작사, 손담비 노래, 〈미쳤어〉, 2008

미쳤다. 정말 미쳤다. 반복되는 리듬과 멜로디, 의자 하나로 연출하는 야시시한 춤, 어버버버 하며 더듬는 가사, 이건 노래가 아니다. 중간중간에 다른 가사가 있는데 잘 들리지 않고 오로지 '미쳤어'만 귀로 들어와 머릿속에 박힌다. 고리타분하기는 하지만 일반적인 기준에서 보면 이상한 노래다. 가창력이 돋보이는 가수가 아니다. 시처

럼 아름다운 가사로 승부하는 노래도 아니다. 선율이 화려한 것도 아
니다. 맥락 없는 가사에 멜로디 라인 몇 개를 돌리고 돌려 노래 하나
를 만들어냈으니 참 쉬워 보이기도 한다.

그런데 정말 미쳤다. 황당하기 그지없는 노래에 미쳐버리게 된다.
무슨 노래가 저래 하면서도 '미쳤어'를 따라하게 된다. 욕하면서 보
는 막장 드라마처럼 묘하게도 끌리는 매력이 있다. 결정의 순간이다.
노래에 대한 기존의 기준을 고수하며 이 노래를 기억 속에서 지워야
할 것인가, '꼰대' 티를 벗어 던지고 너그러워져야 할 것인가. 후자가
편하다. 어차피 채널을 돌려봤자 내내 이런 유형의 노래만 나온다.

관대해지고 나니 노래가 다시 보인다. '용감한 형제'는 이 곡을 쓰
기 위해 얼마나 많이 용감해져야 했을까? 가사에서부터 멜로디까지
트집을 잡고자 하면 한없이 잡을 수 있는 곡을 용감하게 만들었다.
맥락 없는 가사를 외우기 위해 저 가수는 얼마나 많은 노력을 했을
까? 예쁘고도 섹시한 춤을 위해 또한 얼마나 많은 노력을 했을까?
작정하고 만든 곡이다. 반복적인 가사와 멜로디, 그리고 섹시한 춤으
로 승부하기 위해 만든 하나의 '상품'이다. 그것이 노래를 평가하는
이전의 잣대에는 맞지 않더라도 보고 듣는 이가 즐거워하고 다시 찾
게 되는 상품이다. 이런 부류의 노래들을 미치도록 좋아하는 소비자
들을 '생산'해낸 멋진 노래다.

반복적으로 나오는 '미쳤어'를 무엇이라 불러야 할지 애매하다.
얄리얄리 얄라셩 같은 후렴도 아니다. 후렴이라면 적당한 호흡으로
노래 한 자락이 끝난 후 붙이는 것이어야 하는데 이건 시도 때도 없
이 반복적으로 끼어든다. 그래도 '미쳤어'는 나은 편이다. 무슨 말인

지 알 수는 있으니. 그러나 다음의 노래는 가사를 뚫어져라 쳐다보고 귀를 쫑긋 세워 노래를 들어보더라도 도대체 무슨 소리인지 알 수가 없다.

My lady Ring ding dong ring ding dong ring diggy ding diggy ding ding ding

• 유영진 작사, 샤이니 노래, 〈Ring Ding Dong〉, 2009

제목마저 한글로 쓰지 않았으니 외국 노래로 오해받을까 봐 중간중간 한글 가사를 넣었지만 어차피 무슨 소린지 알 수 없다. 영어를 좀 할 줄 알면 노래의 내용이 이해될까 해서 봐도 의미가 있는 단어는 25단어밖에 안 되고 나머지는 알 수 없는 소리의 반복이다. 게다가 예쁜 남자 다섯이나 떼로 나와 멋드러지게 무릎을 튕기는 추는 춤도 현란하다. 어차피 소리로만 듣고 미소년들의 멋진 춤을 보라고 만든 노래다. 자꾸 묻고 따지면 곤란하다. 시키는 대로 듣고 보면 흥에 겨워지고 '링딩동'이란 말에 중독된다. 채널을 돌려봤자 소용없다. 들리는 건 여전히 '뽀삐뽀삐뽀삐' '테테테테테텔미' '지지지지지배배배배'와 같은 소리, 아니 노래다.

생각해보면 아주 오래전부터 이런 노래의 싹이 보인다. 서울 올림픽이 올리던 해에 이상은은 손담비보다 더 긴 다리를 휘저으며 '담다디 담다디 담다디 담'으로 시작하는 〈담다디〉를 불렀다. 95년의 육각수는 '얼쑤 핫 핫 핫 헤야 핫 헤야 핫 헤야 하 헤야라'로 노래를 시작하며 '흥보가 기가 막혀'만 열네 번이나 외친다. 여름만 되면 듣게 되는 '쿵따리 샤바라'란 소리는 96년에 나왔지만 지금도 그 뜻을 아는 사람이 없다. 99년에 이정현이 '바꿔'를 서른여덟 번이나 외친 이래 온갖 선거판에서 '바꿔'가 난무했지만 여전히 바뀐 것이 별로 없다. 이렇게 움이 트고 줄기를 길러오던 노래가 활짝 꽃이 핀 것일 뿐이다. 이것도 한때의 유행이고, 이런 노래들도 결국은 유행가다. 즐기면 되는.•

키치와 유치 사이

반복적으로 나오는 단순한 멜로디 라인, 그리고 반복되는 후렴구가 특징인 이런 노래들은 '후크 송hook song'이라 불린다. 이런 노래가 정형화되고 꽃이 핀 것이 우리나라이듯이 후크 송도 우리나라에서 만들어진 단어이다. 이런 부류의 노래를 영어로는 '키치 송Kitsch song' 혹은 '키치 뮤직Kitsch music'이라고 부른다. 본바닥의 영어 표현 대신 왜 이런 콩글리시가 만들어지게 됐는지 알 수는 없지만 영어 표현에 사용된 'kitsch'의 뜻을 생각해보면 어림이 잡히기도 한다. 이 단어 인기는 있지만 질이 낮은 예술품 혹은 물건을 뜻한다. 진지함과는 거리가 있고 가볍고 저속한 것을 뜻하는 말이니 '키치 송'을

• 이런 소리들은 있어도 되고 없어도 시상이 전달되는 데는 문제가 없으므로 여음餘音이라고도 한다. 민요에서도 꽤나 많이 쓰이는데 가사 한마디에 '옹헤야'가 반복되는 〈옹헤야〉나 '아리아리랑 쓰리쓰리랑 아라리가 났네'로 시작되는 〈진도 아리랑〉은 오늘날의 샤이니가 부른 〈Ring Ding Dong〉이나 소녀시대가 부른 〈Gee〉와 크게 다르지 않다.

그대로 가져다 쓰기가 거북했을 수도 있다. 그렇게 부르는 순간 스스로를 깎아내리는 것이 된다.

'키치 송'을 우리말로 쉽게 번역하자면 '유치 뽕짝'이란 속된 표현이 가장 잘 어울려 보인다. '유치 뽕짝'이란 말이 어떻게 생겨났는지는 모르지만 여하튼 '뽕짝'을 유치하다고 비하하면서 생겨난 말일 가능성이 높다.[*] 후크 송, 아니 키치 송이 뽕짝처럼 오래된 장르의 노래는 아니지만 빡빡한 기준으로 보면 한없이 유치하기 때문이다. 어디선가 한 번쯤 들어봤을 이 노래를 보자.

> 그대를 사랑해 My Love I wanna think about
> 그대를 사랑해 My Love Just wanna think about
> • 송수윤 외 작사, 카라 노래, 〈Wanna〉, 2007

가사를 들어보면 심히 난감하다. 아무리 의미가 없는 구절이 반복되는 것이 이 부류 노래의 특성이라고 하지만 무슨 소리인지 도대체 알 수 없다. '미쳤어'처럼 알아들을 수 있는 우리말이 반복되든가 '링딩동'처럼 아예 의미가 없는 말이 반복된다면 그나마 들리긴 한다. 그런데 이 노래는 '그대를 사랑해' 뒤에 영어 가사는 '말러 아 화

• '유치 뽕짝'이란 말과 함께 '유치찬란'이라는 말이 더 많이 쓰인다. 왜 '유치'와 '찬란'이란 말이 짝을 이루었을까에 대한 답은 키치 패션이나 그림을 보면 금세 이해가 된다. 정형화된 조합을 거부하고 갖가지 색과 다양한 무늬의 옷을 보면 찬란하기는 하나 유치하다. 하늘, 산, 계곡, 폭포, 초가집, 물레방아, 기러기 등이 한 화폭에 모두 담겨 있는 '이발소 그림'도 역시 화려하면서도 유치하다.

나 띵꺼빠'와 '말러 졌어 화나 띵꺼빠'로 들린다. 반복되는 후렴구 속의 우리말의 의미를 굳이 따지려고 하지 않듯이 이런 노래에서 영어 가사도 번역해서 이해하려고 하지는 않는다. 그러나 'think about'을 '띵꺼빠'라고 한 것은 좀 심했다. 아마도 제작 과정에서 '유치 뽕짝'의 극단까지 추구하다 보니 나온 것이리라.

키치 문화는 하나의 문화적 현상으로 이해된다. 후크 송이라 불리든 키치 송이라 바꿔 부르든 노래의 한 장르로 인정된다. 주류 문화의 시각으로 보면 키치 문화가 '유치 뽕짝'으로 보일지 모르겠지만 엄연한 문화적 흐름이니 인정되어야 할 필요가 있다. 후크 송은 우리 노래의 한 장르로 자리를 잡았고 크게 성공을 거두었다. 한편에서는 유치하다고 할지 모르지만 많은 이들이 즐겁게 보고 들으면 그것으로 족하다. 본래 유행가라는 것이 시대의 흐름에 맞춰 변해가는 것이니 더더욱 그렇다. 이러한 노래가 수요자의 요구에 의한 것이 아니라 공급자의 밀어내기에 의한 것이라 할지라도 많은 이가 즐길 거리를 준 것에 대해 감사할 일이다.

문제는 묻어가는 이들에게 있다. 유행이 된다 싶으면 '짝퉁'을 양산해내는 이들이 문제다. 이 장르의 노래가 자리를 잡기까지 노래를 만드는 이, 부르는 이, 그리고 유통시키는 이들의 많은 노력이 있었다. 이들의 치열한 고민과 노력에 그저 얹혀 가려고 마구 찍어내는 노래와 춤, 그리고 그것을 대중 앞에 선보일 아이들을 너도나도 길러내는 것이 문제다. 그래도 희망은 있다. 쏟아져 나오는 모든 노래가 유행가의 반열에 오르는 것은 아니다. 나오자마자 스러지는, 오래지 않아 사라지는 노래들 속에서도 오롯이 남을 노래들은 또 남는다. 그

것이 먼 훗날 유치 뽕싹으로 보일지 모르지만 적어도 이 시대의 솔직한 기쁨이다.

고려가요를 부르는 아이돌? 이 말은 현실 속에서는 존재하기 어려워 보인다. 그러나 아니다. 오늘날 수많은 걸그룹, 보이그룹들이 고려가요를 부르고 있다. 사랑타령인 〈가시리〉 뒤에 '위 증즐가 太平聖代'를 후렴으로 붙여 부르면서 당대의 창자는 큰 의미를 부여하지 않았을 것이다. 오늘날 '꿍따리 샤바라'나 '링딩동'도 마찬가지다. 그저 이러한 소리들이 노래를 이루는 요소가 되고 흥을 돋우는 도구가 된다. 고려가요가 그때의 즐거움이었듯이 후크 송은 오늘날의 즐거움이다. 면면히 이어져오는 그 느낌을 모르겠으면 '꿍따리 샤바라' 자리에 '얄리얄리 얄라셩'을 넣어서 불러보면 된다. '빠빠빠빠'도, '지지배배'도 다 잘 어울린다. 심지어 '꿍따리 샤바라 太平聖代'라고 해도 어울린다.

5
금지된 노랫말

사랑하던 남녀가 헤어졌다. 남자는 여전히 여자를 잊지 못한다. 같이 손잡고 보았던 영화를 혼자 보면서 슬퍼한다. 그녀와 같이 햇살을 받으며 걸었던 길을 혼자 걸어가는데 때마침 처량하게 비가 내린다. 그날 밤 우연히 라디오를 켰는데 그녀의 노래가 나온다. 새로 만든 노래인 듯한데 틀림없이 자신과의 사랑 이야기다. 남자는 라디오에 대고 크게 외친다. '부르지 마!'라고.

> 오늘밤 우연히 라디오를 켤 때 당신의 목소리가 흘러나오고
> 잊은 줄 알았었는데 잊혀졌다 했는데 당신은 노래를 만들었네요
> 부르지 마 부르지 마 옛 노래를 하고픈 말이 있어도
> • 김목경 작사, 김목경 노래, 〈부르지 마〉, 2002

과연 남자는 여자에게 '부르지 마!'라고 할 자격이 있는가? 사랑의 추억은 두 사람의 것이지만 노래는 여자의 것이다. 그리고 음반이 나오고 라디오를 통해 흘러나온 이상 노래는 듣는 이들의 것이다. 그러

니 여자에게 노래를 부르지 말라고 할 자격은 없다. 실제로 남자가 어떤 방식으로는 여자에게 그렇게 말할 것 같지도 않다. 진정으로 사랑했다면 더더욱 그렇다. 결국 아프고도 괴로운 마음의 표현이자 듣지 않겠다는 의지의 표현일 뿐이다. 그리도 더더욱 할 말이 없을 이유가 있다. '부르지 마'라고 명령을 하면서 자기는 결국 노래를 하고 있으니 말이다.

그러나 때로는 '부르지 마!'가 현실이 되기도 한다. 개인의 힘에 의해서가 아니라 공권력에 의해서 특정 노래를 부르지도 듣지도 못하게 하는 일이 발생하는 것이다. 소위 '금지곡'이 그것이다. 노래가 사회 통념에 맞지 않는다는 이유로 금지하는 일이다. 노래를 부르고 들음으로 인해 해악이 발생한다면 당연히 막아야 한다. 그러나 대개는 정치적인 이유로, 그것도 정통성이 없거나 독재를 일삼는 정권의 입맛에 맞지 않는다는 이유로 자행된다. 금지곡의 역사를 거슬러 올라가면 일제강점기의 '축음기 레코드 취체 규칙'이라 하여 식민 통치에 방해가 되는 음반을 규제하기 위한 규칙이 그 시작이다. 이후 1996년까지 여러 가지 형태로 규제가 이루어지는데 결국은 '마음에 들지 않는 곡'을 갖가지 이유로 막기 위한 시도이다.

그리하여 최초의 금지곡이라 할 수 있는 〈대한제국가〉와 우리의 대표 민요인 〈아리랑〉으로부터 시작해 최근까지도 많은 노래들이 '금지곡'이란 딱지가 붙었거나 아직도 붙어 있다. 노래에 대한 규제는 노래 전체의 문제가 아니라 결국은 노랫말의 문제로 좁혀진다. 높고 낮은 선율, 빠르고 느린 박자, 길고 짧은 소리 등을 문제 삼아 규제를 하기에는 그 기준이 분명하지 않다. 이러한 음악적 요소에서 제국주의나 독재에 저항을 하는 요소를 찾기 어려우니 만만한 노랫말을 걸고넘어지는 것이다. 도대체 어떤 노랫말이 어떤 이유로 저들의 눈 밖에 난 것일까?

황당한 금지곡

노래는 듣고 싶을 때 듣는다. 사교댄스에 빠진 기사님이 운전하는 지루박 버스 안이 아닌 한, 스트리밍 음원을 하루 종일 걸어놓는 무성의한 카페가 아닌 한, 노래를 듣고 안 듣고의 결정과 어떤 곡을 들을 것인가의 선택은 자유롭다. 그렇다면 노래는 왜 하는가? 이 또한 부르고 싶을 때 부른다는 것이 답이다. 애초에 노래는 하고 싶은 말을 가락과 박자에 실어서 하다 보니 나온 것이다. 저절로 흥얼대던 것이 어느 정도의 형식을 갖춘 후 여러 사람이 공유하면서 함께 불리게 된 것이다. 오늘날에는 노래가 상품으로 유통되고, 생계를 위해 노래를 부르는 사람들도 있지만 기본적으로 부르고 싶어서 부른다.

이렇게 부르고 싶어서, 그리고 듣고 싶어서 유통되는 노래를 금지하기 위해서는 이유나 명분이 있어야 한다. '사회 통념에 맞지 않아서'라는 기준은 너무 두루뭉술해서 적용하기가 쉽지 않다. 그러나 이 포괄적인 것을 대원칙으로 삼아 수없이 많은 황당한 이유가 만들어진다. 다음의 이 노래는 왜 금지곡이 되었을까?

왜 불러 왜 불러 돌아서서 가는 사람을 왜 불러 왜 불러

토라질 땐 무정하더니 왜 왜 왜 자꾸 자꾸 불러 설레게 해

• 송창식 작사, 송창식 노래, 〈왜 불러〉, 1975

노랫말을 아무리 들여다봐도 사회 통념에 어긋날 만한 요소가 발견되지 않는다. 그런데 금지곡으로 지정이 돼서 한동안 부르지도 듣지도 못했다. 왜? 이유는 반말 때문이란다. 제목과 노래의 첫 구절에 나오는 '왜 불러'가 반말이어서 건전한 사회 풍토를 해칠 수 있다는 것이다. 기가 막힐 노릇이다. 마음에 들지 않은 연인과 헤어지면서 시원한 목소리로 내뱉는 이 노래를 들으면서 반말 때문에 기분 나쁠 이가 어디 있을까?* 이런 이유라면 1998년에 만들어져 걸 그룹 디바가 부른 〈왜 불러〉는 노래 하나에 '왜 불러'가 30번이나 나오니 훨씬 더 강력한 제재가 필요할 것이다.

노래를 금지하는 데 동원된 더 황당한 이유들도 있다. '창법 저속'과 '가창력 부족'이 그것이다. 저속한 창법이란 것이 도대체 어떤 것일까? 가창력의 차이는 있겠지만 이미 음반을 내는 전문 가수에게 그런 평가가 가당키나 한 것인가? 가창력이 떨어지는 가수가 저속한 창법으로 부른다는 판단은 듣는 이의 몫이지 관리 감독하는 이의 몫은 아니다. 결국 이러한 이유는 억지로 갖다 붙인 것일 뿐이다. 자신만의 색깔로 독특한 노래를 부른 한대수의 노래들이 이런 이유로 금

• 〈왜 불러〉가 금지곡이 된 이유는 딴 데 있다. 영화 〈바보들의 행진〉에서 1970년대에 악명 높던 장발 단속을 피해 머리가 긴 청년들이 도망가는 장면에 이 노래가 삽입되었다. '왜 불러'가 반말이라 문제가 된 것이 아니라 공권력에 반발하는 것으로 비치게 되니 심의자들의 심사를 불쾌하게 했던 것이다.

지곡이 된 것이 많다. 〈행복의 나라로〉가 북한을 연상시킨다고, 〈물 좀 주소〉가 물고문을 연상시킨다고 금지를 시킬 정도니 결국 모든 것이 마음에 안 든다고 볼 수밖에 없다. 자유로운 영혼의 가수가 체제에 얽매이지 않는 노래를 계속 부르니 눈엣가시였던 것이다.

'왜색'이라는 딱지는 더더욱 이해하기 어렵다.

> 헤일 수 없이 수많은 밤을 내 가슴 도려내는 아픔에 겨워
> 얼마나 울었던가 동백 아가씨
> 그리움에 지쳐서 울다 지쳐서 꽃잎은 빨갛게 멍이 들었소
> • 한산도 작사, 이미자 노래, 〈동백 아가씨〉, 1964

애절한 가사와 멜로디보다 더 애절함이 묻어나는 이미자가 부른 이 노래의 가사를 아무리 들여다보아도 일본을 연상시키는 요소는 보이지 않는다. 결국 박자와 가락이 일본풍이라는 것인데 이는 우리 노래의 역사를 부정하는 것과 같다. 우리의 새로운 노래는 서양 음악의 영향 아래 형성이 되었다. 그 시기가 마침 일제강점기여서 일본의 색채가 더해지긴 했지만 그것은 자연스러운 문화의 흐름일 뿐이다. 상황이 이럴진대 정체가 불분명한 '왜색'을 꼬투리로 잡는다면 남아나는 노래가 없다. 굴욕적인 한일협정을 맺은 직후 제 발이 저린 자들이 갑자기 항일투사인 척하는 과정에서 벌어진 일들이다. 정작 자신들은 술판을 벌여놓고 이 노래를 불렀다니 그 이중성이 가소로울 뿐이다.

노래는 부르는 사람 마음이고 또 듣는 사람 마음이다. 부르는 사

람은 자신의 색깔대로. 노래를 부르고 듣는 사람은 자신의 취향에 맞게 골라 듣는다. 노래를 만들고 음반을 만드는 사람들은 들을 수 있을 만한 것을 만든다. 듣는 이들 또한 들을 만한 것을 듣는다. 마음대로 금지곡 리스트를 만드는 이들이 이것을 알지 못하는 것은 아닐 것이다. 찔리는 구석이 많으니 만들지 말았으면, 부르지 말았으면, 듣지 말았으면 하는 속내를 투영시키는 것일 뿐이다. 그러나 그러한 시도가 성공할 리 없다. 노래를 부르는 이들에게 '왜 불러?'라고 묻거나, 듣는 이들에게 '왜 들어?'라고 묻거나 모두 대답은 하나이다. 부르고 싶어서 부르고, 듣고 싶어서 듣는 것이다. 결정은 이들이 해야 한다.

선정, 음란, 퇴폐의 고무줄 잣대

신랑 신부가 첫날밤을 맞이한다. 그것이 왕과 왕비이든, 서민이든 오래전 사극에서 나오는 장면은 늘 비슷하다. 신랑이 술 한잔 마신 후 신부의 옷고름을 푼다. 신부는 부끄러워하며 등잔불을 가리킨다. 신랑은 등잔불을 훅 불고는 살며시 끌어안고 어둠 속으로 쓰러진다. 나머지 장면은 어두운 화면에 각자 그려보면 된다.

지금 나는 우울해 왜냐고 묻지 말아요
아직도 나는 우울해 그대 집 갔다 온 후로
오늘밤 나는 보았네 그녀의 불 꺼진 창을

희미한 두 사람의 그림자를

• 이장희 작사, 이장희 노래, 〈불 꺼진 창〉, 1973

장면은 하나인데 많은 상상이 가능하다. 정상적인 사람은 마음에
두고 있는 사람에게 다른 사람이 있음을 알고 같이 우울해할 것이다.
순수한 사람들은 가족이거나 여자 친구일지 어떻게 아냐고 남자를
위로할 것이다. 치정극을 많이 본 이들은 바람을 피우는 '연놈'들에
게 왜 돌진하지 않았냐고 자극할 것이다. 이 노래를 심의대에 올려놓
은 이는 세 번째 부류이거나 노래의 맥락도 모른 채, 혹은 뜬금없이
사극의 한 장면을 떠올린 듯하다. 결국 노래가 퇴폐적이라는 이유로
금지곡으로 지정한다.

'선정, 음란, 퇴폐' 이 세 단어는 늘 붙어 다니지만 그 뜻은 조금씩
다르다. 사전에서는 각각 '정욕을 자극하여 일으킴', '음탕하고 난잡
함', '도덕이나 풍속, 문화 따위가 어지러워짐'이라 풀이하고 있다.
그러나 이 세 단어의 현실적인 용법으로 따지만 '선정'은 좀 야한 것,
'음란'은 좀 더 야한 것, '퇴폐'는 지저분하게 야한 것 정도이다. 이중
'퇴폐'는 더 포괄적인 의미로 쓰이고 있다. 여기에 요즘은 잘 쓰이지
않는 '저속'이란 단어가 추가된다. 한마디로 품위가 낮고 속되다는
뜻인데 앞의 세 단어와는 좀 계열이 다르다. 앞의 세 단어가 가진 속
성이 있어서 '저속'할 수도 있고 다른 기준에 의해 저속하다고 판단
할 수 있다.

이 단어들은 사회나 문화 분야에 많이 쓰이는데 노래나 노랫말도
예외는 아니다. 가락이나 박자 자체는 결국 고저, 장단, 강약 등의 물

리적 영역이니 결국 노랫말을 놓고서 판단을 할 수밖에 없다. 〈불 꺼진 창〉과 함께 비슷한 이유로 금지곡이 된 노래들 몇 곡을 뽑아보면 당대의 잣대를 어느 정도 가늠할 수 있다.

〈사람 나고 돈 났지〉 이석재 작사, 남진 노래, 1969
〈미인〉 신중현 작사, 신중현과 엽전들, 1974
〈손목은 왜 잡아요〉 김동현 작사, 방주연 노래, 1974
〈한 잔의 추억〉 이장희 작사, 이장희 노래, 1974

노래에 돈 얘기가 노골적으로 나오는 것이 저속하다고 여길 수 있다. 미인을 '한 번 보고 두 번 보고 자꾸만 보고 싶네'라고 말하는 것이 선정적일 수 있다. 손목을 잡는 것이 음란하다고 판단될 수도 있고, '마시자 한잔의 술'이라고 하는 것이 술 권하는 퇴폐 사회를 만든다고 겁을 먹을 수도 있다. 그러나 노래는 노래로 판단해야 한다. 이 노래들을 듣고 '선정, 음란, 퇴폐, 저속'을 떠올린다면 듣는 사람 스스로의 정신세계를 의심해봐야 한다. 지독한 순백의 영혼이거나 세상의 모든 것에 까칠해져 있는 신경과민 환자일 가능성이 높다. 물론 아니라 믿고 싶다. 당시의 서슬 퍼런 정권이 무서워서 그랬을 뿐이라고 믿고 싶다.

하지만 90년대, 2000년대에 들어서도 마찬가지다.

뭐 화끈한 일 뭐 신나는 일 없을까 할 일이 쌓였을 때 훌쩍 여행을
아파트 옥상에서 번지점프를 신도림 역 안에서 스트립쇼를

야이야이야이야이야

- 김윤아 작사, 자우림 노래, 〈일탈〉, 1997

술이 한잔 생각나는 밤 같이 있는 것 같아요
그 좋았던 시절들 이젠 모두 한숨만 되네요

- 임창정 작사, 임창정 노래, 〈소주 한 잔〉, 2003

이 노래를 듣는 이들이 스트립쇼를 하거나 소주를 들이킬 것이라 염려하는 것은 말 그대로 기우에 불과하다. 자우림은 스트레스에서 벗어나라 노래하는 것이지 옷을 벗으라 부추기는 것은 아니다. 심의자의 판단대로 이 노래 때문에 사회가 불안해진다면 우리 사회는 너무나 허약한 사회다. 겨우 소주 '한 잔'을 언급한 임창정 때문에 청소년들이 편의점에 가서 어른인 척할 리도 없다. '그 좋았던 시절들'을 떠올리기에는 아직 어린 청소년들이 이 노래에 악영향을 받는다는 것도 우습다.

틀림없이 불 꺼진 창 뒤에서 선정, 음란, 퇴폐, 저속, 그리고 폭력의 딱지가 붙을 만한 노래를 만들고 부르는 이들이 있다. 현실 속에서의 규제가 없으면 이런 노래들이 벌건 대낮으로 기어 나올 가능성도 있다. 그러나 이제까지의 검열과 제재의 역사가 순수하지 못하다 보니 규제에 대한 시도가 늘 의심을 받는다. 그리고 아무리 공적인 제재가 가해진다고 하더라도 한계가 있다. 그 제재는 결국 만드는 이와 소비하는 이들 사이의 선택에 의해 이루어져야 한다. 많은 사람들이 좋아하고 오래오래 기억에 남는 곡들은 결코 이런 노래들이 아니다. 이렇게 긴 호흡으로 시간에 맡겨보는 것도 방법이다. 불 꺼진 창 뒤에서 아무리 찧고 까불어도 대부분 날이 밝으면 스러진다.

딴따라가 어때서?

노래를 비롯해 공연을 전문으로 하는 이들은 오랫동안 하층민 취급을 받는다. 근대와 현대에 들어선 이후에도 상황은 크게 달라지지 않는데 '풍각쟁이'나 '딴따라'란 말에서 그 의식을 간접적으로 확인할 수 있다. '쟁이'가 붙은 말 중에 좋은 뜻을 가진 말이 드물듯이 '풍각쟁이' 역시 본래 나팔을 부는 사람을 뜻하지만 음악을 하는 사람 전체를 가리키기도 한다. '딴따라' 역시 나팔 소리를 흉내 낸 말인데 우리말에 들어와서는 음악이나 각종 연예에 종사하는 사람을 뜻한다.[•] 이런 말이 노랫말에 등장해 문제가 된다.

> 내 나이 사십 babe 울 엄마 귀한 자식 babe
>
> 직업은 댄스 가수 babe 15년째 딴따라
>
> 생선을 먹을 땐 가시 발라 먹어 수박을 먹을 때는 씨 발라 먹어
>
> • 싸이 외 작사, 싸이 노래, 〈I LUV IT〉, 2017

• '딴따라'의 유래는 라틴어까지 거슬러 올라가는데 라틴어에서는 'taratantara'와 같이 쓰여 전쟁터에서 쓰이던 나팔소리를 가리켰다. 이것이 영어를 거쳐 우리말에 들어와서는 '딴따라'가 된 것이다. 영어에서는 우리가 '빵빠레'라고 쓰는 'fanfare'와 동의어로 쓰이기도 한다.

싸이의 이 노래도 방송 불가 판정을 받았다. 문제가 된 것은 '딴따라'로서 특정 직업의 사람을 비하한다는 것이다. 앞의 '딴따라'들이 그랬듯 싸이가 자신을 딴따라라 칭하면서 스스로 비하했을 리가 없다. 오히려 자신의 일에 대한 긍정적인 자부심이 묻어난다. '딴따라'가 한때는 비하하는 의미였지만 오늘날은 그렇게 나쁜 의미로 받아들여지지는 않는다. 심의에 걸리지는 않았지만 문제는 다른 데 있다. 눈으로 보면 잘 보이지 않지만 노래를 들어보면 '가시 발라 먹어'와 '씨 발라 먹어'가 들린다. 그 앞에 있는 '니 시방 밥은 자셨냐'도 귀에 들어온다. 이런 말본새대로 평가하자면 말 그대로 '주옥같은' 욕설이다.

이 부분에 발끈하고, 혹시라도 권한을 가진 이가 가위질을 하려고 한다면 그야말로 싸이가 욕하고자 하는 부류가 된다. 뼈 있는 말이지만 뭐든 유쾌하게 풀어내려고 하는 가수이니 그 맥락에서 이해하면 된다. 욕하고 모욕하는 이들에 대해서도 싸이는 'I LUV IT'이라 말하며 사랑한다고 고백하고 있으니 그쯤에서 받아들이면 된다. 영 거북하면 안 들으면 된다. 욕설을 감추어서 하고 있으니 좋게 보면 방랑시인 김삿갓의 해학적인 시와 맥이 닿아 있다고 갖다 붙여도 된다.

그러나 의식적으로 비하가 담겨 있다면 심각한 문제가 아닐 수 없다. '니까짓게'라는 제목으로 노래를 부르면서 정말 모든 사람을 깔본다면 문제다. 노랫말에 '벙어리'가 들어갔는데 이 말이 장애를 가진 이들을 깎아내리는 것이라면 가사를 쓴 이가 반성할 일이다. 성평등에 어긋나는, 지역에 대한 차별이 담겨 있는, 직업에 대한 귀천 의식이 깃든, 세대 갈등을 유발하는 내용이라면 문제가 아닐 수 없다.

노래는 개인이 만들고 특정 가수가 부르지만 발표되는 순간 모두의 것이 된다. 그러나 특정 부류를 비하하는 내용 때문에 함께 즐기지 못하고 소외된다면 그것은 공공재로서의 노래가 제 역할을 다하지 못하는 것이다.

욕설이 노출되는 것도 아름답지는 못하다. 사실 욕설이 노골적으로 노출되는 노래는 많지 않다. 오히려 욕설이 아니지만 누군가를 욕보이려는 말이나 내용이 들어간 것이 문제다. 흔히 '디스'라고 표현되는 그것이다. 래퍼들 사이에서는 삼국지의 전쟁 기록인 양 역사를 가지면서 '디스전'이 계속된다. 그것이 이 부류의 노래가 가지는 특징일 수 있고, 그 노래를 부르는 사람들의 문화일 수 있다. 그러나 욕설을 하더라도 상대의 귀에만 들리게 하면 되지 뭇사람들이 다 듣게 할 필요는 없다. 앨범의 한 트랙, 음원사이트 파일 하나의 가치가 아무리 떨어졌더라도 공공재로 발표되는 노래에 개인의 욕설을 담아 모두가 듣게 할 필요는 없다. 듣는 이도 공범을 만드는 행위다.

수박을 먹을 때 씨를 발라 먹듯이 노래를 들을 때도 좋은 노래와 그렇지 않은 노래를 가려서 들으면 된다. 이미 대부분 그렇게 하고 있기도 하다. 그러나 수박 속에 일부러 씨를 다닥다닥 넣는 농부는 없다. 먹으면 탈 나는 씨를 잔뜩 뿌려놓고 듣는 사람보고 알아서 골라 들으라는 것은 할 짓이 아니다. 씨 없는 수박이 있다지만 그렇다고 무작정 씨 없는 노래를 만드는 것도 바람직하진 않다. 자칫 외적인 검열이든 자기 검열이든 억압이 심해서 정말로 욕해야 할 것에 대해 욕하지 못한다면 그 또한 노래가 자기 역할을 못하는 것이기도 하다. 씨 없는 수박은 긴장 없이 마구 먹게 되니 잘 여문 씨가 들어 있는 것도 괜찮다. 그 씨가 훗날 싹을 틔울 수 있다면 더 좋다.

노랫말과 시대정신

금지곡 리스트에 가장 많이 이름을 올린 이는 한국 록의 전설 신중현
이다. 독특한 음악세계를 구축하고 발전시켜나가다 보니 당대의 기준
으로 보면 파격적인 것이 많았다. 그리고 정권에 고분고분하지도 않
았다. 오죽하면 독재자를 찬양하는 노래를 만들라는 요구를 거절하고
〈아름다운 강산〉이라는, 딱 한 사람만 빼고 모두를 찬양하는 노래를
만들었을까? 다음의 이 곡도 금지곡의 굴레로부터 자유롭지 못하다.

> 거짓말이야 거짓말이야 거짓말이야 거짓말이야 거짓말이야
> 사랑도 거짓말 웃음도 거짓말 거짓말이야
> • 신중현 작사, 김추자 노래, 〈거짓말이야〉, 1971

제목까지 포함해 '거짓말'이 25번이나 나오는 이 노래, 사회의 불
신풍조를 조장한다는 이유로 금지곡이 되었다.[•] 여기에 이 노래를

• 노랫말을 살펴보면 '거짓말'은 일반 말뭉치에서보다 훨씬 더 높은 순위를 나타내는 명사
이다. 제목에서는 명사 중 56위이고, 가사에서는 82위이다. 그러나 심의자들이 걱정하는
것처럼 사회에 대한 불신을 담은 것이라기보다는 사랑에 대한 불신을 담은 것들이 대부
분이다. 노랫말에서는 사랑하면서 표현하지 않아도 '거짓말'이라고 하고, 표현하면 그것
을 못 믿어서 또 '거짓말'이라고 한다.

부르며 춤을 추는 김추자의 손짓이 간첩에게 보내는 신호라는 근거 없는 애기까지 덧붙여졌다. 이 노래 이전에 이미 사회에는 불신풍조가 만연해 있었다. 독재정권의 유지를 위해 온갖 거짓말을 일삼는 집단에게 젊은이들이 '거짓말이야'를 반복하면 자신들에게 하는 것으로 들려 뜨끔했을지도 모르겠다. 건전한 사회 풍토 조성을 위해 금지곡을 지정한다는 그들의 말은 거짓말일 수밖에 없다.

'긴 밤 지새우고 풀잎마다 맺힌'으로 시작되는 〈아침이슬〉은 가사 어디를 봐도 문제가 될 만한 부분이 없다. 그러나 대학생들의 시위현장에서 늘 이 노래가 등장하자 '긴 밤'이 독재 치하를 상징한다며 금지시킨다. '사랑도 명예도 이름도 남김없이'로 시작되는 〈임을 위한 행진곡〉은 광주 민주화 항쟁과 연관성 때문에 금지시킨다. 소위 운동권 노래, 혹은 민중가요는 아예 정식으로 발표되지도 못한 채 비공식적으로 유통되고 숨어서 부르는 현실이 된다.

'긴 밤'보다는 밝은 대낮을 노래하는 것이, 투쟁보다는 사랑을 얘기하는 것이 아름다워 보일 수도 있다. 그러나 현실은 어두운데 밝음을 노래한다면 오히려 그것이 거짓이다. 부조리한 현실을 사랑하라고 하는 것도 거짓이다. 노래가 순수해야 한다고 말하는 것도 거짓이다. 현실과 같이 호흡하지 못하는 노래는 결코 순수한 노래가 아니다. 〈아! 대한민국〉과 〈아름다운 강산〉의 가사는 표면적으로 같은 내용이다. '원하는 것은 무엇이든 할 수 있는 대한민국'과 '아름다운 이곳에 사랑스런 이곳에 살리라'는 같아 보인다. 그러나 하나는 결코 그렇지 않은 현실을 감추고 있고, 다른 하나는 그렇게 아름다운 땅을 만들어보자는 소망을 담고 있다. 그래서 하나는 순수하지 않다.

거짓말이라고 믿고 싶은 상황은 아직도 벌어지고 있다. '정직한 사람들의 시대는 갔어'라는 가사가 담긴 〈시대유감〉(서태지 작사, 서태지와 아이들 노래, 1995)는 결국 모든 가사를 지운 채 연주곡으로 세상에 나오게 된다. 〈사랑 안 해〉(차은택 작사, 백지영 노래, 2006)가 여성들의 비혼과 저출산을 조장한다고 청소년 유해매체로 지정이 되기도 한다. 그렇다고 아무런 규제 없이 마음껏 풀어줄 수도 없는 노릇이다. 친환경 농업을 한답시고 잡초를 무한정 방치하면 작물 대신 잡초를 먹어야 할 상황이 오기도 한다. 그래서 어렵다.

'부르지 마!'는 '만들지 마!'라고 바꾸는 것이 나아 보인다. 노래도 생산과 소비의 과정을 거친다. 불량식품을 찾는 소비자도 있지만 대부분의 소비자는 양질의 건강식을 원한다. 불량한 노래의 공급이 없다면 소비도 없을 테니 공급자에게 만들지 말라고 하는 것이 더 근본적인 대책이 될 수도 있다. 그러나 자칫 '만들지 마'가 과하면, 특히 공권력에 의한 제약이 과하면 새로움이 사라진다. 새로움이 사라지만 거짓 사랑노래만 남는다. 결국 '만들지 마'의 권리도 노래의 소비자가 갖는 게 현명하다. 소비자가 걸러내고, 소비자가 외면하는 것이 소극적이지만 궁극적으로는 가장 강력한 '만들지 마!'의 방법이 될 것이다.

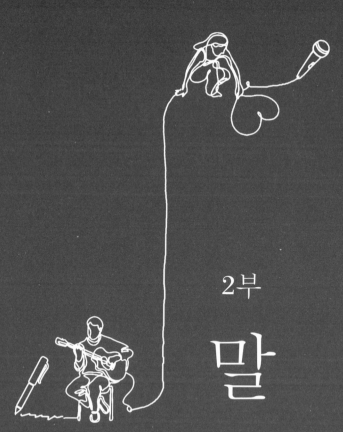

2부

말

'내'가 '너'에게 들려주는 이야기

나 너 우리
우리나라

흐린 기억이긴 하지만 국민학교 1학년 국어 교과서의 첫 맞쪽을 채우고 있던 내용이다. 진즉에 배운 말을 글로 다시 배우는 첫머리에 실린 세 단어 '나, 너, 우리'가 새삼 흥미롭다. 이 세 단어가 인칭대명사로서 각각 '1인칭 단수, 2인칭 단수, 1인칭 복수'라는 것을 안 것은 중학교에 들어가 영어를 배우고 난 이후다. 역시 가물거리는 기억이긴 하지만 중학교 영어 책의 첫머리에 나온 문장이다.

I am a boy. You are a girl.
I am a student. Are you a teacher?

충격이 크다. "나는 소년이다. 너는 소녀다." 누가 이 따위로 말을 한단 말인가? 정상적인 사람이라면 살면서 한 번도 입 밖으로 내지 않을. 이건 또 무슨 버르장머리 없는 말인가? "나는 학생이다. 너는 선생이냐?" 그나마 좀 높여서 "당신은 선생님입니까?"라고 번역을 해놓은 것은 좋은데 '당신'이라니? 10년 넘게 오로지 우리말만 써온 감각으로는 도저히 이해하기 어려운 문장이다. 인칭대명사를 가르치기 위해 가장 쉬운 단어만 엮어 문장을 만든 것, 그리고 언어마다 높임법의 차이가 있다는 것을 알기 전까지는 그랬다.

문제는 인칭대명사다. '인칭'은 사람을 가리킨다는 말이고, '대명사' 명사를 대신하는 말이니 '인칭대명사'는 사람을 가리키는 말을 대신하는 말이다. 이것이 없다면 말하는 동안 내내 사람의 이름을 불러야 하니 꽤나 편리한 말이기도 하다. 어차피 말을 할 때 언급해야 하는 사람은 현장에 있는 '나'와 '너', 그리고 그 자리에 없는 '그' 이렇게 셋이니 1, 2, 3인칭 대명사만 있으면 된다. 단수와 복수를 따지는 것, 여기에 격까지 따지는 것은 우리말과는 관련이 없으니 다행이다.

그런데 이게 그리 쉽지만은 않다. 1인칭 대명사는 '나'인데 '나를, 나에게'와 같이 하다가 뜬금없이 '내가'가 된다. 2인칭 대명사 '너' 또한 '네가'가 되고 발음상 '내가'와 구별이 되지 않으니 구어에서는 '니가'가 된다. 3인칭은 본래 우리말에서는 잘 쓰이지 않아서 '그, 그녀'가 소설 속에서 자리를 잡은 것은 1920년대 김동인의 소설 이후부터이다. 노랫말에서도 어렵기는 마찬가지다. 노래는 부르기 위한 것이기도 하지만 들려주기 위한 것이기도 하니 부르는 사람과 듣는 사람이 노랫말에 잘 나타나야 한다. 때로는 제3자를 언급해야 하기도 한다. 이러한 인칭이 적절하게 조화를 이룰 때 노래는 너와 나의 것, 나아가 우리의 것이 되기 때문이다.

'나' '너' '사랑해'

노래에 대한 정의는 다양하게 내려질 수 있지만 인칭대명사로 정의하자면 1인칭이 2인칭에게 들려주기 위한 것이다. 가끔씩은 혼잣말로 노래를 하기도 하고, 다른 이의 마음을 대신 전하기는 하지만 궁극적으로는 '내가 너에게' 들려주는 것이 노래이다. 이러다 보니 노랫말에는 인칭대명사가 수없이 나온다. 수없이 나오는 정도가 아니라 우리의 예상을 넘어서기도 한다. 노래는 다른 말로 하면 '사랑타령'이니 등장 횟수 면에서 '사랑'을 이길 다른 단어가 없을 듯하다. 그러나 막상 단어별 등장 횟수를 보면 놀라운 결과가 나타난다.

　노래를 '사랑타령'으로 인식하게 하는 데는 제목이나 가사 모두 영향을 미친다. 부르는 이나 듣는 이 모두 '사랑'이란 말이 또렷이 보이거나 들리고, 내용 또한 그러하니 이런 인식을 가지는 것은 당연하다. 제목에서는 이러한 인식이 틀리지 않다는 것을 보여준다. 그러나 가사에서는 인칭대명사 '나, 너'가 '사랑'을 압도한다. 제목에서는 인칭대명사가 조금 밀려 있었는데 가사에서는 '사랑'을 한참 뒤로 밀어내고 있을 뿐만 아니라 인칭대명사가 앞 순위를 독점하다시피 하고 있다. 2인칭의 '그대'가 순위의 앞자리를 차지하고 있는 것도 흥미롭다. '그대'는 '너'의 높임말로 쓰이니 이 둘을 합치면 2인칭의 순위도 한참 올라간다.

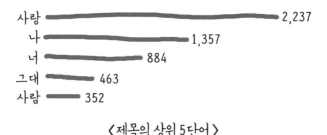

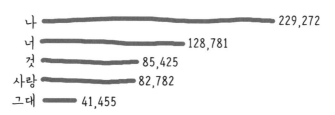

반면에 3인칭인 '그녀, 그' 등은 순위가 뒤로 밀려 있다. 이렇게 보면 노래는 '2인칭에 대한 1인칭의 사랑 고백'이라고 정의가 다시금 확인된다. 물론 그 노래를 듣고 2인칭도 1인칭을 사랑하라고 강요 아닌 강요를 하고 있는 것이기도 하다. 이런 이유로 일찍 세상을 떴지만 그녀의 노래가 귀에 오래도록 맴돈다. 예나 지금이나, 그리고 미래에도 여전히 노래는 사랑을 외치고 있을 것이다. 물론 '나'와 '너'의 사랑이다.

어제도 오늘도 내일도 변함없이 듣고 싶은 말

너 나 좋아해 나 너 좋아해 너 나 좋아해

• 장현 작사, 장덕 노래, 〈너 나 좋아해 나 너 좋아해〉, 1985

'나의 노래'를 넘어

노래를 1인칭이 장악하고 있다는 것은 단순히 '나'가 나타나는 횟수 때문만은 아니다. 우리말에서 '나'는 다른 모습으로 많이 나타난다. '내가, 내, 내게' 등이 그것이다. 주어 '내가'만으로는 문장이 성립되지 않는데 이것만으로 제목을 삼은 노래도 있다(〈내가〉, 김학래 작사, 김학래/임철우 노래, 1979). '내가'는 제목에서는 173회가, 가사에서는 23,864번이나 나타난다. 따라서 이러한 것까지 모두 보태면 1인칭의 출현 횟수는 훨씬 더 늘어난다.

하지만 굳이 '내'로 바뀐 것까지 찾아볼 필요도 없다. '나'가 가사에 한 번이라도 등장한 노래만도 23,704곡이니 분석 대상이 된 26,000여 곡 거의 전부라 해도 과언이 아니다. 이것은 당연한 것이기도 하다. 문장이 구성되기 위해서는 육하원칙에서의 '누가'가 반드시 필요하다. 노래가 자신의 이야기를 들려주기 위한 것이니 이 '누가'의 자리에 '나'와 '내' 등의 1인칭이 들어가는 것이다.

이러한 문법적인 해석이 전부는 아니다. 노랫말은 역시 노래의 관점에서 바라봐야 한다. 그래서 다시금 떠올리게 되는 것이 '나의 노래'이다. 노랫말을 쓰는 사람은 자신의 이야기를 쓰고, 부르는 사람은 자신의 이야기로 부른다. 그리고 듣는 사람 또한 자신의 것으로 받아들이고, 부를 기회가 있으면 또 자신의 이야기로 부른다. 이렇듯 모두가 자신의 삶과 감정을 이입하니 모든 노래가 자연스럽게 '나의 노래'가 되는 것이다. 그래서 "나의 노래는 나의 힘, 나의 노래는 나의 삶"(〈나의 노래〉, 한동헌 작사, 김광석 노래, 1992)이라는 구절이 절절하게 와 닿는다.

'나'가 모이면 '우리'가 된다. 그런데 이 '우리'는 단순히 단수, 복수의 개념은 아니다. 우리말에서는 단수와 복수를 굳이 따지지 않는다. 그리고 '내 집', '내 엄마'라고 해야 할 상황에서 '우리 집', '우리 엄마'라고 쓰기도 한다. 그러니 이때의 '우리'는 '나'가 모인 집합적 개념인 동시에 나와 주변의 사람들을 동질화시키는 말이기도 하다. 그래서 〈내 나라, 내 겨레〉(김민기 작사, 송창식 노래, 1974)와 같은 제목이 어색하게 느껴지기도 한다.

'우리'는 제목에서는 '그대' 다음으로 많이 등장하는 인칭대명사이고(214회), 가사에서는 '내' 다음으로 많이 등장하는 인칭대명사이다(24,153회). 노랫말에서의 '우리'는 일상적인 용법처럼 '나'를 포함한 집합적인 개념으로 나타나기도 하지만 상당수는 '나'와 '너'만을 엮기 위한 말로 나타난다. 이때의 '나'와 '너'는 사랑하는, 혹은 사랑하게 되기를 바라는 1인칭과 2인칭이다. 서로가 다른 자아이지만 사랑으로 하나가 되어 그 관계를 '우리'라고 표현하고 싶어 하는 것이다. '나의 노래'를 넘어 '우리의 노래'가 되고픈 소망은 다음과 같이 표현된다.

바로 이 순간 우리는 하나다

이렇게 이렇게 이렇게 우리는 연인

• 송창식 작사, 송창식 노래, 〈우리는〉, 1983

'너'의 변화

'나'와 '너'는 점 하나 차이다. 세종대왕께서 글자를 만들 때 점을 좌우 어디에 찍느냐에 따라 다른 글자가 되게 했으니 글자 모양을 보면 맞는 말이다. 그러나 단순히 글자 모양만의 문제는 아니다. 점이 오른쪽에 있으면 '나'이고 왼쪽에 있으면 '너'인데 '나'와 '너'는 결국 동전의 앞뒷면과 같은 존재다. '나'가 없으면 '너'도 없고 '너'가 없으면 굳이 '나'를 언급할 이유도 없다. '나'와 '너'는 글자로는 점 하나 차이이고 실제로는 등을 맞대고 있는 하나의 존재이다.

노랫말에서 '너'는 '나' 다음으로 많이 등장한다. '나'가 '너'에게 들려주는 노래이니 당연히 그렇다. 그런데 '나'가 그렇듯이 '너'도 '네가, 네, 네게'와 같이 나타난다. 따라서 '네'로 나타난 것까지 '너'에 보태면 그 수는 훨씬 더 늘어난다. 결국 '나'와 '너'는 글자의 형태뿐만 아니라 실제의 쓰임에서도 많은 부분에서 평행선을 달리고 있다. 노래의 제목 자체가 〈너〉(서세건 작사, 이종용 노래, 1975)인 노래가 있을 정도로 그 쓰임도 많다.

그런데 문제가 있다. '나'와 '너'의 관계처럼 '내가'와 '네가'의 관계도 성립되는데 여기에서 예상치 못한 문제가 나타난다. '내가'와 '네가'는 글자상으로 점 하나의 차이이긴 하지만 눈으로 봐서 금세 구별할 수 있다. 그러나 '내가'와 '네가'는 발음상으로는 구별하지 못하는 사람이 많다. 젊은 사람들은 특히 그렇다. 아니, 가왕이라 일컬어지는 조용필도 그렇다.

네가 있음에 내가 있고 내가 있음에 네가 있다 (4회 반복)
• 김형윤 작사, 조용필 노래, 〈여와 남〉, 1981

노래의 말미에 네 번이나 반복되는 이 구절은 웬만한 강심장이 아니고서는 써준 가사 그대로 부를 수 없다. 설사 정확한 발음으로 가사에 있는 대로 부르더라도 듣는 사람이 구별하지 못한다. 결국 이 후렴구를 중간쯤 듣다 보면 원하지 않더라도 '나'와 '너'가 하나가 되는 경험을 하게 된다. 조용필은 이 문제를 가볍게 해결한다. 귀를 기울여 들어본 이는 알겠지만 '너가 있음에 내가 있고'라고 모두 바꿔서 부른다. 국어 선생들은 틀렸다고 뭐라 하겠지만 대중들과 진정으로 호흡하고자 하는 조용필답다.

그러나 조용필은 틀렸다. '네가'를 '너가'라고 하는 것은 아이들, 혹은 한국어를 글로 배운 외국인들이나 쓰는 말이다. 현실에서는 '너가'가 아닌 '니가'라고 말한다. 글자상으로는 '나'와 '너'에서 점을 모두 털어버린 것이지만 역사적으로는 '네'가 '니'로 바뀐 것이다. 현실에서는 '내가'와 '네가'의 혼동을 막기 위해서 '니가'가 되었는데* 조

• '에'가 '이'로 바뀌는 예는 꽤 많은데 모든 '에'가 이로 바뀌는 것이 아니라 길게 발음되는 '에'가 '이'로 바뀌는 것이다. '떼다'가 '띠다'가 되고 '베다'가 '비다'가 되는 것을 예로 들 수 있다. '제사'를 '지사'로, '세상'을 '시상'이라 하는 사람들도 꽤 많다.

용필은 차마 '니가'라고 하지 못하고 '너가'라고 하는 것이다.

　이런 점에서 박주연이 가사를 쓰고 변진섭이 노래한 〈니가 오는 날〉(1994)은 꽤나 도발적이다. 노래도 검열의 대상이고, 맞춤법 또한 검열의 항목에 포함되어 있는데 어찌된 일인지 '니가'가 제목에 버젓이 들어 있는 노래가 출시된다. 깐깐한 국어 선생들의 공분을 살 일이지만 이로써 노랫말이 대중과 훨씬 더 가까워진 것은 틀림없다. 노랫말은 맞춤법을 따라야 하니 '네가'라고 써 놓고 실제로는 '니가'라고 부른 것은 이미 오래전부터이다. 다만 이 노래를 계기로 제목에서나 가사에서 '니가'가 자연스럽게 표기되기 시작한다. 이후 '니'는 제목에서는 110회, 가사에서는 14,704회나 나타난다. 표기가 이러하는 것이고 실제 노래에서는 훨씬 더 많이 나타나리라는 것은 쉽게 예상된다. 노랫말이 현실과 일치될수록 더 공감할 수 있는 것이니 자연스러운 변화이기도 하다.

　'니가'와는 정반대의 경향을 보이는 것이 바로 '그대'와 '당신'이다. 이 두 말 역시 2인칭인데 상당히 높은 출현 빈도를 보인다. 그런데 문제는 이 말이 현실에서는 거의 쓰이지 않는다는 데 있다. 상대를 앞에 두고 '그대'라 부르는 것은 연극에서나 있을 법하다. '당신' 또한 부부 사이에서는 호칭으로 쓰지만 그 외의 관계에서는 쓰이지 않는다.[•] 그런데 노랫말에서는 2인칭으로 빈번하게 쓰이고 있는 것

• 일상의 대화에서 성인들은 2인칭을 잘 쓰지 않는다. 오랜 친구 사이에서는 '너'를 쓸 수 있지만 가깝지 않은 상대에게 쓸 2인칭 호칭이 적당한 것이 없다. '당신'을 쓰기는 하지만 이 말을 듣는 상대방은 싸우자고 덤비는 것으로 받아들이는 경우가 많아 말싸움의 단초가 되기도 한다. 노래로 만들어지기도 한 김소월의 시 〈개여울〉에서도 '당신은 무슨 일로 그리합니까'에 '당신'이 나오는데 역시 책망하거나 따지는 투로 들린다.

이다. '너'를 써도 될 자리에 현실에서는 잘 쓰이지 않는 '그대'와 '당신'이 이처럼 빈번하게 나타나는 이유가 있을 듯싶다.

그 답은 '너의 의미'에서 찾을 수 있다. 소중한 상대, 그래서 높여야 할 상대에 대해 '너'를 쓰는 것은 적절하지 않다. '나'를 '저'로 써서 나를 낮추고 결과적으로 상대를 높일 수 있지만 '너'는 그렇지 않다. '너'에는 높이는 의미가 없고, '저'처럼 바꾸어 쓸 수 있는 말이 없으니 아예 계통이 다른 '그대'와 '당신'으로 대체하는 것이다. '그대'는 이미 1930년에 발매된 〈그대 그립다〉(번안 가요. 복혜숙 노래)에도 나타나고, '당신' 또한 1939년에 발매된 〈알뜰한 당신〉(조명암 작사. 황금심 노래)에서도 발견된다. 쓰인 지는 오래되었지만 여전히 노래나 시에서 쓰일 뿐 현실 속으로는 들어오지 못하는 말들이다. 노랫말이 현실을 따라가는 경향이 있지만 그래도 현실과는 다른 세계에 놓여 있기도 함을 보여주는 사례라 할 수 있다.

제목과 가사에서의 2인칭 사용 양상을 시대별로 비교해보면 흥미로운 결과가 나타난다. '너'는 시간이 흐를수록 사용 비율이 늘어나는 데 비해 '그대'와 '당신'은 점차 줄어드는 추세를 보이고 있다. 이에 대해서는 노랫말의 현실성으로 먼저 해석할 수 있다. 즉 현실 언어에서 잘 쓰지 않는 '그대'와 '당신' 대신 '너'를 더 적극적으로 쓰려는 시도가 점차 늘어나는 것으로 볼 수 있다. 노랫말이 현실과 가까워질수록 공감이 가능하니 이러한 시도는 '니가'와 같은 맥락에서 이루어지는 것으로 볼 수도 있다.

그러나 이러한 경향은 노래의 생산과 소비의 차원에서 다시 바라볼 필요가 있다. 노래가 1인칭과 2인칭 사이의 것이라면 노래는 이

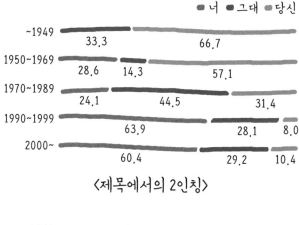

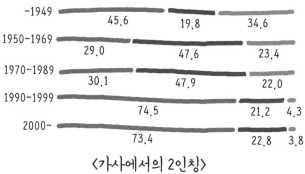

● 너　● 그대　● 당신

	너	그대	당신
~1949	33.3		66.7
1950~1969	28.6	14.3	57.1
1970~1989	24.1	44.5	31.4
1990~1999	63.9	28.1	8.0
2000~	60.4	29.2	10.4

〈제목에서의 2인칭〉

	너	그대	당신
~1949	45.6	19.8	34.6
1950~1969	29.0	47.6	23.4
1970~1989	30.1	47.9	22.0
1990~1999	74.5	21.2	4.3
2000~	73.4	22.8	3.8

〈가사에서의 2인칭〉

둘의 관계에 초점을 맞추어 만들어진다. 이 둘이 적당히 나이가 든 사람들이라면 서로가 '너'라 부르지 못한다. 반대로 파릇파릇하게 젊거나 혹은 어리다면 '너'가 자연스럽다. 오늘날 노래는 점차 젊은 사람들의 것으로 바뀌고 있다. 젊은 가수가 젊은 사람들을 위해 부르니 노래도 점차 젊어지고 있다. 상황이 이러니 '너'가 '그대'와 '당신'을 밀어내는 것은 당연하다. 요즘의 노래에서는 '너'라고 말하는 사람들이 대세다. '당신'과 '그대'를 '너'라고 부른다고 해서 서로에 대한 사랑의 마음이 반감되는 것은 아니다. '너'와 '나'의 사랑노래는 여전히 아름답다. 이 노래처럼.

> 너에게 난 해 질 녘 노을처럼 한 편의 아름다운 추억이 되고
> 나에게 넌 내 외롭던 지난 시간을 환하게 비춰주던 햇살이 되고
> • 송봉주 작사, 자전거 탄 풍경 노래, 〈너에게 난, 나에게 넌〉, 2001

'그녀'가 '그'를 압도하다

인칭대명사는 대화의 상황을 염두에 두고 쓰인다. 마주보는 두 사람이 '나'와 '너'가 되고, 그 자리에 없지만 대화에 언급되는 사람은 '그'가 된다. 대화의 자리에 없는 '그'는 대화의 내용은 전혀 모르는 채 소환되어서 흘러가는 얘기의 일부가 된다. 노랫말에서도 마찬가지다. 노랫말이 대화는 아니니 '나'와 '너'가 마주 앉아 이야기를 나누는 것은 아니다. 그러나 '나'는 늘 '너'를 생각하며 노래를 만들고 또 부른다. '나'의 독백 형식으로 되어 있어도 '너'가 그것을 들어주길 바라며 노래를 한다. 그래서 노래에서는 '나'와 '너'가 수없이 나온다.

그러나 한 다리 건너에 있는 '그'는 상황이 다르다. 노래를 듣지도 못할 그에 대해서 언급할 일이 별로 없다. '너'와 '나', 즉 '우리'의 사랑타령에 굳이 등장할 이유도 없다. 그러다 보니 노랫말에 등장하는 단어의 순위도 뒤로 많이 밀린다. 그래도 노래가 사람의 이야기를 다루는 일이 많으니 다뤄볼 만하다. 3인칭은 성별에 따라 '그'와 '그녀'

로 나뉜다. 우리말에서는 없던 말이었는데 외국어, 특히 영어가 들어오고 난 뒤에 자리를 잡았다. 그래도 여전히 낯설어서 일상의 대화에서는 잘 안 쓰이고 소설, 시 등에서 많이 쓰인다. 노랫말은 시를 닮아 있으니 그래도 노랫말에서는 일상에서보다 많이 쓰이는 편이다.

제목에서는 '그'가 7회, '그녀'가 110회 등장하는데 압도적인 불균형을 나타내고 있다. 제목에서의 '그'는 존재감이 없어도 너무 없다. 어찌된 일인지 그전에는 '그'가 들어간 제목이 전혀 보이지 않다가 1990년에 발표된 〈난 나직이 그의 이름을 불러 보았어〉(예민 작사, 여행스케치 노래)에 처음 등장한다. '그녀'는 1987년에 발표된 〈그녀에게 전해주오〉(박건호 작사, 소방차 노래)에 처음 등장한 후 횟수가 '그'에 비해서는 꽤 된다. 아무래도 '그'를 제목에 쓰기 꺼려지는 이유가 있는 듯하다.

가장 중요한 이유는 '그'가 우리말답지 않은 데 있을 것이다. '그'와 '그녀'는 소설을 쓰기 위해 억지로 만들어진 말이다. '그'는 '그 사람, 그 여자' 등에 쓰던 '그'에서 유래한 것으로 보인다. 그런데 이 때의 '그'는 뒤에 오늘 말을 꾸미는 것이지 특정한 사람을 대시하는 것은 아니다. 어쨌든 남자를 대신하는 말로 '그'를 쓰게 되고 여기에 '녀'를 붙여 여자를 대신하는 말로 쓰게 된다.* 성질이 바뀐 고유어 '그

---

* 남자를 가리키는 '그'를 먼저 만들고 여기에 성별을 밝히는 '女'를 붙여 여자를 가리키게 한 것도 성경에서 아담의 갈비뼈로 이브를 만들었다는 것과 마찬가지로 남성을 앞세우는 통념이 드러난 것으로 보인다. '그'에 한자 '者'를 붙인 것은 '그자'도 있는데 '者'가 사람을 가리킴에도 불구하고 '그자'는 대개 뭔가 사고를 친 나쁜 남자를 가리킨다. '그자'가 이런 뜻을 가진 어색한 단어가 된 것을 생각해보면 '그녀' 또한 어색한 단어임을 알 수 있다.

와 한자 '女'가 결합되어 '그女'가 된 셈이니 만들어진 방법도 꽤나 괴상하다. '그녀' 대신 '그미, 그니'를 쓰자는 주장도 있지만 큰 힘을 얻지는 못한다. 어떻게 만들어도 이상하고 우리말답지 않은 것이다.

'그'와 '그녀'를 대신할 방법이 얼마든지 있다는 것도 이유가 될 수 있다. 굳이 어색한 '그, 그녀'를 쓰는 것보다 '그 사람', '그 남자, 그 여자'를 쓰면 되는 것이다. 이는 제목에서 '그'가 드문 대신 '그 사람'은 50회나 쓰인 사실이 증명해주기도 한다. 일상의 대화에서는 이름을 쓰면 되고, 노랫말에서는 다른 말로 대체할 수 있으니 '그'와 '그녀'의 입지는 좁을 수밖에 없다.

그래도 '그녀'가 '그'를 압도하는 것은 수수께끼다. 제목에 '그녀'를 끌어들인 노래는 아무래도 남자들의 노래일 수밖에 없다. 짝사랑하는 남자가 하소연을 하거나 헤어진 연인을 잊지 못하는 남자가 회상을 하는 노래에 그녀가 등장한다. 이에 비해서 '그' 등장하는 제목은 다소 중립적인 것이 많다. '그'가 들어간 제목은 7개가 전부이지만 '그녀'가 들어가 제목에서는 하소연과 회상을 하는 것만 따로 뽑아도 될 만큼 많다. 남자의 이야기를 담은 노래가 많은 것일 수도 있고, 남자 가수가 많은 것일 수도 있다. 그러나 아무래도 남자들이 '미련하다'는, 아니 '미련'을 끝내 버리지 못한다는 속설을 말해주는 것 같기도 하다.

난 나직이 그의 이름을 불러 보았어

그의 비밀

그가 그녈 만났을 때

그는 떠나고 나는 남았다

그는 알았을까

그는 널 사랑하지 않아

그의 바다

그녀에게 전해주오

그녀의 웃음소리뿐

그녀의 딸은 세 살이에요

기억 속의 그녀

그녀가 처음 울던 날

날 버린 그녀가 요즘 연락을 한다

그녀는 예뻤다

　가사에서는 '그'가 2,279회 나타나고 '그녀'가 5,507회 나타나니 불균형이 많이 줄어든 편이다. 그러나 분석의 방법상 '그'에는 상당수의 허수가 끼어들어 있으니 그 간극은 눈에 보이는 것보다 훨씬 더 클 것으로 판단된다. 그래도 '그'와 '그녀'의 앞뒤에서 함께 쓰이는 말을 분석해보면 결과는 비슷하다. 이 두 말의 앞뒤에는 온통 '나의, 나는, 내가, 나를, 내게' 등 1인칭이 둘러싸고 있다. 노랫말 속에 등장하는 3인칭도 결국은 나와의 관련성 속에서 이야기하고 있는 것이다.

　당연한 결과이기도 하다. 눈앞에는 없지만 자신의 머리와 가슴에서 떠나지 않는 사람을 대상으로 하소연과 회상을 늘어놓는 것이 또한 노래이다. 자신의 노래를 듣지 못하는 3인칭이지만 어떻게든 들어주기를 바라는 마음에서 '그'와 '그녀'를 애타게 부르는 것이다. 때로는 남의 이야기인 양 제목으로 속이려 하지만 그 속내는 역시 '나'와 '너'의 이야기다. '너냐, 그냐?'라는 질문의 대답이 '그'이면 관심이 멀어지는 것과 같은 이치다. 결국 노래는 '내가 너에게 들려주는 사랑 이야기'일 수밖에 없다.

> 사실 널 처음 보았을 때
> 부담스러운 그저 예쁘기만 한 여자라고 생각했는데
> 너 역시도 그랬었다 말했었지
> 이제 내가 만들어갈 시간이 온 걸 알아요
> • 이승환 작사, 이승환 노래, 〈그가 그녈 만났을 때〉, 1997

1, 2, 3인칭이란 인칭 체계는 영원히 변하지 않는다. 변하는 것은 각각의 인칭을 가리키는 말이다. 그래도 '나'는 변하지 않는다. '너'와 '그'가 변할 뿐. 〈어쩌다 마주친 그대〉란 노래가 있다. '그대에게'를 더 오래된 '당신에게'로 바꾸든, 요즘 젊은 친구들의 '니한테'라고 바꾸든 노래의 느낌이 그렇게 많이 차이가 나지는 않는다. 어차피 노래의 주어와 목적어, 그리고 서술어는 바뀌지 않는다.

> 그대에게 할 말이 있는데 왜 이리 용기가 없을까
> 말을 하고 싶지만 자신이 없어 내 가슴만 두근두근
> 바보 바보 나는 바보인가 봐
> • 구창모 작사, 송골매 노래, 〈어쩌다 마주친 그대〉, 1982

7
노래가 여운을 남길 때

이름은 물론 직접 만든 곡으로 몹시 심한 궁금증을 자아내는 노래꾼
이 있다. 본명은 강영걸, 그러나 자신의 노래를 세상에 첫 선을 보일
때 '강산에'라는 이름을 썼다. 글자를 먼저 보지 않고 소리로 들었다
면 틀림없이 '강사내'로 듣고 '강한 사내'라고 생각을 했을 것이다.
활자화된 이름 '강산에'를 보고도 '강산애'를 잘못 쓴 것 아닌가 하
는 의심이 든다. 사람의 이름이 아니라 문장의 일부로 본다면 '강산
에' 뒤에 무엇인가 와야 한다. '강산에 꽃이 핀다'든 '강산에 살고 있
다' 등 무엇이라도 와야 하는데 아무것도 없다. 그래서 궁금하기도
하고 불안하기도 하다. 그런데 첫 앨범의 이름이자 대표곡의 제목은
궁금증과 불안감을 증폭시킨다.

두만강 푸른 물에 노 젓는 뱃사공을 볼 수는 없었지만……
눈보라 휘날리는 바람 찬 흥남부두 가보지는 못했지만……
• 강산에 작사, 강산에 노래, 〈…라구요〉, 1993

점 세 개로 제목이 시작되는 것도 그렇고, 밑도 끝도 없이 '라구요'라고 인용하는 말만으로 제목을 쓴 것이 이상하다. '라구요' 앞에 있는 내용이 궁금하기도 하고 알 수 없으니 불안하기도 하다. 들어보니 흘러간 노래 두 곡을 끌고 들어온다. 지금은 갈 수 없는 땅 두만강과 흥남부두를 들먹인다. 한국전쟁 이후 고향땅과 생이별을 한 실향민의 한을 대변하기도 하지만 그것을 넘어서서 우리 노래의 역사도 다시 훑는다. 이런 내용이 다 인용이 된 후에야 '라구요'가 이해가 되고 불안감도 해소된다.

그렇다고 모든 게 해소된 건 아니다. 맞춤법에 목을 매는 이들은 제목을 '라구요'가 아닌 '라고요'라고 고치고 싶을 것이다. 말할 때는 대부분 '구'라고 하지만 쓸 때는 '고'로 해야 한다. 뒤에 '요'도 그렇다. '고'든 '구'든 이것만으로 끝나면 반말이 되니 슬쩍 '요'를 붙인다. 그러나 이왕 '구'를 쓸 거면 이 '요'도 '여'로 바꿨어야 한다. 쓸 때는 '요'라고 쓰지만 말할 때는 거의 모든 사람이 '여'라고 말한다. 이왕 현실의 발음을 따르고자 했으면 이 노래의 제목은 '…라구여'가 됐어야 더 자연스럽다.

노래는 제목이 소개된 후 마지막 구절, 마지막 소리까지 다 나와야 비로소 끝이 난다. 제목은 누군가 소개할 때가 아니면 글자로 보게 되는데 그리 많지 않은 글자가 꽤나 많은 것을 담고 있다. 잦아드는 음악 소리와 함께 가사의 마지막 소리 또한 많은 여운을 남긴다. 우리말은 끝까지 들어야 내용을 제대로 알 수 있다는 말이 있다. 반은 맞고, 반은 틀린 말이다. 그래도 제목의 끝과 노래의 끝은 꽤나 많은 것을 말해준다.

일상에서 쓰는 말, 혹은 흔히 쓰는 산문에서는 우리말의 이러한 특성이 그리 문제가 되지 않지만 시나 노래에서는 문제가 된다. 맨 끝에 이러한 요소가 있어야 문장이 끝나지만 시나 노래를 죄다 이렇게 쓰자니 재미가 없다. 게다가 운과 율을 맞춰야 하는데 이런 요소로만 맞추는 것은 운율이 아니다. 노랫말에서도 이러한 고민은 그대로 나타난다. 말끝이 중요하다는데 말끝을 어떻게 맺느냐가 문제다.

노래 제목의 정석

제목을 쓰는 방법은 세 가지가 있다. '추리기, 뽑기, 빗대기'가 그것이다. '추리기'는 전체 내용을 압축해 몇 개의 단어로 쓰는 것이고, '뽑기'는 내용을 가장 잘 드러내는 한 부분만 골라 쓰는 것이다. '빗대기'는 전혀 다른 범주의 것이지만 간접적으로 내용과 관련지을 수 있는 것으로 제목을 삼는 것이다. 글쓰기를 할 때 세 가지 방법 중 '추리기'가 가장 많이 쓰인다. 그러나 강력한 주장을 담고자 하는 글은 '뽑기'도 꽤 쓰이고, 다소 비공식적인 글에서 읽는 이의 관심을 유도하기 위해서 '빗대기'도 종종 쓴다.

노래의 제목도 이와 같은 방법을 쓴다. 그리고 가장 많이 쓰는 방식 역시 '추리기'이다. 노래의 내용을 압축하는 가장 좋은 방법은 핵심적인 몇 단어로 드러내는 것이다. 노래에서는 일반적인 글보다 자유롭게 '빗대기'의 방법을 쓸 수도 있는데 내용을 상징적으로 드러내는 방법 또한 적절한 단어로 대신하는 것이다. 그리고 제목은 말 그대로 노래의 이름이므로 몇 개의 명사로써 제목을 쓰는 것이 가장 일반적이다. 그래서 제목에는 명사가 압도적으로 많이 쓰인다. 가사에서 명사가 차지하는 비율은 22.7퍼센트인 데 비해 제목에서는 34.7퍼센트나 된다.

제목도 노랫말의 일부지만 제목은 우리말의 끝맺음으로부터는 많이 자유로운 편이다. 제목은 어떤 방법으로든 노래의 내용을 드러내주면 되는 것이니 완전한 문장이어야 하는 것은 아니다. 그래서 온전한 문장이라면 반드시 있어야 할 요소가 제목의 맨 뒤에 놓여야 할 이유도 없다. 그래서 제목의 끝은 노랫말과는 사뭇 다른 양상을 보여준다. 제목과 노랫말의 맨 끝에 오는 말만 따로 통계를 낸 결과가 그 것을 증명해준다.

'명사'니 '어미'니 하는 말은 따분한 국어시간에나 나오는 말이니

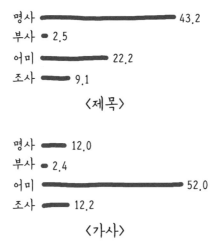

명사 ▬▬▬▬▬▬ 43.2
부사 ● 2.5
어미 ▬▬▬ 22.2
조사 ▬▬ 9.1
〈제목〉

명사 ▬▬ 12.0
부사 ● 2.4
어미 ▬▬▬▬▬▬▬ 52.0
조사 ▬▬ 12.2
〈가사〉

쉽게 예를 들 필요가 있다. 같은 사랑노래라도 '사랑'으로 끝나면 명사로 끝난 것이고 사랑 뒤에 '이'가 붙으면 조사로 끝난 것이다. 그리고 '사랑합니다'와 같은 것은 어미로 끝난 것이다.

명사 : 홀로 된 사랑   어미 : 그대를 사랑합니다
부사 : 사랑은 영원히   조사 : 내게도 사랑이

예상대로 제목에서는 명사로 끝나는 경우가 가장 많다. 역시 제목의 정석은 명사로 끝내는 것이다. 전체 곡 중 반에 가까운 노래들이 그렇다. 그런데 의외로 어미로 끝나는 것도 많다. 〈불효자는 웁니다〉(김영일 작사, 진방남 노래, 1940)에서부터 〈창문 너머 어렴풋이 옛 생각이 나겠지요〉(김창완 작사, 산울림 노래, 1980)를 거쳐 〈그렇게 있어줘〉(이민혁 외 작사, BTOB 노래, 2014)에 이르기까지 꽤 많은 노래가 있다. 다소 긴 제목은 문장 형식인 경우가 많은데 이때는 반드시 어미로 끝나야 하니 명사 다음으로 비중이 높은 것이다.●

제목에 사용된 어미를 시대별로 살펴보는 것도 흥미롭다. 이른 시기에는 〈내 채쭉에 내가 맞았소〉(박용호 작사, 김해송 노래, 1940)처럼 '소'가 제일 윗 순위를 차지하고 있는데 오늘날에는 거의 쓰이지 않

● 문장 형식으로 된 노래는 아무래도 제목이 길 수밖에 없는데 인디그룹 '푸른새벽'이 부른 〈우리의 대화는 섬과 섬 사이의 심해처럼 알 수 없는 짧은 단어들로 이루어지고 있었다〉가 가장 긴 제목으로 기록되어 있다. 그런데 용팔이는 〈너를 잊지 못하는 건 마음의 착각, 너를 떠나보낸 날의 마음의 병, 눈물 가득 나는 날의 추억의 전주곡, 슬픔의 전주곡〉처럼 명사로 끝나는 더 긴 제목의 노래를 부르기도 했다.

는 어미다. 어느 시대든 끝에 '요'가 붙은 것은 높은 순위를 차지하고 있는데 최근에 들어서는 '요'를 뗀 것들이 순위를 차지하고 있다. 노래를 부르는 사람과 듣는 사람의 층이 달라진 것이다. 〈그냥 걸었어〉(김준기 작사, 임종환 노래, 1994)처럼 서로가 허물없이 말하는 사이에 부르는 노래가 많아진 것이다. '하오' 하면서 살짝 낮추는 것, '해요' 하면서 묘한 거리를 두는 것보다 '해' 하면서 친밀함을 표현하는 것일 수도 있다.

조사로 끝나는 제목도 꽤 보이는데 뭔가 좀 불안하다. 명사로 끝나는 제목은 흔해서이기도 하지만 명사만 독립해서 쓸 수 있기 때문에 안정감이 있다. 어미로 끝나는 경우에는 그야말로 말의 꼬리를 잘 지은 셈이니 편안하다. 그런데 조사로 제목이 끝나면 할 말을 다하지 못한, 혹은 뭔가를 숨기고 있는 듯한 느낌을 준다. 〈늦기 전에〉(신중현 작사, 김추자 노래, 1969)는 정말 늦기 전에 뭘 해야 할 것 같은 강박을 주고, 〈거리에서〉(김창기 작사, 동물원 노래, 1988)는 거리에서 뭐라도 할 일을 찾아야 할 것을 재촉한다. 그래도 '내게도 사랑이'는 안도감을 준다. '내게도'가 이미 앞에 있으니 설마 '없다'라고 말할 수는 없을 것이기 때문이다. 그래도 가사의 끝은 당신과 맞물려 '하오'를 쓰고 있다. 그때는 그랬다. 요즘이라면 '그것은 오로지 너뿐이야'라고 할 테지만.

내게도 사랑이 사랑이 있었다면
그것은 오로지 당신뿐이라오

• 함정필 작사, 함중아 노래, 〈내게도 사랑이〉, 1988

'말'과 '노랫말'의 거리

제목과 달리 가사는 문장의 형식을 갖추는 경우가 많다. 그리고 우리말의 문장은 보통 어미로 끝을 맺는다. 이때의 어미는 문장을 끝맺음 하는 단순한 역할뿐만 아니라 문장이 어떤 종류의 문장인지, 듣는 사람은 어느 정도로 높일 것인지 등에 대한 많은 정보를 담고 있다. '기다려줘'를 예로 들면 간곡한 명령을 하는 문장이지만 굳이 높일 필요가 없는 대상임을 알려준다. '기다려주오, 기다려줄래?, 기다려줄까?' 등과 비교해보면 말끝의 다양한 변화와 그 쓰임을 알 수 있다.

군대에서의 말투는 '다나까'로 대표된다. 말끝이 '다'와 '까'로만 이루어져야 한다는 것이다. 이처럼 '다'와 '까'는 딱딱한 말투, 공식적인 말투를 대표한다. 그렇다면 '다나까'의 반대말은? 문법적으로 엄밀하게 따져 보면 맞지 않지만 그 답은 '요'이다. '요'는 본래 여자들의 말투라 군대는 물론 공식적인 자리에서 남자들은 쓰면 안 되는 것이라 여겨졌다. 그러나 어느새 '요'가 세력을 확장해 일상적인 우리의 말끝은 '해체'와 '해요체' 둘로 자리를 잡게 된다. 이와 함께 '합쇼, 하오, 하게' 등은 점차 쓰이지 않게 된다.*

노랫말의 말끝이 일상에서 쓰는 말의 말끝과 다른 것은 누구나 알

---

* 여성의 전유물로 여겨지던 '요'로 끝나는 말투가 확산된 것은 여성이 언어의 변화를 주도한다는 증거가 될 수 있다. 현실에서는 사회적 권력이 더 센 남성이 언어를 주도하는 것 같지만 실상은 여성의 말투를 닮아가고 있는 것이다. 여러 가지 이유가 있겠지만 아이들이 말을 배우는 시기에 어머니와 친밀한 관계를 유지한다는 것이 중요한 이유가 될 수 있다. 실제 여러 가지 조사를 해봐도 젊은 여성층에서 언어 변화의 시초가 나타나는 사례가 많다.

고 있는데 통계를 내어보면 상상하던 것 이상의 결과를 보인다. 먼저 눈에 띄는 것은 말뭉치에서 '다'의 쓰임이 압도적으로 높다는 것인데 이는 말뭉치 자체의 특성에 기인하는 것이다. 말뭉치는 일상의 갖가지 자료를 다양하게 모아 놓은 것인데 문어로 된 자료가 많을 수밖에 없다. 노랫말은 결국 가락에 실은 말이기 때문에 구어적 성격이 상당히 강하다. 따라서 양자 간의 직접적인 비교는 어렵다. 그렇더라도 노랫말에서는 '다'로 끝나는 딱딱한 말끝은 적게 사용한다는 것을 확인할 수 있다. 대신 반말체인 '해체'와 높임말체인 '해요'체가 널리 사용됨을 알 수 있다.

문장 끝의 '요'는 제목과 가사 모두에서 매우 높은 쓰임새를 보여준다. 제목에서는 22.6퍼센트, 가사에서는 21.3퍼센트로 비슷한 양상을 보인다. 이는 '요'가 높임을 나타내되 여러 가지 기능을 모두 담당할 수 있기 때문이기도 하다. '사랑해요'란 말은 그저 사실을 서술하는 말일 수도 있지만 물어보는 말, 명령하는 말, 권하는 말 등이 될 수도 있다. 즉 상대가 누구이든 적당히 높이면서 하고자 하는 말을 두루 담아 낼 수 있는 것이 '요'이니 그 쓰임새가 많을 수밖에 없다. '해요'체가 듣는 이를 높이고자 할 때 쓰는 말이라면 '해'체는 굳이 높이지 않아도 될 때 쓰는 말이다.

'요'로 끝나는 것과 '아/어'로 끝나는 시대에 따라 비교해보면 흥미로운 결과를 얻게 된다. 1990년대 이후 '아/어'의 등장 비율이 훨씬 더 높아졌다가 2000년대에 들어서서 다시 낮아진다. 시대별로 살펴보면 '요'는 꾸준한 증가 추세를 보인다. 이는 높여야 할 상황에서 두루 '요'를 사용한 결과이다. 그런데 어느 순간부터 상대를 굳이 높이

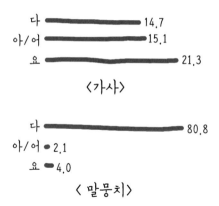

〈가사〉

다 ■■■■■■ 14.7
아/어 ■■■■■■ 15.1
요 ■■■■■■■■ 21.3

〈말뭉치〉

다 ■■■■■■■■■■■■■ 80.8
아/어 ● 2.1
요 ● 4.0

지 않는 '아/어'가 '요'를 압도하기 시작한다. 이를 두고 여러 가지 해석이 가능하다. 노래를 하면서 상대를 굳이 높이지 않게 되었다는 해석이 그 하나가 될 수 있다. '버르장머리 없는 노랫말'이 점차 늘어나게 되었다는 해석이다.

그러나 이런 해석 역시 '꼰대'의 냄새가 좀 난다. 더 정확한 이유는 존댓말에 구속을 받지 않는 세대들의 노래가 점차 늘어나게 되었다는 데서 찾는 것이 타당해 보인다. 자신의 마음을 표현하면서 굳이 '해요' 하지 않고 '해'만을 하더라도 서로 통하는 세대의 말투가 반영된 것이다. 이런 점을 감안하면 가요계의 큰 변화를 주도한 서태지와 아이들의 두 노래를 비교해보는 것도 흥미롭다. 〈난 알아요〉에서는 제목에서는 '해요'가 쓰였지만 가사에서는 '해'가 혼용된다. 그러나 〈교실 이데아〉의 가사는 철저하게 '해'를 쓰고 있다.

난 정말 그대 그대만을 좋아했어

나에게 이런 슬픔 안겨주는 그대여

제발 이별만은 말하지 말아요 나에겐 오직 그대만이 전부였잖아

• 서태지 작사, 서태지와 아이들 노래, 〈난 알아요〉, 1992

됐어 됐어 이제 됐어 됐어 이제 그런 가르침은 됐어

그걸로 족해 족해 이젠 족해 족해 내 사투로 내가 늘어놓을래

• 서태지 작사, 서태지와 아이들 노래, 〈교실 이데아〉, 1994

노랫말의 독특한 말끝

노랫말이든 영화의 대사든 현실의 말과 조금은 거리감을 유지해야 느낌이 산다. 물론 노랫말과 대사에서 일상의 말을 닮아가려는 시도도 꾸준히 이어지고 있다. 그러나 이 말들이 일상의 말과 똑같다면 가슴을 울리거나 머릿속에 오랫동안 남아 있을 가능성이 그만큼 줄어든다. 그래서 노랫말의 어투, 대사의 어투가 따로 있고 그것을 듣는 사람들은 노래와 극의 상황에서 받아들인다. 문장의 성격을 결정 짓는 문장의 끝도 마찬가지다. '통촉하여 주옵소서'라는 대사가 나오면 '통촉'의 뜻은 몰라도, '주옵소서'가 도대체 어느 시대의 말투인지 묻지도 따지지도 않고 그저 사극으로 받아들인다. 그렇다면 노랫말에서만 쓰이는 문장의 끝은 무엇이 있을까?

무조건 외워야 했던 교과서에 나오는 시이기에 머릿속에 남아 있는 시 한 편은 늘 의문으로 남는다.

겨울 바다에 가보았지

미지의 새

보고 싶던 새들은 죽고 없었네

• 김남조, 〈겨울 바다〉

  문장 끝의 '지'와 '네'가 문제다. 일상에서 말할 때 이런 맥락에서 '지'와 '네'를 써본 기억이 없다. 아니 들어본 적도 거의 없다. 이때의 '지'와 '네'는 회상을 하며 독백처럼 내뱉을 때 쓰는 듯하다. 그런데 이런 상황이라면 일상에서는 그저 '다' 또는 '어'를 쓴다. '보았다, 없었다' 혹은 '보았어, 없었어'가 훨씬 더 자연스럽다. 시와 닮아 있는 노랫말에서도 이와 같은 쓰임이 많이 나타난다.

  이 결과 역시 말뭉치의 문어적 특성을 감안해야 하는데 그렇더라도 노랫말에서 '지'와 '네'의 사용 빈도가 매우 높음은 바로 확인할 수 있다. 특히 '네'의 사용이 더욱더 두드러지게 나타난다. '지'와 '네'의 용법을 자세히 따지자면 매우 복잡하다. 그러나 노랫말에서의 용법을 다소 거칠게 요약하자면 무엇인가 이야기를 하되 약간의 거리를 두고 남의 이야기를 하듯, 한 다리 건너서 하듯 할 때 많이 사용

된다. 말 그대로 회상을 하는 다음 노래에서의 말끝을 봐도 그렇다. 그 말끝을 통상적인 말끝으로 바꿔 불러보면 금세 느낄 수 있다. 노래가 갑자기 일기가 되어버린다.

> 길을 걸었지. 누군가 옆에 있다고 느꼈을 때 나는 알아버렸네.
> *길을 걸었다. 누군가 옆에 있다고 느꼈을 때 나는 알아버렸다.*
> • 김창훈 작사, 산울림 노래, 〈회상〉, 1982

'다'로 끝내면 더 객관적인 서술이 가능할 듯도 하다. 그러나 그래서는 듣는 이가 공감하지 못한다. 적당히 남의 이야기를 하는 듯하면서도 부르는 이와 듣는 이가 공유할 수 있는 것이 있어야 한다. 그래야 나중에 다시 따라 부르거나 남에게 들려줄 수 있다. 이야기가 어떻게 노랫말로 바뀌는지, 그리고 이때 '지'와 '네'가 어떤 작용을 하는지 비교해보는 것도 재미있다.

> *사랑이 또다시 내 곁에서 떠나간다. 마침내 그것이 사랑이었다는 것을 알고 나니 이번엔 심각했다. 너무 많은 걸 바라지는 않았나, 너무 큰 욕심을 부렸나 생각해본다.*
> 사랑이 떠나가네 또다시 내 곁에서
> 이번엔 심각했지 마침내 사랑이었어
> 너무 많은 걸 바라지는 않았나 너무 큰 욕심 부렸나
> • 한경혜 작사, 김건모 노래, 〈사랑이 떠나가네〉, 1997

노랫말의 문법

전혀 예상치 못한 반전이 있는 영화의 최대 적은 스포일러다. 영화 광고와 소개에서 궁금증만 잔뜩 증폭시킨 채 영화관에서 그것을 일거에 해소해줄 목적으로 영화를 만들었는데 영화를 보기도 전에 누군가가 그 반전을 알려주면 그것만큼 재미없는 일도 없다. 여러 언어를 비교해보면 이런 스포일러가 발견되는 언어가 있다. 같은 내용을 유형이 다른 언어 셋으로 각각 쓴 것을 비교해보면 스포일러가 보인다.

我唱歌.　　　　　　　　我(나)　唱(부르다)　歌(노래)

I sing a song.　　　　　I(나)　sing(부르다)　a song(노래)

내가 노래를 부른다.　　　나　노래　부르다

어차피 하려는 말은 같으니 어순이 문제다. 문장에서 동작을 나타내는 말이 중요한데 우리말은 그것이 제일 뒤에 놓인다.* 그러니 노래를 만들지, 부를지, 들을지 등은 맨 마지막 말을 듣고 나서야 알 수 있다. 중국어나 영어에서 앞에 놓이는 '唱(부르다)'과 'sing(부르다)'이 스포일러 기능을 한다. 이것만 보고도 뒤에 나올 말이 무엇인지 알 수 있다. 이것은 어순의 문제를 떠나 시를 쓸 때, 그리고 시와 닮아

---

* 이런 이유로 '우리말을 끝까지 들어야 해'라고 말하는 것은 그리 옳지는 않다. 어떤 말이든 끝까지 들어야 그 뜻을 정확히 알 수 있는 것은 동일하다. 우리말에서는 목적어가 먼저 나오고 서술어가 뒤에 나오지만 그 사이는 극히 짧다. 우리가 말을 하면서 스무고개를 하듯이 뜸을 들이며 뒤에 나올 서술어를 감추지는 않기 때문이다.

있는 노랫말을 쓸 때 매우 중요한 문제이기도 하다.

　말뭉치와 노랫말을 비교한 것을 봐도 알 수 있듯이 노랫말은 일상의 말, 그리고 그로 쓰는 말과 꽤 많은 차이가 있다. 말끝만 차이가 있는 것이 아니다. 노랫말은 가락과 리듬에 얹히게 되니 당연히 운율감이 느껴지지만 좋은 노랫말은 그 자체로도 운율이 느껴진다. 똑같은 내용을 똑같은 길이로 써놓은 줄글과 시가 다르게 느껴지는 것도 결국 운율의 문제다. 시인들, 그리고 노랫말을 쓰는 이들은 이것을 위해 머리를 싸맨다. 그리고 가끔씩은 일상의 어법을 어겨가면서도 운율을 살려 내려는 시도를 한다. 이 노랫말도 그렇다.

　　어느 하루 비라도 추억처럼 흩날리는 거리에서
　　쓸쓸한 사람 되어 고개 숙이면
　　그대 목소리 너무 아픈 사랑은 사랑이 아니었음을
　　• 류근 작사, 김광석 노래, 〈너무 아픈 사랑은 사랑이 아니었음을〉, 1994

　작문 시간이었다면 심한 '지적질'을 당할 만한 문장이다. 문장이 끝이 안 난다. 제목에도 가사에도, 주어와 목적어는 있는데 서술어가 없다. '아니었음'을 어쩌란 말인가? 그런데 노래를 듣는 순간은 작문 시간이 아니고 문법 강의도 아니다. 문장으로 보지 않고 노래로 들으면 너무나도 선명하게 의미가 전달이 된다. 말하지 않아도, 굳이 쓰지 않아도 그 마음이 전달이 된다. '노랫말'이라는 말 속에 이미 '말'이 포함되어 있지만 '말이 없는 말'도 결국 말이라는 것을 확인시켜 주기도 한다.

노랫말의 역사를 차례로 살펴보면 발견되는 흐름 중의 하나가 노래가 하는 말이 많아진다는 것, 그리고 이에 따라 자연스레 노래가 길어진다는 것이다. 템포도 빨라졌으니 같은 시간 안에 더 많은 말을 하게 되고, 멜로디 없이 속사포처럼 읊어대는 랩도 늘어났다. 길지 않은 몇 마디의 가락에 1절, 2절과 같이 절을 바꾸어 만들던 노래도 드물어졌다. 노랫말을 쓰는 이들도, 곡조를 만드는 이들도 모두 바빠졌다. 펜으로 꾹꾹 눌러서 원고를 쓰던 시절, 한 음 한 음 튕겨보면서 오선지를 메워가던 시절에는 상상하기 어려운 일이다. 키보드를 두드리면 노랫말이 써지고, 마우스를 클릭하면 노래가 만들어지는 시대의 반영이기도 하다.

또 다른 흐름 중의 하나는 노랫말 속에 우리말이 아닌 말이 점차 늘어간다는 것이다. 당연히 그 말은 영어다. 세대에 따라서는 이러한 말들도 우리말의 일부로 여길 수도 있다. 그러나 잊지 말아야 할 것은 그 모든 말이 진정한 '노랫말'로 녹아들어가야 한다는 것이다. 안타깝게도 우리말과 영어는 많은 면에서 다르다. 우리말로 살리는 운율과 영어의 그것은 다르다. 그래서 우리의 노랫말 속에 들어간 다른 말들이 꺽꺽하게 느껴진다. 그저 후렴처럼 들어 넘기고 싶은데 후렴이라면 더더욱 운율감이 있어야 한다. 그런데 그렇지 못하다. 말은 많은데 들을 말도 적고 와 닿는 말은 더 적다. 누군가 먼 훗날 '너무 많은 말은 말이 아니었음을'이라고 평가할지도 모르겠다.

노래는 듣기만 하는 것이 아니라 부르기도 한다. 그저 흥얼거리기도 하지만 누군가에게 노래로 대신 마음을 전하기도 한다. 그래서 처음에는 남의 이야기로 만들어진 노래가 내 노래가 되기도 한다. 노래 한 곡을 다 부르고 난 뒤에 '라구요'라고 하며 수줍은 미소를 띠우는 것도 이런 이유다. 오래된 노래 둘의 가사를 가져다 '라구요'라고 노래하는 강산애의 능력이 다시금 놀랍다. 짧디짧은 몇 마디의 말 속에 모든 마음을 담아낸 노랫말도, 수없이 반복되는 긴 노랫말도 모두가 굵은 땀의 결과물들이다. 역시 노래는 끝까지 들어야 더 그 맛이 더 깊이 느껴진다.

노랫말 속의 사투리

1989년에 세상에 선을 뵌 마광수의 시집 〈가자 장미여관으로〉는 많은 논란을 불러일으켰다. 책 소개에서는 '인생과 세상에 대한 날카로운 통찰력이 가득한 철학적인 세계를 발견할 수 있는 시'라고 쓰고 있으나 세간에서는 '그저 야한 시'로 받아들여져 시집과 시인 모두가 온갖 굴곡을 겪는다. 이 시집으로 인한 소란이 잠잠해진 2011년 어느 날 5인조 남성 밴드가 '장미여관'을 다시 세상 밖으로 끌어낸다. 웬만해서는 소화하기 힘든 이름의 이 밴드는 역시 소화하기 힘든 분홍색, 혹은 흰색 정장을 맞춰 입고는 묘한 표정과 몸짓으로 이런 노래를 부른다.

> 야 봉숙아 말라고 집에 드갈라고 꿀 발라스났드나
> 나도 함 묵어보자 묵어보자
> • 장미여관 작사, 장미여관 노래, 〈봉숙이〉, 2011

가사가 약간 위험 수위를 넘나들고 있어 걱정이 되긴 하지만 걱정을 걷어내고 나니 가사가 보인다. '뭐 할라고 집에 들어갈라고? 꿀 발라서 났나? 나도 한번 먹어보자.' 그리 어렵지 않은 번역이지만 경 상도 사투리를 잘 알아야 가사 내용이 모두 파악된다.

최근 들어 사투리를 쓴 노랫말이 꽤 보인다. 몇몇 곡에서 띄엄띄엄 들을 수 있었던 노랫말 속의 사투리가 어느 날부터인가 자주 들을 수 있는 소리가 되었다. 그것도 아이돌 그룹의 랩 속에서. 무엇인가 사투리에 대한 태도의 변화가 감지된다. 그런데 노랫말에 사투리를 쓰는 것은 약간의 모험을 해야 한다. 노래는 가능한 한 많은 사람이 들어야 좋다. 만약 사투리 때문에 누군가가 알아듣지 못한다면, 누 군가가 반감을 가진다면 그 노래는 널리 알려지기 어렵다. 그럼에도 불구하고 사투리 노래가 자주 선을 보이는 것은 바람직한 일일 수 있다.

1977년의 〈감수광〉은 노랫말에 사투리를 본격적으로 담은 최초의 시도로 보인다. 1987년의 〈사투리 디스코 메들리〉는 아예 '사투리' 를 전면에 내세워 전국의 사투리를 훑고 있다. 그러나 강산에가 본명 '강영걸'을 앨범 타이틀로 내세우고 2002년에 발표한 〈와 그라노〉는 되려 '너 정말 왜 그러니'라는 질문을 받기도 했다. 노랫말 속의 사투 리는 그만큼 반갑기도 하면서 조심스러운 것이다.

면면히 이어져오던 노랫말 속의 사투리, 그리고 어느 순간 전면에 나서며 활발히 만들어지기 시작한 사투리 노래는 우리의 말이요 우 리의 노래임에 틀림없다. 사실 이 땅의 모든 말이 사투리이고 이 땅 에 사는 모든 사람은 사투리를 쓴다. 다만 우리가 그 사실을 잊고 있 을 뿐이다. 잊고 있을 뿐만 아니라 편 가르기와 차별의 싹이 되기도 한다. 또한 우리가 정말 잊고 있는 사투리가 있으니 세대 간의 사투리가 그것이다. 이것은 치열한 편 가르기의 빌미가 되기도 한다.

사투리 노래의 등장

'사투리'의 학문적 정의와 일상에서의 용법은 조금 다르다. 학문적 정의에서는 '방언'이란 말을 더 많이 쓰는데 지역은 물론 계층, 연령, 성별 등의 사회적 변수에 따라 다르게 나타나는 말 모두를 가리킨다. 그러나 일상에서는 표준어가 아닌 말, 서울을 위시한 중앙에서 쓰이는 말이 아닌 시골말 등을 뜻한다. 이러한 정의와 관계없이 모든 사람들은 개인적인 삶 속에서는 각자의 방언을 쓰고 공식적인 활동을 할 때는 표준어를 쓴다. 그리고 말을 할 때는 자유롭게 사투리를 구사하더라도 글을 쓸 때는 표준어를 쓴다. 노랫말도 '말'이기는 하지만 글로 작성되다 보니 당연히 표준어를 쓴다. 그런데 제주의 말이 뭉텅 들어간 이 노래는 예외다.

> 감수광 감수광 날 어떡헐랭 감수광
> 설룽 사람 보낸시엥 가거들랑 혼조 옵서예
> • 길옥윤 작사, 혜은이 노래, 〈감수광〉, 1977

노랫말을 쓴 길옥윤은 평안북도 영변 출신이니 제주도 말을 잘 알리가 없다. 노래를 부른 혜은이는 제주도에서 태어났지만 대전에서

고등학교를 졸업한 것을 봐서는 일찍 제주도를 뜬 듯하다. 그래도 노랫말 속에 적당히 사투리를 버무려 넣었다. '감수광'은 잘 모르겠지만 문맥상 '갑니까' 정도로 해석이 된다. 그런데 '혼조'는 '빨리'라는 뜻이지만 표준말의 '혼자'와 비슷해서 엉뚱한 해석을 낳기도 한다. 제주도 여자가 사랑하는 사람을 육지로 떠나보내긴 하지만 돌아올 때는 엉뚱한 혹을 붙이지 말고 반드시 혼자 오라는 것으로 받아들이는 이도 있다. 그만큼 제주 말은 다르고 그래서 어렵다.

이처럼 사투리는 노랫말에 산발적으로 나타나는데 1987년에 아예 사투리로 된 노래들이 등장한다. 이름하여 '사투리 디스코'다. 잘 어울릴 것 같지 않은 두 단어 사투리와 디스코가 결합된 이 음반은 신나는 디스코 음악에 팔도의 사투리를 차례로 담아내고 있다.

> 워째 그라요 아 워째 그라요 시방 날 울려놓고
> 떠나갈 바엔 사랑현다고 뭣 땀시 그랬당가요?
> • 이호섭 작사, 문희옥 노래, 〈천방지축〉, 1987

누가 봐도 전라도 사투리다. '워째'도 그렇지만 '그랬당가요'에서 확실히 알 수 있다. '사랑현다고'는 전라도 사투리에 꽤나 밝은 사람이어야 쓸 수 있는데 이것까지 반영되었다. 노랫말을 쓴 이는 경남 의령 출신인데 꽤나 열심히 조사해서 썼음을 알 수 있다. 외려 경상도 사투리는 '아쉬움에 가슴을 치며 나는 마 통곡했다 앙이가'와 같이 맛보기 정도로만 담겨 있다(〈이별의 삼랑진역〉). 낯선 함경도 사투리는 '삼수갑산을 가고 싶슴둥'(〈삼수갑산 비둘기〉)과 같이 부분적으로 담겨 있고, 평안도 사투리도 '다 기린 거이 에이겠슴메'(《이별의 여운》) 정도가 들린다.

이것이 현실이다. 팔도에 사투리가 다 있지만 그것이 사뭇 다른 것은 아니다. 단어 몇 개, 어미 몇 개만 눈의 띄게 다를 뿐 나머지는 써 놓고 보면 큰 차이가 보이지 않는다. 우리가 사투리를 느끼는 것은 이렇게 눈에 띄는 요소들뿐만 아니라 말의 높낮이, 빠르기 등인데 이 것을 노랫말에 담아내기는 어렵다. 그리고 굳이 차이가 나는 것만을 찾아서 가사를 쓸 필요도 없다. 오히려 그렇게 한다면 현실을 왜곡하는 것이 된다. 게다가 노래는 입으로 부르지만 노랫말은 책상머리에 앉아 글로 쓰기 때문에 문어적인 요소가 강하다. 그러니 딱 이 정도가 노랫말에 담길 수 있는 사투리의 적정선일 수 있다. 그래서 처음부터 끝까지 경상도 사투리인 이 노래의 뜻은 쉽사리 파악된다.

와 그라노 와우와 와우와 그래쌌노 뭐라캤쌌노 뭐라캤쌌노
니 우짤라꼬 웃니 우짤라꼬 그라노오
니 단디해라 이 마 고마해라 니 고마해라

• 강산에 작사, 강산에 노래, 〈와 그라노〉, 2002

사실 특별한 가사에 특별한 내용이 담긴 것은 아니다. 경상도 말을 흉내 낼 때 흔히 나오는 예들이니 내용 파악이 어려운 것은 아니다. 가사 전체가 경상도 말이지만 실제로 쓰인 단어의 수는 몇 마디 안 된다. 그런데 다음 노래를 보면 경상도 말은 정말 다른 말처럼 느껴진다.

와 이리 예쁘노 니 땜에 진짜 돌아삐긋다

머든지 말만 해라 니한테 머 돈 아끼긋나

가시나야 확신한다 내 같은 놈 다신 없데이

• 술제이 외 작사, 술제이 외 노래, 〈뭐라꼬〉, 2014

가사 전체를 오롯이 경상도 사투리로 썼다. 랩으로 읊는 가사인데 내용도 잘 이어진다. 〈봉숙이〉가 그렇듯이 경상도 사투리는 상대적으로 표준말과 차이가 많이 느껴진다. 사실 그렇다. 한반도가 남북으로 긴 편이니 남북 방향으로 말의 차이가 있다. 그러나 백두대간을 사이에 두고 동서가 실질적으로는 더 큰 차이를 보인다. 〈뭐라꼬〉에도 나오는 '가가 가가 아이모 가가 가가'와 같이 단어가 높낮이로 구별되는 것은 큰 특징이다.* 그럼에도 이 정도 가사는 다른 지역 사람들의 귀에도 다 들린다. 몇 부분은 맥락으로 대충 파악이 가능하다.

방탄소년단에게 상을 주고 싶은 이유

'팔도강산'이라는 말을 흔히 쓰지만 팔도를 다 읊어보라면 잠시 헷갈

• 분단으로 인해 남과 북의 언어 차이가 심한 것으로 오해하는 경우가 많은데 실제로는 남과 북의 언어 차이가 그리 심한 편은 아니다. 이념과 체제의 차이로 단어나 말투에서 차이가 많이 나는 것이 강조되어서 이런 통념이 만들어진 것일 뿐이다. 말소리나 문장 등의 전체적인 요소를 따져보면 동서 차이가 더 크다. 서울과 부산의 거리보다 서울과 평양의 거리가 더 가까운 것과 마찬가지로 언어적으로도 그렇다.

린다. 본래 팔도였다가 남북으로 나뉜 곳이 있고, 분단 이후 북쪽에서는 다시 도 이름을 정했으니 오늘날은 팔도강산이란 말이 무색해졌다. 그래도 우리 땅 전체를 일컬을 때 흔히 팔도강산이라 하는데 노래 제목에도 '팔도'는 열 번 이상 나타난다. 그중에서 '팔도강산' 하면 나이 든 세대는 당연히 '팔도강산 좋을시고 딸 찾아 백 리 길 팔도강산 얼싸안고 아들 찾아 천 리 길'(신봉승 작사, 최희준 노래, 〈팔도강산〉, 1971)을 떠올릴 것이다. 그런데 케케묵은 단어라고 인식되는 '팔도강산'이 2013년 아이돌 그룹을 통해 발표된다.

서울 강원부터 경상도 충청도부터 전라도 우리가 와 불따고 전하랑께 우린 멋져 부러 허벌라게 아재들 안녕하십니꺼 내카모 고향이 대구 아입니꺼 그캐서 오늘은 사투리 랩으로 머시마 가시나 신경 쓰지 말고 한번 놀아봅시더

• 방탄소년단 작사, 방탄소년단 노래, 〈팔도강산〉, 2013

언뜻 봐서는 전국 투어를 손쉽게 마치기 위해 소속사에서 하나쯤 끼워 넣기로 만든 곡처럼 보인다. 실제로 '서울 대전 대구 부산 찍고'를 부른 가수는 어느 도시를 가나 어깨를 으쓱할 수 있으니 말이다. 그런데 '소년'들이 직접 가사를 썼다. 광주와 대구 출신 멤버가 있으니 애정을 담아서 잘 쓸 수 있는 여건도 돼 있다. 힘든 연습생 시절에 썼음에도 불구하고 꽤 잘 썼다. '팔도'라 해놓고 경상도와 전라도 위주로 써서 아쉽긴 하지만 이 부분은 구구절절 옳아서 상을 주고 싶을 정도다.

결국 같은 한국말들 올려다봐 이렇게 마주한 같은 하늘 살짝 오
글거리지만 전부 다 잘났어 말 다 통하잖아 문산부터 마라도 서울
강원부터 경상도 충청도부터 전라도

조금씩은 다르지만 결국은 다 통하는 말이다. 그 차이를 과장해 차
별할 필요도 없고 갈등할 필요도 없다. 그러나 좁은 땅덩이를 '5시
방향'과 '7시 방향'으로 나눠 서로를 미워하며 으르렁댄다. 특정 인
터넷 사이트에서 출발한 집단은 〈뭐라꼬〉에도 나오는 어미 '노'를 엉
뚱하게 사용하여 다른 지역 사람들을 자극하며 경상도 말을 사랑하
는 이들의 분노를 사기도 한다. 멋진 친구들이 부르는 이 노래를 들
으며 한번쯤은 반성이 필요한 시점이다.

이상에서 살펴본 노래 외에도 최근에 꽤나 여러 곡의 사투리 노래
가 보인다.

〈무까끼하이〉 MC 메타 외 작사, MC 메타 노래, 2011
〈에헤이〉 사이먼 도미닉 작사, 사이먼 디 노래, 2011
〈No Mercy〉 마르고 외 작사, B.A.P. 노래, 2012
〈바리스타〉 브라보스 작사, 브라보스 노래, 2014
〈어디에서 왔는지〉 방탄소년단 작사, 방탄소년단 노래, 2014
〈오빠야〉 술제이 외 작사, 술제이 외 노래, 2014

힙합 음악을 하는 이들이 랩을 통해서 자연스럽게 사투리를 발산
하고 있다. 가끔씩은 귀에 거슬리는 말들이 나오기는 한다. 다소 거

칠게 느껴지는 힙합 음악 고유의 속성이기도 하다. 지역적으로 보면 경상도 쪽에 편중되어 있는 것이 마음에 걸리기도 한다. 노래를 만들거나 하는 이들 중 경상도 출신이 많은 것이 이유가 될 수도 있다. 현대사의 전개 과정에서 경상도 지역이 사회 전반의 헤게모니를 행사해와서 그런 것일 수도 있다. 혹시 이것마저도 지역적 차별의 결과라면 슬픈 일이다. 말 자체를 놓고 보면 전라도 말이 경상도 말보다 표준어에 더 가까워 굳이 사투리로 노래를 만들 필요성을 느끼지 못한 것이라 생각하고 싶을 뿐이다.

휴전선을 가로지르는 노래

방탄소년단의 〈팔도강산〉이 놓치고 있는 것이 하나 있다. '백두에서 한라까지'가 아닌 '문산부터 마라도까지'가 그것이다. '두만강 푸른 물에 노 젓는 뱃사공' 대신 짙은 선글라스를 끼고 판문점을 지키고 있는 헌병의 모습이 익숙한 세대이니 그럴 수도 있다. 그러나 우리의 팔도는 휴전선 이남만을 가리키는 것이 아니라 한반도 전체를 가리키는 것이다. 조선시대의 행정구역을 기준으로 한 팔도가 지금과 다른 것은 당연하다. 그리고 분단 이후 남쪽은 아홉 개로, 북쪽은 열 개로 재편되었으니 그 수를 세는 것도 무의미해졌다. 그러나 행정구역의 변화와는 별개로 그 땅에서 본래 쓰이던 말은 그대로 유지가 된다. 팔도는 사라졌지만 '팔도 사투리'는 그대로이다.*

사투리 디스코 메들리에서는 평안도와 함경도의 말도 포함이 되어 있으나 이 노래들은 그 땅에 사는 사람들의 손에 의해 만들어진 것도 아니고, 그 사람들에 의해 불린 노래도 아니다. 어디까지나 우리 땅에서 만든 북쪽 사투리 노래일 따름이다. 분단 이후 교류가 끊긴 상황에서 당연한 일이기도 하다. 사람이 오가는 것도 막혔고, 노래 역시 오가는 것이 원칙적으로 막혀 있다. 그러나 이 두 곡만은 북쪽에서 만들었지만 우리 귀에도 익숙하다.

> 동포 여러분 형제 여러분 이렇게 만나니 반갑습니다
> 얼싸안고 좋아 웃음이요 절싸 안고 좋아 눈물일세
> • 리종오 작사, 리경숙 노래, 〈반갑습니다〉

> 어젯밤에도 불었네 휘파람 휘파람
> 벌써 몇 달째 불었네 휘파람 휘파람
> 복순이네 집 앞을 지날 땐 이 가슴 설레여
> 나도 모르게 안타까이 휘파람 불었네
> • 조기천 작사, 전혜영 노래, 〈휘파람〉

다른 정보 없이 노래를 듣고 가사를 본다면 〈반갑습니다〉는 우리의

• 본래 '팔도'는 '경기도, 강원도, 충청도, 경상도, 전라도, 제주도, 황해도, 평안도, 함경도'를 가리킨다. 우리의 방언을 나누는 기준은 행정구역상의 팔도와 조금 달라서 경기도, 강원도, 충청도, 황해도를 '중부방언'으로 묶고 경상도와 전라도는 각각 '동남방언'과 '서남방언'으로 묶는다. 그리고 평안도는 '서북방언'으로, 함경도는 '동북방언'으로 묶고 여기에 제주도를 별도로 포함시킨다.

옛 노래 느낌이다. '동포애' 혹은 '형제애'를 직설적으로 표현하는 노래가 드물기는 하더라도 친숙한 가사에 민요의 후렴구 일부가 섞여 있어 듣기에도 부담이 없다. 그러나 3절에 나오는 '조국 위한 마음 뜨거우니 통일잔치 날도 멀지 않네 애국의 더운 피 합쳐갑시다'에 이르러서는 이 노래의 정체가 조금 드러난다. '조국'과 '애국'이 등장하는 노래는 자연스러운 일상의 감정을 표현하는 노래는 아니다.

〈휘파람〉은 전형적인 사랑노래로 보인다. 그 이름이 촌스럽기는 하지만 사랑하는 여인 복순이네 집을 매일 방문해 휘파람으로 불러내어 마음을 고백하는 노래다. 우리 식으로 치자면 '뮤직 비디오'까지 만들어졌으니 북쪽에서 그 인기가 어느 정도인지 가늠이 된다. 그러나 이 노래 역시 '오늘 계획 삼백을 했다고 생긋이 웃을 때'나 '혁신자의 꽃다발 안고서 휘파람 불면은'에 이르러서는 고개가 갸우뚱해진다. 생산 계획을 세워놓고 초과 달성을 해야만 웃을 수 있고, 꽃다발에는 혁신자의 마음을 담아야 한다는 것이다.

이 두 노래는 그나마 나은 편이다. 다른 노래들은 이념과 체제에 대한 선전과 개인에 대한 찬양이 대부분이다. 이념과 체제 또한 언어를 결정짓는 중요한 요인이니 북쪽에서 만들어진 노래들 또한 일종의 사투리 노래일 수도 있다. 그러나 사투리의 일반적인 용법에 비추어볼 때 북한 노래에서 사투리가 특별히 많이 보이지는 않는다. 창법이 달라 어색하게 느껴지지만 가끔씩 등장하는 생뚱맞은 단어들을 제외하면 못 알아들을 말도 없다. 노래의 특성에서 느껴지는 이질감은 있지만 노랫말에서는 특별한 차이가 느껴지지는 않는다. 생각해보면 당연한 것이기도 하다. 지금은 남과 북이 단절돼 있고 각각 표준어와 문화어를 공용어로 쓰고 있지만 본래 한 뿌리의 말이었다. 세월이 흐르면서 조금 달라졌지만 남과 북의 말, 그리고 그 말로 만들어진 노래는 여전히 통할 수 있는 상황이다.

삼투압 현상이라는 것이 있다. 농도가 다른 두 액체를 반투과성 막을 사이에 두고 접촉하게 하면 결국은 농도가 같아진다. 남과 북의 노래에도 그대로 적용될 수 있는 현상이다. 남쪽으로 흘러들어온 노래는 손에 꼽을 수 있을 정도이지만 북쪽으로 암암리에 스며든 노래는 헤아리기가 어려울 정도이다. 휴전선으로 막혀 있어도 좋은 노래는 그것을 뚫고 퍼져나가기 마련이다. 좋은 노래를 멋진 노래꾼이 불러서 그런 것이기도 하지만 더 근본적인 이유는 노랫말에 있다. '알아들을 수 있는 노랫말'은 그 어떤 것보다 매력적인 요소다. 남북의 휘파람 소리가 다르지 않듯이 노랫말의 원천인 말 또한 크게 다르지 않아 다행이다.•

노랫말의 표준어는?

1905년 인천에 최초의 사이다 공장이 세워진다. 이름 하여 '인천 탄

• '유행가'의 역사를 봐도 체제와 이념, 그리고 특정한 개인을 찬양하는 노래가 유행가로 남을 가능성은 없다. 지금의 북쪽에서 아무리 이런 노래가 많이 불린다 하더라도 이것은 어디까지나 강요에 의한 것이지 자발적인 선택에 의한 것은 아니다. 당국에서 아무리 막으려 해도 남쪽의 노래가 암암리에 흘러들어가는 것처럼 좋은 노래는 어떻게든 퍼져나가고 그렇지 않은 노래는 자연스럽게 사라져간다.

산수 제조소'가 그것이다. 그러다 보니 코미디언 서영춘은 '인천 앞바다에 사이다가 떠도 고뿌(컵) 없이는 못 마십니다'란 노래를 만담 속에 넣어 인천의 사이다를 전국적으로 알리기도 한다. 인천의 사이다 공장보다 더 유명세를 탄 공장은 성냥공장이다. 1886년에 이미 성냥공장이 세워졌다는 기록이 있는데 1917년에 이르러서 본격적으로 생산이 되기 시작한다. 500여명의 노동자가 연간 7만 상자를 생산해냈으니 꽤나 큰 규모였음을 알 수 있다. 이에 착안해 만들어진 노래가 소리 소문 없이 널리 퍼져나가기 시작한다.

> 인천의 성냥공장 성냥공장 아가씨
> 하루에도 한 갑 두 갑 일 년에 열두 갑
> 치마 밑에 감추고서 정문을 나설 때 치마 밑에 불이 붙어……
> • 구전 가요, 〈성냥공장 아가씨〉

뒤의 가사는 옮겨 싣지 못할 정도로 외설적이다. 정식으로 녹음되어 발매된 적도 없고 방송된 적도 없는데 청년들 사이에 유행처럼 번져나간다. 고된 일을 마친 노동자들의 젓가락 장단을 타고 전국적으로 퍼져나간다. 불빛이 번쩍이는 무대에서는 불리는 경우도 없고, 양복 입은 신사가 부르는 일도 없다. 굳이 단정 짓자면 하층계급의 청장년층 남자들의 입에서 입으로 전해지는 노래다.

이 노래는 '사투리 노래'에 대한 또 다른 질문을 던진다. 인천을 배경으로 하고 있지만 인천의 말이 표준말과 별반 다르지 않아 노랫말에서 사투리가 느껴지지는 않는다. 그러나 사투리의 또 다른 정의를 생각하면 틀림없는 사투리 노래다. 지역에 따라 다른 말도 사투리라고 하지만 계층, 연령, 성별 등에 따른 말도 사투리라고 한다. 학문적으로는 앞의 것을 지역 방언이라 하고 뒤의 것을 사회 방언이라고 한다. 하층 계급의 청장년층 남자가 주로 부르니 사회 방언의 전형적인 특징을 모두 갖추고 있다. 그러니 사회 방언의 관점에서 보면 분명히 또 다른 사투리 노래이다.

'영자야 내 딸년아'로 시작되는 속칭 〈영자송〉, '에라 이 몹쓸 여자야'로 시작되는 〈여자야〉도 비슷하다. 여자를 주인공으로 하지만 비하하는 내용이 담겨 있다. 부르는 이의 사회적 조건도 비슷하다. 뒷골목 문화에 대한 담론에서라면 모를까 노래의 역사에서 이러한 노래들이 다뤄질 가능성은 크지 않다. 〈영자송〉과 〈여자야〉의 멜로디가 엮여 〈사랑은 아무나 하나〉(이건우 작사, 태진아 노래, 2000)란 노래로 발표되기도 했지만 대개는 뒷골목에서 불리다 사라지는 운명을 맞이한다. 학문적으로는 이런 노래가 사투리 노래라고 정의할 수 있을지 모르지만 우리가 머릿속에 그리는 노래의 범주에는 들기 어렵다.•

그럼에도 불구하고 현실에서는 계층, 연령, 성별에 따라 호불호가 갈리는 노래가 있는 것은 분명하다. 힙합 음악은 본래 흑인 하층 계급의 젊은이들 사이에서 만들어져 퍼져나가기 시작한 노래였으니 계층과 연령이라는 사회적 변수를 충분히 따질 만한 노래다. 그리고 힙

• '구전가요'라고 뭉뚱그려지는 이러한 부류의 노래들을 소재로 〈젓가락〉(서세원 연출, 2010)이란 영화가 만들어지기도 했다. 노랫말의 상당수가 여성을 비하하는, 그야말로 '음란'과 '퇴폐'로 가득 차 있으니 많은 관객을 끌어모을 수는 없다. 사실 구전가요 대부분이 이런 내용이어서 자연스럽게 소멸되는 운명을 맞이한다.

합 뮤지션의 상당수는 남자이니 성별 변수도 어느 정도 만족시킨다. 소위 전통가요라고 불리는 노래들은 중장년층 이상이 주로 즐기니 연령 변수를 충족시키기도 한다. 그러나 노래는, 그리고 노랫말은 가능하면 많은 사람들과 소통하기를 원한다. 특정한 사회적 조건에 맞게 형성된 노래라 할지라도 점차 그 범위를 넓혀 나간다. 오늘날에는 힙합 음악을 흑인 하층계급 젊은 남성의 전유물로 여기지는 않는다.

세대에 따라 선호하는 장르가 있지만 이것은 세대의 문제가 아니라 시간의 문제이다. 포크 음악이 없던 '오래된 과거의 젊은이'는 트로트를 듣다가 노년이 되어서도 트로트를 즐긴다. 댄스 음악이 없던 '과거의 젊은이'는 발라드를 듣다가 중년이 되어서도 발라드를 듣는다. '지금의 젊은이'는 힙합을 들으면서 '미래의 젊은이'의 새로운 노래로부터 소외될 것이다. 결국 시간의 흐름이 세대에 투영되어 나타나는 것일 뿐 근본적인 세대 차이는 아닌 것이다. 이렇게 보면 세대에 따라 다르게 즐기는 노래 또한 사투리 노래가 아니다.

노랫말의 지역적 표준은 중부지역, 더 정확하게 말하면 서울이다. 서울말이 표준말의 근간이 되었으니 당연한 것이다. 그렇다면 노랫말의 사회적 표준은 무엇이어야 하는가? 어떤 계층, 세대, 성별을 기준으로 해야 하는가? 노랫말은 군이 상위계층을 좇으려 하지도 않고 그저 적당히 통속적이어도 된다고 본다. 우리말에서 남녀의 말 차이가 심하지 않으니 노랫말에서 문제될 것은 없다. 결국 세대의 문제만 남는다. 청소년, 청년, 장년, 노년 넷으로 세대를 나눈다면, 더 간단히 젊은 세대와 나이든 세대 둘로 나눈다면 노랫말은 어느 세대의 말을 표준으로 삼아야 할 것인가?

이에 대한 답은 너무도 명확하다. 노랫말은 늘 젊은 세대의 말을 표준으로 삼아왔다. 〈황성옛터〉의 노랫말이 오늘날의 기준으로 본다면 폐허에서나 들을 수 있는 말이라 여겨지겠지만 당대에는 젊은 세대의 말이다. 느끼하게 느껴지는 배호의 〈안개 낀 장충단 공원〉 역시 그러하다. 세월이 흐르고 나니 흘러간 노래가 되고 노랫말은 시간 방언이 되었지만 당대에는 최신의 곡이었고 최신의 말을 담으려 노력을 했다. 이러한 사실을 놓치면 노래와 노랫말의 차이를 세대 간의 갈등으로 보게 된다.

아무래도 노랫말에 대해 잔소리를 하는 쪽은 나이가 든 세대들일 것이다. 본래 잔소리가 좀 많을 시기이기도 하지만 온통 젊은이들을 위한 노래만 만들어지고 있으니 볼멘소리를 할 만도 하다. 게다가 그 말을 듣노라면 어법에도 맞지 않을 뿐더러 못 알아들을 말투성이다. 그 못마땅함에 동조를 하면서도 언어든 노래든 본질을 들여다보면 이해와 양보를 구할 수밖에 없다. 말과 노래는 늘 변하기 마련이고 그 변화는 젊은 세대가 주도한다. 그 흐름 속에서 지킬 것, 남아야 할 것들이 유지될 수 있도록 노력하는 것은 여전히 필요하다.

사투리 모두가 꿀을 바른 것처럼 달콤한 것은 아니다. 사투리가 들어간 노래가 정겹게 느껴지기는 하지만 가사의 일부분은 거칠게, 혹은 천박하게 느껴지기도 한다. 한때 표준어로 바꾸라고 강요되기도 했다. 그러나 요즘은 그런 강요는 사라지고 사투리의 가치가 조금씩 인정이 되고 있다. 노랫말을 쓰는 이들도 이런 인식에 동참해 자연스럽게 사투리 노래를 만들어 부르고 있다. 모든 지역을 아우르는 말이 우리말이듯이 지역 사투리나 세대 사투리가 들어간 노래도 모두 우리 노래이다. 모두 아끼고 사랑해야 하는.

9

노랫말이 부리는 마술

한글날 즈음만 되면 '세종대왕 지하에서 통곡'이 들어간 뉴스를 종종 보게 된다. 기사의 요지는 오늘날 '언어 오염, 한글 파괴' 등이 심해 세종대왕께서 슬퍼하시리라는 것인데 동의하기 어려운 부분이 많지만 여하튼 매년 반복해서 나오는 기사이다. 노랫말도 가끔씩 이러한 뉴스의 공격거리가 된다. 눈살이 찌푸려질 만한 가사, 말이 안 되는 가사가 없는 것도 아니니 문제를 지적하는 것은 그러려니 하지만 지하에서 편히 쉬고 계신 세종대왕을 왜 소환하는지는 모르겠다. 이왕 소환을 했다면 정반대의 질문을 던져보는 것도 재미있다. 세종대왕께서 함박웃음을 지을 만한 노래는?

'가나다라마바사아자차카타파하'로 시작하는 〈가나다라〉를 떠올릴지도 모른다. 그런데 이 노래는 딱 여기까지다. 그 다음은 '일이삼사오륙칠 팔구하고 십이요', '태정태세문단세예성연중인명선'이니 바로 수학 시간과 역사 시간으로 넘어간다. 한글날 기념식에서 부르는 〈한글날 노래〉가 있으나 아는 이나 들어본 이가 드무니 우리의 관심 밖이다. 그럼 이 노래는 어떤가?

가 장 아름답고 소중한 그것을 위해

나 는 지난겨울처럼 또 다시 나타나

다 가가고 있어 그곳으로 가고 있어

라 샬락 붐 터지고 있는 나의 슬픔

• 김성애 작사, 드렁큰타이거 노래, 〈위대한 탄생〉, 2014

'가나다라……' 14글자를 첫소리로 써서 14행시를 썼다. 정성은 가상하나 자칫 실패할 뻔한 가사다. 가사는 듣는 것이지 보는 것이 아니다. 이렇게 써놓고 보면 '가나다라'가 보이지만 그저 들으면 들리지 않을 수도 있다. 다행히 우리가 3행시 또는 4행시를 하듯 운을 먼저 띄우고 그 소리에 이어 가사를 썼으니 귀에 잘 들리고, 듣다 보면 '가나다라'가 그려진다. 세종대왕이 이 노래를 듣고 기뻐하기 위해서는 속사포처럼 빠른 말에 적응하는 시간이 필요할 것이다. 그러나 워낙 언어감각이 있는 분이니 가사의 의도는 파악할 수는 있을 것이다. 물론 '가나다라'는 세종대왕이 정한 순서가 아니니 마지막까지도 왜 이 순서대로 노래가 진행되는지는 파악 못할 것이다.

음악과 가사로 이루어지는 노래는 마술에 비유되기도 한다. 음악을 만드는 이들은 고저장단강약의 마술을 부려 선율을 만들어낸다. 가사를 쓰는 이는 마술처럼 이 선율에 맞춰 노랫말을 쓴다. 때로는 반대 순서로 작업이 이루어지기도 한다. 이왕 마술에 비유되니 노래를 만드는 이들은 더 멋진 마술을 선보이고 싶어 한다. 시에 비견될 만한 노랫말을 쓰는 것도 일종의 마술이다. 그런데 때로는 말 자체를 가지고 마술을 부리기도 한다. 그리고 때로는 음악에 덜 의지하고 말 자체에서 아름다움과 즐거움을 찾고자하기도 한다.

노랫말의 마술은 말장난으로 치부될 수도 있다. 〈위대한 탄생〉의 14행시를 기분 좋게 듣다가 '라'와 '카'에서 그렇게 느낄 수도 있다. 글자의 생김으로 노래의 맛을 잘 살릴 때면 절묘하다고 느낄 수도 있다. 그리고 무차별적으로 쏟아내는 말 같은데 적절한 말과 소리의 배치로써 희열을 느끼게 하는 경우도 있다. 특히 논란의 중심에 있는 힙합으로 분류되는 음악 속의 랩은 노랫말에 대한 근본적인 질문을 다시금 하게 한다. 이러한 변화들은 진정 위대한 탄생인가? 모든 현상에는 이유가 있는 법, 그 이유를 찾아보는 것도 우리가 해야 할 일이기도 하다. 그것이 시대를 읽는 방법이기도 하고 현실에서 같이 호흡하는 태도이기도 하다.

장난 같은 노랫말

발명에 대한 권한이 몇 백 년 전까지 소급해 주어진다면 세종대왕은 엄청나게 많은 로열티를 받을 수 있다. 사랑하는 백성을 가르치고자 만든 훈민정음을 백성들이 쓴다고 사용료를 받을 수는 없다. 그러나 스마트폰이나 그 이전의 휴대전화를 만드는 회사에게는 권리를 주장할 법도 하다. '천지인', '나랏글' 등의 한글 입력 방식의 원천 기술은 세종대왕이 개발한 것이기 때문이다. 그리고 다음 노래의 작사자 또한 세종대왕과 저작권료를 나누어야 한다.

님이라는 글자에 점 하나만 찍으면

도로 남이 되는 장난 같은 인생사

돈이라는 글자에 받침 하나 바꾸면

돌이 되어버리는 인생사

• 조운파 작사, 김명애 노래, 〈도로 남〉, 1992

장난스러운 가사로 보이기도 하지만 이 노랫말을 쓴 이는 전생에 집현전 학사였음에 틀림없다. 점 하나에 따라 '남'과 '님'이 왔다 갔다 하고, 받침 하나를 바꾸면 '돈'이 '돌'이 되는 이 마술이야말로 세종대왕께서 한글을 창제한 원리이자 글자를 운용하는 방법이기 때문이다. '하늘, 땅, 사람'을 상징하는 'ㆍ, ㅡ, ㅣ'를 자유자재로 활용해 모음을 만드는 방법과 초성, 중성, 종성을 모아 한 글자를 만드는 방법을 통달한 뒤에 쓴 가사이니 세종대왕께서 흐뭇해하실 만도 하다. 점하나의 마술뿐만 아니라 획의 방향까지 바꾸면 '님'이 '남'을 지나 '놈'까지 될 수도 있음을 밝혔다면 더 적나라한 가사가 될 뻔했다.

노래가 국어 교과서여야 할 이유는 없으니 이 노랫말에 대한 평가는 아무래도 국어선생들의 과장이 조금 섞여 있을 수도 있다. 그러나 말장난, 혹은 글자 장난에 그치지 않아 다행이다. 만남도 헤어짐도 잦은 현실이 점 하나로 설명되고, 돈 보기를 돌같이 해야 하는 삶과 정이 멍으로 바뀌기도 하는 인생이 자음 하나로 설명되니 동감할 따름이다. 노랫말을 쓴 이가 오랫동안 가요계를 지켜오며 주옥같은 노랫말을 써왔기에 더 그렇다.

'말장난'으로 보자면 더 심한 다음과 같은 노래도 있다.

다이뿐이뿐이뿐이다 여보게저기 저게보여
여보 안경안보여 통술집술통 소주만병만주소
다이심전심이다 뽀뽀뽀 아좋다좋아 수박이박수
다시 합창합시다

• 윤명선 작사, 슈퍼주니어 노래, 〈로꾸꺼〉, 2007

　그야말로 '뽕필'이 제대로 느껴지는 이 노래는 놀랍게도 아이돌 그
룹 슈퍼주니어의 노래다. 세련된 노래와 안무로 승부하던 멋진 '소
년'들이 어느 날 갑자기 반짝이 슈트를 입고 촌스러운 춤을 추며 노
래를 부른다. 가사 중의 상당수는 이미 말장난으로 떠돌던 것들인데
엮을 수 있는 최대한도로 잘 엮었다. 노래 속의 PPL로 오인될 수도
있는 '다시다'는 '다시합창합시다'로 잘 바꿨다. 그런데 이 또한 세종
대왕의 작품이다. 자음과 모음을 모아 쓰지 않았다면 이런 말장난,
혹은 노랫말은 불가능하다. 'eye'와 같은 영어 단어 몇 개는 가능할
지 몰라도 그것을 문장으로 엮을 수는 절대 없다.

노래꾼 이름의 순화와 진화

제목과 가사는 노랫말의 영역인데 노래를 만드는 사람 혹은 부르는
사람의 이름은 노랫말의 영역은 아니다. 그런데 이 이름에도 묘한 흐
름이 있다. 흐름이니 당연히 시대상을 반영하는데 이 이름이 노래의
이름, 즉 제목과 비슷하게 흘러가기도 한다. '딴따라'가 천대받던 시

절의 이름, 서구의 노래가 밀려들기 시작할 때의 이름, 우리의 노래
가 세계로 퍼져나가는 오늘날의 이름을 비교해봐도 그렇다. 거리의
간판이 한글날만 되면 세종대왕이 통곡하는 대상으로 취급되듯이 이
들의 이름 또한 그렇게 취급을 받기도 한다.

'예명'과 '가명'은 같으면서도 다르다. 둘 다 진짜 이름이 아니란
점에서는 같지만 앞의 것은 예쁘게 포장하려는 것이 목적이라면 뒤
의 것은 감추는 것이 목적이다. 예명 중에는 가명과 같은 역할을 하
는 것도 있다. 음악을 하지만 신분을 감춰야 하는 경우에 어쩔 수 없
는 선택이긴 하다. 그러나 '미쓰코리아', '백년설' 등의 이름은 누가
봐도 예명인데 주민등록증에는 각각 '김영희'와 '이갑룡'으로 기록되
어 있겠지만 노래와 관련된 역사에서는 예명이 훨씬 더 익숙하다. 조
규찬의 아버지가 왜 작사가 '나화랑'인지, 전영록의 아버지가 왜 '황
해'인지도 결국 예명으로 설명해야 할 문제이다. 이러한 부류의 예명
은 목적이 다른 데 있으니 우리의 관심사는 아니다.

'국어순화'와 가수들의 이름은 전혀 관련이 없을 것 같은데 국어순
화의 광풍 탓에 1970년대에 웃지 못할 일들이 벌어진다. 우리말 속
에 들어와 있는 외래어나 외국어뿐만 아니라 외국어식 이름을 가진
이들이 수난을 당하게 된 것이다.[*]

• '국어순화'에서 '순화'는 한자로 '醇化'라 쓰는데 잡스러운 것을 걸러서 순수하게 한다는
  뜻이다. '잡스러운 것'이 가리키는 대상이 무엇인지가 문제가 되는데 처음에는 비속어,
  규범에 어긋나는 말, 외래적인 요소 등이 대상이 되었다. 이 중에 가장 중점에 놓인 것이
  외래어나 외국어, 특히 일본어의 잔재였다. 일제의 잔재를 걸러내는 과정에서 다른 나라
  말에서 유래한 이름도 대상이 된 것이다. 오늘날에는 비속어를 걸러내는 것에 더 초점이
  맞춰지고 있다.

라나에로스포(Lana Et Rospo) → 개구리와 두꺼비

뚜아 에무아(toi et moi) → 너와 나

투코리언즈(Two Koreans) → 도향과 창철

바니걸즈(Bunny Girls) → 토끼소녀, 토끼소녀들, 토끼아가씨들

템페스트(Tempest) → 돌풍

어니언스(Onions) → 양파들

드래곤즈(Dragons) → 청룡들

블루벨즈(Blue Bells) → 청종(靑鐘)

쉐그린(Shagreen) → 막내들

바블껌(Bubble Gum) → 풍선껌

패티 김 → 김혜자

김세레나 → 김희숙

솔로 가수가 서양식 이름을 짓는 경우도 있었지만 대개는 다른 사람과 함께 팀을 만들었을 때 외국어를 가져다 이름을 붙이는 것이 유행처럼 번지던 시절이었다. 요즘에야 주로 영어를 가져다 쓰지만 이때만 해도 프랑스어나 이태리어까지 동원해 이름을 지었다. 그런데 어느 순간 이런 이름들이 우리말의 순수성을 해치는 '잡스러운' 이름으로 취급을 받게 된 것이다. 위에 제시된 것들은 그나마 자발적으로 바꾼 이름인데 얼마나 자발성을 띠었을지 의심이 간다. 이러한 강요 또한 폭력이 아닐 수 없다. '라나에로스포'의 뜻이 궁금하기는 하지만 '개구리와 두꺼비'는 참으로 난감하다.

2016년 3월의 아이돌 그룹 인기 순위 목록은 또 다른 면에서 보는

이를 당혹스럽게 한다. 한글로 적든 알파벳으로 적든 '방탄소년단'을 빼면 나머지는 모두 우리말이 아니다. 심지어 유일한 우리말인 '방탄소년단'마저도 'BTS'로 적는 일이 허다하다. 적어도 그룹 이름만 보면 여기는 우리나라가 아니다. 이것을 두고 의견이 분분할 수 있다. 이들의 이름을 '외행성(EXO)', '무한한(INFINITE)', 'ㄱ분홍(Apink)' 등으로 바꾸라고 할 수도 없는 노릇이다. '짐승들(Beast)', '대폭발(Big Bang)', '소녀들의 날(Girls Day)' 등으로 바꾸면 우습기 짝이 없다. 애초부터 우리말을 염두에 두고 지은 이름이 아니니 바꾸면 당연히 이상해진다.

1	엑소 EXO	6	비스트 BEAST
2	방탄소년단 BTS	7	비원에이포 B1A4
3	인피니트 INFINITE	8	빅스 VIXX
4	에이핑크 Apink	9	빅뱅 BigBang
5	비투비 BTOB	10	걸스데이 Girl's Day

돈이 별로 되지 않는 좁은 국내시장만을 겨냥하지 않고 전 세계로 뻗어나가 돈을 벌겠다는 의도는 높이 살 만하다. 굳이 우리말, 혹은 순수한 고유어로만 이름을 짓는다고 해서 애국을 하는 것도 아니고, 세종대왕을 기쁘게 하는 것도 아니다. 그러나 난감한 것도 사실이다. 'SS501'을 '더블에스'가 아닌 '에스에스'라 읽으면 늙은이 취급을 한다. 'SE7EN'을 어떻게 읽어야 할지 헤매면 영어도 숫자도 모르는 사람이 된다. '2NE1'을 '투애니원'으로 읽어야 하고, 그 뜻이 '21'세기의 '새로운 진화(New Evolution)'이라는 것도 알아야 뒤떨어지지 않게

된다.

어차피 이름은 기호다. 그것이 가리키는 대상만 명확하다면 최소한도의 기능은 하는 셈이다. 이 기호가 낯선 이유는 표기에 있는 것이 아니라 관심이 없다는 데 있다. 이런 부류의 이름을 싫어하는 사람들은 이들이 부른 노래도 싫어한다. 반면에 이들에게 '입덕'한 이들은 기호의 뜻을 파악하는 것은 물론 새로운 의미를 부여하기도 한다. 'SE7EN', '2NE1', '1TYM' 등이 국어 파괴나 한글 파괴를 하고 있는 것도 아니다. 오히려 영어나 알파벳을 파괴하고 있다. '개구리와 두꺼비'를 강요할 수 없는 상황은 아니다. 그래도 이런 이름을 짓는 이, 그리고 이런 이름으로 불리는 이들은 한 번쯤, 아니 여러 번 긴 호흡으로 생각해봐야 한다. 백년이 지난 시점의 사람들은 '미쓰코리아'란 가수의 이름에 웃음을 터뜨리고, '백년설'이란 이름에 고개를 갸우뚱한다.

한없이 쉽지만 끝없이 어려운 라임

누구나 한 번쯤은 해봤을 만한 '리 리 릿자로 끝나는 말은 개나리 보따리 댑싸리 소쿠리 유리 항아리'란 노래가 있다. 우리의 동요로 생각하는 이가 많지만 본래 미국 민요에서 유래한 것이다.

Row, row, row your boat gently down the stream.
Merrily, merrily, merrily life is but a dream.

• 미국 민요, 〈Row, Row, Row Your Boat〉

짧막한 노래지만 가사를 보면 영어로 된 시의 묘미가 잘 드러난다. 첫 행의 마지막 단어 'stream'과 두 번째 행의 마지막 단어 'dream'의 끝소리가 같다. 2절에서도 두 번째 행의 마지막 단어는 'scream'인데 역시 끝소리를 맞춘 것이다. 일정한 위치에 비슷하거나 같은 소리를 반복해서 쓰는 이것을 영시에서는 라임rhyme이라고 하고 우리말로는 압운押韻이라고 한다. 그런데 이 노래가 번안되는 과정에서 본래의 라임은 무시되고 '리'로 끝난 단어를 나열하는 것으로 바뀌었다. 원 가사의 라임은 살리지 못했지만 'merrily'가 반복되는 원 가사를 살려 라임의 묘미를 절묘하게 살린 번안이다.

한시에서는 압운이 생명이다. 5자 또는 7자로 된 구절을 4행이나 8행 등의 일정한 형식으로 지어야 하는 한시에서 특정한 위치에 운을 맞추는 것은 시의 리듬감을 살릴 수 있는 거의 유일한 방법이기도 하다. 시의 맥락에 맞는 글자를 운까지 맞춰서 정해진 위치에 쓰는 것이 쉽지 않은 것이어서 시를 짓는 이의 능력을 가늠할 수 있는 잣대가 되기도 한다. 그러나 우리말로 된 시나 노래에서는 라임 또는 압운이 그리 중시되지 않는다. 일정한 형식이 있는 향가나 시조에서는 특정한 위치에 전형적인 감탄사를 쓰기는 했지만 행의 끝소리를 맞추려는 시도는 딱히 하지 않았다.

이에 대해서는 여러 가지 해석이 가능하겠지만 언어적인 특성을 고려해 보면 간단하게 답을 얻을 수 있다. 우리말은 '나, 노래, 부르-'와 같이 뜻을 나타내는 요소에 '-는, -를, -ㄴ다'를 붙여 문장이 만들어진다. 그리고 문장의 끝에는 '부른다. 불러라, 부르자, 부르니?' 등의 서술어가 와야 하는데 서술어는 '-ㄴ다, -아/어라, -자, -니' 등으로 끝나야 한다. 상황이 이렇다 보니 마음만 먹으면 라임을 맞추는 것은 식은 죽 먹기보다 쉬운 일이다. 각 문장을 같은 어미로 끝내면 라임은 딱딱 맞아 떨어진다. 반면에 서술어를 쓰지 않고 다른 요소로 행을 끝낼 수 있지만 그렇게 하면 문장이 완성되지 않는다. 그러나 어미가 아닌 요소로 라임을 맞추는 것은 어색하다.•

이런 이유로 우리의 노랫말에서 라임은 전혀 중요한 요소가 아니었는데 힙합Hip Hop이 도입되고 랩Rap이 노래에 등장하면서부터 문제가 되기 시작한다. 힙합은 문화 전반에 걸친 흐름을 가리키기도 하지만 보통은 음악의 한 장르를 뜻한다. 그리고 그 힙합 음악의 중심에 랩이 있다. 랩은 음악, 더 정확히는 노래의 한 갈래이기는 한데 정통적인 기준에는 부합되지 않는다. 노래라 하면 가사에 음악이 어우러져야 하는 것이고, 음악은 다시 멜로디와 리듬으로 구성되는 것인데 랩에는 멜로디가 없다.

랩이 오로지 비트와 가사로만 구성되니 가사에 훨씬 더 집중할 수 있다. 이는 쓰는 이, 부르는 이, 그리고 듣는 이에게 모두 해당된다. 반면에 멜로디가 빠진 자리를 메워야 하는 것은 부담으로 남는다. 멜

• 이처럼 어미로 끝내면 소리로서는 라임이 될 수 있지만 라임의 본래적 의미에 부합하는가는 미지수다. 라임이 본래 우리말과 유형도 다르고 어순도 다른 인도유럽어 계통에서 수립된 개념이기 때문이다. 언어적인 차이로 라임이 아예 불가능하거나 의미가 없다고 말하는 것은 언어만 아는 사람의 몫이다. 이러한 차이와 한계를 극복하고, 나아가서 새롭게 창조하는 것은 노래꾼들 특히 래퍼들의 임무이기도 하다.

로디가 없더라도 '음악적인' 즐거움을 동일하게, 나아가서 더 크게 느낄 수 있어야 한다. 그것은 결국 변화무쌍한 비트와 거기에 실리는 말이 담당해야 한다. 깊이도 있고, 재치도 있고, 울림도 있는 말이 비트와 어우러지면 훨씬 더 큰 감동과 전율로 다가오기도 한다. 그러나 그런 만큼 어렵다. 세발자전거를 타다가 두발자전거로 갈아타는 느낌이기도 하다. 능숙하면 빨리 달릴 수 있지만 그렇지 못하면 비틀거리기 십상이다. 랩에서 멜로디가 빠진 자리를 메우고, 더 나아가 더 큰 묘미를 주기 위해 활용되는 것 중의 하나가 라임인데 이것을 우리말로 된 랩에서 구현해야 하는 숙제가 부과된 것이다.

> 감정 기복이 너무나 심한 시간
> 아무도 모르는 어딘가로 나는 피난
> 너무나 한심한 나를 모두 비난
> 내 주위엔 참을 수도 없는 분위기만
> • 김진표 작사, 김진표 노래, 〈그림자 놀이〉, 2008

이 노래의 가사를 살펴보면 철저하게 라임을 맞췄음을 알 수 있다. 문법적인 요소 '-만'을 반복적으로 쓰기도 하고, '시간, 피난, 비난'과 같이 말음이 같은 단어를 골라 쓰기도 한다. 때로는 맨 앞에 와야 하는 '난'을 맨 뒤로 보내기도 한다. 마음만 먹으면 얼마든지 라임을 맞출 수 있다. 그러나 이 노랫말에서 완전한 문장은 '난 미치겠다' 하나밖에 없다. 시나 노랫말이 반드시 완전한 문장의 형식을 갖춰야 하는 것은 아니지만 이렇게 쓰게 되면 말을 하다 만 격이 된다. 물론

방법은 있다. '궂은비만 온다, 적시기만 한다, 노력했다, 미치겠다'
와 같이 같은 어미로 끝내면 된다. '-다'를 '-지'로 바꿔도 된다. 그
러나 이런 식으로 한다면 쉽지만 너무도 수준 낮은 라임이 될 수밖
에 없다.

단언컨대 우리말은 이 라임이 극도로 잘 어울리거나 혹은 전혀 어
울리지 않는다거나 둘 중의 하나다. 마음먹고 맞추자면 너무 쉽고,
그렇게 해놓으면 유치하다. 문장을 끝맺음하는 어미가 아닌 다른 요
소로 라임을 맞추자니 문장이 영원히 끝나지 않는다. 때로는 갓 말을
배우기 시작한 아이들의 말처럼 완성되지 않은 문장이 된다. 그래서
쉽고도 어렵다.

시에서의 운율은 억지로 찾는 것이 아니고 자연스럽게 느껴져야
한다. 랩에서의 라임도 마찬가지다. 써놓은 가사를 봐야만 느낄 수
있다면 그것은 라임이 아니다. 귀를 쫑긋 세우고 긴장해 들어야 한다
면 그것 역시 바람직하지는 않다. 비트에 맞춰 자연스럽게 노랫말을
따라가다 자연스럽게 느껴져야 한다. 그래서 래퍼들은 끊임없이 고
민하고 연구한다. 누군가는 벌써 만족할 만한 결과를 내놓아서 우리
말의 언어적 특성만으로 라임의 한계를 예단하는 국어선생의 코를
납작하게 할지도 모른다.

우리말 랩에 거는 기대

노래는 귀로 듣지만 노랫말은 머리로 듣는다. 가사가 귀를 통해 들어

와 머리에서 해석이 돼야 비로소 노랫말을 이해할 수 있다. 이런 점에서 과거의 노래들은 뇌에 부담을 덜 준다. 길이도 길지 않고 그리빠르지도 않은 말들이 귀로 들어오니 웬만하면 알아들을 만하다. 그러나 랩에 이르러서는 상황이 다르다. 엄청나게 긴 가사를 속사포처럼 쏘아대니 알아듣기가 쉽지 않다. 게다가 시끄러운 전자음에 말소리가 섞이기 일쑤다. 제목에 세종대왕이 포함되어 있어 국어선생의 관심을 끄는 노래가 하나 있어 들어본다. 그러나 빠르고 시끄러운 비트, 큰 목소리로 지르고는 있지만 잘 들리지 않는 목소리, 결국은 가사까지 찾아본다.

> 세종대왕이 떡볶이 먹었대 세종대왕님 우리 대왕님
> 위대하신 대왕님 한글을 만드신 대왕님
> 덕분에 허기 면했습니다 정말로 감사 드리옵니다
> • 박기영 작사, 조이박스 노래, 〈세종대왕이 떡볶이 먹었대〉, 2003

한글날 무렵 뭔가 쓸 거리를 찾는 기자들 귀에 들리지 않고, 눈에 보이지 않았기에 다행이다. 가사에 '세종대왕'과 '한글'이 나오는데 한글날 무렵에 보기에는 마뜩지 않은 요소가 많다. 세종대왕 시절에 떡볶이가 있었는지, 그리고 실제로 드셨는지 확인이 필요하다. 그건 그렇다 치고 '먹었대'가 뭐란 말인가. 임금님께는 '잡수다'보다 더 높이는 '젓수다'라고 써야 한다는 것은 모르더라도 '먹다'를 쓰다니. 감사를 드린다고 하나 진정 기뻐하실 것 같지는 않다. 그러나 이런 비판은 음악적인 것은 아니다. 힙합 음악이니 음악적 차원에서만 논해야 한다. 그래도 아쉬움이 남는다. 신나는 비트에 맞춰 힘차게 외치고는 있지만 아우성만 남고 말은 남지 않는다. 랩도 그리 잘하는 것처럼 들리지 않는다. 가사의 내용을 들여다봐도 뭔가 느껴지는 것이 없다. 실망할 일도 탓할 일도 아니다. 2003년에 나온 노래 아닌가.

힙합, 그리고 랩에 대한 호불호는 개인의 취향에 따라 갈리기도 하지만 크게 보면 세대에 따라 갈린다. 댄스 음악이 우리의 음악계를 점령하기 시작할 때부터 이맛살을 찌푸리기 시작하던 세대들의 상당수는 힙합과는 담을 쌓고 랩에는 귀를 막아버린다. 보이그룹과 걸그룹의 멋진 춤과 노래에는 서서히 마음을 열고 '삼촌부대'와 '이모부대'가 되기를 주저하지 않지만 힙합 음악과 랩에는 마음을 줄 기미가 보이지 않는다. 우리와 풍토가 많이 다른 곳에서 만들어졌고, 기존의 시각에서는 '노래'라고 할 수 없는 것이어서 그럴 수도 있다. 더욱이 말에 집중하는 노래인데 본래 우리말이 아닌 영어의 특성에 맞게 발전해서 그런 것일 수도 있다. 문화도 다르니 가사 내용에 거부감을 가지는 이도 있다.

그러나 이 또한 새로운 흐름이니 막을 길이 없다. 또한 거부감을 가지고 배척할 일도 아니다. 시간이 필요한 문제다. 우리의 문화, 정서, 말과 어울리지 않을 수도 있지만 누군가는 이 땅에 뿌리를 내릴 수 있도록 노력하고 있다. 싹이 터서 부분적으로 열매를 맺고 있기도 하지만 좀 더 시간이 필요하기도 하다. 싹이 자라는 동안 잡초를 뽑겠다고 김매기를 심하게 하면 싹이 마르기도 한다. 이해하지 못하고 싸잡아 욕하는 이가 많은데도 불구하고 폭발적으로 인기를 얻고 있

으니 그것이 가진 매력이 이미 공유되고 있는 것만은 분명하다.• 그
것이 완전한 뿌리를 내리기까지의 노력은 당사자들의 몫이다. 그리
고 마음을 여는 것은 지켜보는 이들의 몫이다.

컴퓨터는 알파벳을 쓰는 지역에서 만들어졌다. 그런 컴퓨터에 한
글, 한자, 가나 등이 제약 없이 자유롭게 쓰일 수 있는 발판이 마련된
것이 1990년이다. 컴퓨터가 만들어진 지 약 50년 만의 일이다. 언어
적 관점에서 보자면 본래의 랩은 우리말과 잘 맞지 않는다. 초기의
컴퓨터 프로그래머들은 한글이 컴퓨터와 잘 맞지 않으니 차라리 영
어를 쓰든가 최소한 'ㅎㅏㄴㄱㅡㄹ'처럼 풀어쓰자고 말하기까지도
했다. 국어선생이 어쭙잖은 언어 지식으로 우리말이 랩에 맞네 안 맞
네 하는 동안 어디선가는 우리말로 하는 멋진 랩을 만드는 친구가 있
을 것이다. 그리고 컴퓨터 속의 한글처럼 우리말 랩도 자유로워지는
날이 올 것이다. 적어도 '도로 도롯도'가 되지는 않을 것이다.

• 힙합 뮤지션들의 경연 프로그램인 〈쇼미더머니Show Me the Money〉가 많은 이들의 관심
속에 2017년까지 시즌 6까지 진행된 것이나 많은 힙합 음악이 쟁쟁한 래퍼들에 의해 만
들어지고 유통되면서 우리 음악의 역사에서 새로운 흐름이 형성되고 있는 것은 사실이
다. 이 흐름은 옳고 그름에 대한 판단의 대상이 아니라 호불호의 취향의 문제로 받아들여
져야 할 것이다. 좀 더 시간이 흐른 뒤 많은 이들의 기억 속에 '유행가'로 남게 되면 우리
음악의 한 역사를 장식하는 흐름이 될 것이다.

10
물 건너온 말들

영화의 장르 중에 '하드 고어hard gore'란 것이 있다. 성적인 묘사가 노골적인 '하드 코어hard core'에서 슬쩍 철자 하나 바꾼 것인데 '고어gore'가 핏덩이를 의미하므로 유혈이 낭자한 잔인한 영화를 뜻한다. 때는 1999년, 당시의 우리나라에서는 드물게 하드 고어 영화가 하나 만들어진다. 그러나 영화를 보기도 전, 포스터를 보는 순간 '풋'하고 나오는 웃음을 참기가 어렵다. 영화를 찍고 편집하는 것보다 더 고민을 많이 했을 것 같은 영화 제목, 더 정확하게 말하면 영화 제목의 한글 표기 때문이다. 애초부터 영어 제목을 지은 듯하다. 그러나 그것을 번역해 '내게 뭔가 말해줘'라고 써서는 영화의 느낌이 살지 않는다. 영어 발음 그대로 써야 하는데 'something'이 문제다. '섬싱, 썸씽, 썸띵' 등등 가능한 모든 조합을 고민해봤을 텐데 결론은 '썸딩'이다.

　이처럼 외국어를 우리말의 일부로 받아들이는 과정에서 이루어지는 모든 시도는 그것을 우리말과 우리의 처지에 맞게 정착시키는 과정이다. 문화의 교류에 따라 자연스럽게 흘러들어오는 외국어, 그중의 일부는 외래어라는 이름으로 귀화해 우리말의 일부가 된다. 그 발음과 표기는 본래의 발음에 최대한 가깝되 우리말과 글자의 상황에 맞게 정해진다. 적어도 이러한 문제를 인식하고 고민한 결과에 대해서는 함부로 비난해서는 안 된다.

우리의 노래가 만들어지기 시작한 이후 외래어와 외국어가 노랫말 속에 자유롭게 끼어들게 된다. 어떤 것은 딱히 대체할 우리말이 없어서 그대로 노출될 수밖에 없고, 때로는 의도적으로 과다하게 노출되기도 한다. 여기 1938년에 세련된 재즈풍의 노래가 하나 있다.

> 노래를 부르자 사랑의 노래다 이 밤이 다 새도록
> 노래를 부르자 아 어여쁜 아폴로
> 워카를 마시며 노래를 부르자 춤이나 추잔다 사랑의 탭 댄쓰
> 이 밤이 다 새도록 춤이나 추잔다 아 구여운 아팟쉬
> 샴팡을 마시며 춤이나 추잔다 춤추고 노래해 여기는 팔레쓰
> 우리는 에로이카 그늘의 용사다
> 아 상냥한 악마여 산토리 마시며 춤추고 노래해
> • 김해송 작사, 김해송 노래, 〈청춘 계급〉, 1938

넣을 수 있는 최대한의 외래어 혹은 외국어를 섞어서 가사를 썼다. 제목이 꽤나 상징적인 〈청춘 계급〉이다. 요즘 노래, 특히 젊은이 즐기는 노래는 제목부터 가사까지 온통 영어투성이로 보이기도 한다. 할아버지 세대가 듣던 노래 중에도 이런 노래가 있었음을 생각해 보면 '청춘 계급'의 특권 혹은 특성인가? 아니면 '세계화'의 과정에서

자연스럽게 나타난 현상인가? 그 과정과 속내는 들여다보면 볼수록 흥미롭다.

80년 전 청춘 계급의 노래

〈청춘 계급〉의 외래어와 외국어 표기가 오늘과 조금 다르니 가사를 모두 이해하자면 약간의 암호 풀이를 해야 한다. '아폴로'는 그리스 신화의 태양신 아폴론일 텐데 어여쁘다고 표현한 것이 낯설고, 영웅을 뜻하는 '에로이카'가 왜 그늘의 용사인지도 이상하다. '워카'는 보드카Vodka일 테고, '샴팡'은 샴페인Champagne, '산토리'는 일본의 맥주일 테니 참 골고루 마신다. 궁궐을 뜻하는 '팔레쓰'에서 탭 댄스를 추는 것은 알겠는데 귀여운 '아팟쉬'가 뭔지는 잘 모르겠다.

> 산들산들 바람 흰 돛 안고 춤을 춘다 두리둥실 둥실 바다야 와팟슈
> 라라라라라라라라 온갖 물새 날으네 바다여 헬로우 바다여 웰컴
> • 박영호 작사, 김정구 노래, 〈바다의 와팟슈〉, 1938

흘러간 노래의 대명사 〈눈물 젖은 두만강〉의 김정구 역시 재즈풍의 노래를 불렀는데 이 시대의 유행이었는지 '헬로우'나 '웰컴'이니 하는 영어가 쏟아져 나온다. 여기에도 '아팟쉬'와 비슷한 '와팟슈'가 나오는데 아무래도 '불량배, 무뢰한' 등을 뜻하는 영어 단어 'apache'인 듯하다. 이 단어가 난폭한 춤을 뜻하기도 하니 난폭하지만 귀여운

춤을 추자고 하거나, 바다를 무뢰한에 비유하는 듯하다. 그러나 이 단어들이 정확히 무엇을 뜻하는지 그리 중요하지 않다. 서양풍이 물씬 풍기는 재즈곡에 양념처럼 영어를 가져다 요소요소에 뿌린 것이기 때문이다. 어차피 이국적인 분위기로 듣는 노래니 굳이 모든 것을 알려 할 필요가 없고, 몇 안 되는 따라 부르는 이도 대충 얼버무리고 넘어가면 되는 것이기도 하다.

일제강점기의 노래에 등장하는 외래어나 외국어는 단어 몇 개 정도를 끼워 넣는 정도였다. 제목에 외래어가 들어간다면 〈청춘 뻘딩〉, 〈밀월의 코스〉와 같이 우리말에 들어와 널리 쓰이는 외래어들이다. 〈청춘 계급〉이나 〈바다의 와팟슈〉처럼 외래어나 외국어를 적극적으로 끼워 넣으려는 시도가 있었지만 그리 큰 성공을 거두기는 어렵다. 노랫말은 공감이 중요한데 낯선 외래어나 외국어 가사에 공감할 이가 그리 많지 않은 시절이니 당연한 것이기도 하다. 그런데 해방 직후 제목부터 가사까지 획기적이기까지 한 노래가 나온다.

> 슈샤인 슈샤인 보이 슈샤인 슈샤인 보이
> 슈슈슈슈 슈샤인 보이슈슈슈슈 슈샤인 보이
> 헬로 슈샤인 구두를 닦으세요 구두를 닦으세요 구두를 닦으세요
> 아무리 취직 못해 인색하여도 구두하나 못 닦아 신는 도련님은요
> 어여쁜 아가씨는 멋쟁이 아가씨는 노노 노노노노 노굿이래요
> • 이서구 작사, 박단마 노래, 〈슈샤인 보이〉, 1947

우리말로 하자면 '구두닦이 소년'일 텐데 제목부터 영어이고 노래

의 첫머리부터 영어가 한참 동안 이어진다. 우리말 몇 마디 하다가 결국 영어 가사로 끝을 맺는다. 해방 이후에 미군이 들어오게 되고, 미군들의 군화를 닦는 구두닦이 소년들이 늘어나기 시작을 했다지만 특이한 노래가 아닐 수 없다. 한국전쟁이 끝난 후에야 〈샌프란시스코〉(손로원 작사, 장세정 노래, 1953), 〈아메리카 차이나타운〉(손로원 작사, 백설희 노래, 1954) 등의 노래가 나오고, 이후 〈땐사의 순정〉(김영일 작사, 박신자 노래, 1959), 〈키다리 미스터 김〉(황우루 작사, 이금희 노래 1966) 정도가 손에 꼽히는 것을 봐서도 그렇다.

〈슈사인 보이〉와 같은 파격적인 노래가 있기는 하지만 결국 외국어나 외래어가 노랫말에 깊숙이 들어오는 것은 어렵다. 그래도 외래어야 우리말의 일부가 된 이상 이질감은 별로 없다. 또한 '오라이 스톱, 다이야, 빵꾸' 같은 '생활 영어' 정도야 애교로 봐 줄 만도 하다(〈시골버스 여차장〉 윤부길 작사, 심연옥 노래, 1956). 해방 후에도 일상에서 흔히 쓰이던 일본어는 아예 발을 붙이지 못했다. 물론 민족감정, 혹은 애국심 때문이다. 이런 심정적 거부감으로부터 자유로웠던 영어가 노랫말 속에 들어오지 못한 이유는 다른 데 있다. 아직은 친숙하지 않은 '꼬부랑말'이기 때문이다.

'J'와 'You'의 틈입

우리의 이름을 한글로 표기하자면 대개 세 글자면 되지만 알파벳으로 이름을 표기하자면 공간을 좀 많이 차지한다. 미들 네임까지 있는 서양 사람의 경우는 더 길어져서 때때로 성을 빼고 머리글자만 쓰기도 한다. 이를 본뜬 것인지 우리의 초기 현대소설을 보면 등장인물의 이름이 명시되지 않은 채 'K, P, J' 등 로마자로 나오는 것이 꽤 된다. 유행처럼 쓰이기는 했지만 딱히 장점이 없기 때문에 그리 오래 가지는 않는다. 그래도 우리 현대 정치사에서 빼놓을 수 없는 정치인 셋은 DJ, YS, JP라는 약칭이 더 흔히 쓰이기도 한다. 그러던 1980년대 초의 어느 날 '정, 전, 조' 등의 성을 가진 이와 '정선, 준희' 등의 이름을 가진 이들을 설레게 하는 노래가 발표된다.

> J 스치는 바람에 J 그대 모습 보이면
> 난 오늘도 조용히 그대 그리워하네
> • 이세건 작사, 이선희 노래, 〈J에게〉, 1984

예나 지금이나 많은 사랑을 받는 좋은 노래임에 틀림없지만 가사만 보자면 좀 우스꽝스러운 노래일 수 있다. 특별한 의미가 있는 알파벳도 아니고 누구인지 특정할 수도 없는 J가 노래 전체를 이끌고 있다. 조선시대의 시조로 치자면 종장의 첫머리에 나오는 '아이야'처럼 굳이 누구인지 알려고 할 필요 없는 존재일 뿐이다. 노래를 들으면서 이런 것들을 복잡하게 따지는 것은 아니니 누군지 모를 사람에 대한 추억을 잘 이끌어내는 선율과 이선희의 가창력이 'J'의 엉뚱함을 잘 감춰주고 있는 있다.

이 노래가 가지는 특별한 의미는 제목에 알파벳이 그대로 노출되었다는 데 있다. 이전의 노래 제목에 '카다리 미스터 킴'이 있다고 하더라도 'Mr. Kim'과 같이 제목에 그대로 쓰이지는 않는다. 그런데 〈J에게〉보다 2년 먼저 나온 〈DJ에게〉(임선경 작사, 윤시내 노래, 1982)에서 시작해 영문 표기가 제목에 그대로 노출되기 시작한 것이다. 사실 가사는 귀로 듣는 것이지 눈으로 보는 것이 아니기 때문에 본래 영어였다고 하더라도 그것이 어떻게 표기되는가는 관심의 대상이 아니다. 그러나 제목은 앨범 재킷은 물론 텔레비전의 자막, 오래전 악보의 주된 유통경로였던 '피아노 피스'나 '최신 통기타 가요집' 등에 표기가 그대로 노출이 된다. 이 두 노래는 이런 점에서 의미가 있다.

'디스크자키'를 뜻하는 'DJ'나 이름의 이니셜 'J'는 직업을 나타내는 명사이거나 사람 이름의 일부이기 때문에 이렇게 써도 되고 또 이렇게 쓰는 것이 더 자연스럽다. 그런데 1990년에 나온 이 노래는 여러 면에서 몇 번이나 들여다보게 된다.

> 하지만 TO YOU 사랑한다 말하고 싶어
> 나는 TO YOU 모든 것을 주고 싶었어
> • 홍서범 작사, 홍서범/조갑경 노래, 〈내 사랑 투유〉, 1990

제목이나 가사 속의 '투유'는 한글로 쓰여 있지만 틀림없이 영어 'to you'다. 영어 문장 속의 'to you'가 우리말로 '너에게' 정도로 번역이 되니 이 노래의 제목은 '내 사랑 너에게' 정도가 된다. 제목도 가사도 뭔가 말이 되는 듯, 되지 않는 듯 헷갈린다. 외국어라도 사물의 이름을 나타내는 말이 우리말 속에 들어오는 것은 자연스러우나 '너에게'와 같은 말이 우리말에 들어오면 문법적으로 영 이상해진다.

이 노래 속의 '투유' 역시 어법과 상관없이 이전 노래의 'J'나 더 거슬러 올라가면 '슈샤인 보이'나 '와팟슈'처럼 그냥 습관적으로 부르는 말처럼 기능하고 있으니 묻지도 따지지도 않고 그냥 들으면 된다.• 그러나 이 노래가 맨 처음 시작은 아닐 수 있으나 이런 종류의 영어 끼어듦은 이후 큰 흐름을 형성하게 된다.

노랫말에 이는 영어 열풍

〈내 사랑 투유〉는 영어 문장 속에나 들어갈 말의 일부가 우리말 속에 끼어들어 있어서 어색하게 느껴진다. 그런데 영어 문장이 통째로 들어와 있으면 별로 이상하게 느껴지지 않기도 한다. 이런 노래는 〈내 사랑 투유〉 이전에도 있었다. 〈미스터 엘〉(장경수 작사, 박혜령 노래, 1988)에는 'I love you. You love me'라는 문장이 통째로 들어가 있었지만 너무도 쉬운 영어여서 그냥 우리말처럼 들렸을지도 모른다. 그런데 같은 해에 나온 소방차의 이 노래는 영어 가사 유입에 불을 지르게 된다.

I love you I need you I wanna hold you

• 노래를 들어보면 'to you'는 문장의 일부라기보다는 노래의 각 마디 끝에 붙는 후렴처럼 쓰였음을 알 수 있다. 후렴에는 굳이 의미를 부여하지 않으니 이것을 우리 문장과 함께 해석하려는 것은 억지스러울 수가 있다. 그렇더라도 'to you'가 '너에게'로 번역되고 이 것을 'to you' 대신 넣으면 자연스러운 우리말 문장이 되니 더 혼란스럽다.

더 이상 무슨 말이 필요해

I love you I want you I'll never let you go

너만을 사랑해 너만을 사랑했어

• 이건우 작사, 소방차 노래, 〈통화 중〉, 1988

더 이상 무슨 말이 필요할까? 노래를 시작하자마자 영어를 쏟아 붓는다. 이제 노래를 즐기기 위해서는 영어 공부를 열심히 해야 하는 시대가 됐다. 노래를 부르는 이가 '알라뷰 아니쥬 아와나홀쥬'라고 외치더라도 당신을 사랑하고 당신이 필요해서 붙잡아두고 싶다는 말인 줄 알아야 한다. 그래도 이미 어느 정도는 훈련이 돼 있어서 다행이다. 이미 수많은 '팝송'을 들으면서 〈Feelings〉(모리스 알버트 작사, 노래, 1974) 속의 'feelings, nothing more than feelings'를 '감정들, 다른 무엇보다도 감정들'이라고 굳이 번역하지 않아도 알아들을 정도의 영어 실력은 갖추어져 있는 상태다. 흔한 사랑노래에 더 흔한 사랑의 영어 표현이 들어가 있으니 다행이다.

그러나 소방차가 지른 불은 쉽사리 꺼지지 않는다. 제목부터 영어 투성이인 〈러브 포 나잇〉(유현상 작사, 이지연 노래, 1990)은 3분 내외의 노래 가사 중 3분의 2가 영어 가사다. 그래도 25개의 영어 단어만 알면 노래 전체가 이해되니 다행이다. 그러나 이것도 잠깐이다. 같은 해에 신해철은 어려운 번역 숙제를 던진다.

Many guys are always turnning your round I'm so tired of terrible sound Darling You're so cool to me and I was a fool for you You didn't want a flower You wanted honey You didn't want a lover You wanted money You've been telling a lie I just wanna say Goodbye

• 신해철 작사, 신해철 노래, 〈안녕〉, 1990

　가락을 얹은 부분이 아니고 랩으로 하는 부분이지만 신해철을 진정으로 사랑한다면 무슨 말인지는 알아들어야 할 터, 그러나 너무 길고 빠르다. 노래 속에 반복적으로 들어가는 말도 아니다. 이쯤에서 결정을 해야 한다. 영어 공부를 열심히 하든지, 이 부분은 고개를 앞뒤로 저으면서 박자만 맞추든지, 이런 부류의 노래에 '세이 굿바이'를 하든지. 적어도 세 번째는 아니었는지 이후 영어가 무차별적으로 들어가는 노래가 폭발적으로 증가한다.

　2017년 8월 어느 날 모 음원 사이트의 인기 순위 30위까지의 제목은 오늘날의 현실을 한눈에 보여준다. 제목만 봐도 영어가 우리 노래에 얼마나 많이 들어와 있는지 알 수 있다.•

좋니　　　　　　　　　　요즘 것들
비도 오고 그래서　　　　널 너무 모르고

• 온전히 영어로만 제목을 지은 것도 있고 우리말 제목과 함께 영어 제목을 함께 제시한 것도 있다. 전자는 우리말 속에 깊숙이 들어와 있는 외래어라고 봐줄 수도 있고, 후자는 해외시장 진출을 염두에 두고 미리 영어 제목을 정해둔 것이라고 볼 수도 있다. 노랫말에 '국어사랑', '국어순화' 등을 무조건적으로 적용하는 것은 옳지 않다. 그러나 습관적으로 외국어 제목을 정하는 것이라면 한 번 더 생각해볼 필요는 있다.

에너제틱(Energetic)	What U do?
부르는 게 값이야	기억을 걷는 밤(Walk On Memories)
Ko Ko Bop	Forever
빨간 맛(Red Flavor)	여보세요
SEARCH	귀를 기울이면(LOVE WHISPER)
N분의 1	다이아몬드(Diamond)
또	너의 손짓(Touch It)
밤 편지	남이 될 수 있을까
있다면	내가 미쳐(Going Crazy)
마지막처럼	소름(Chill)
전야(前夜)(The Eve)	Artist
매일 듣는 노래(A Daily Song)	DINOSAUR
활활(Burn It Up)	무제(無題)(Untitled, 2014)

영어 가사의 100 대 60의 법칙

수다쟁이로 소문난 사람이 둘 있다. 두 사람 모두 한 시간에 10,000
마디 정도 떠드는데 앞의 사람은 어휘력이 풍부해 1,000단어로 떠들
고, 뒤의 사람은 아는 어휘가 100단어여서 100단어로 떠든다. 누가
진짜 수다쟁이일까? 앞의 사람의 말은 정보량이 많으니 짧은 시간에
정말 많은 이야기를 가지고 떠든다고 여겨진다. 뒤의 사람은 몇 단어
로 한 시간 동안 돌려막기를 하니 정말 지긋지긋하게 떠든다고 생각

할 수 있다. 누가 진짜 수다쟁이인지는 듣는 이의 판단에 맡길 일이지만 사용된 어휘의 수를 떠들어 댄 말마디 전체로 나누어 얻은 백분율 10퍼센트와 1퍼센트는 확실히 차이가 있다. 말을 통계적으로 분석하는 사람들은 사용된 어휘 수를 전체 말마디로 나누어 얻은 비율로 어휘력을 평가하기도 한다. 물론 그 값이 클수록 어휘력이 풍부하다고 평가한다.

우리 모두가 느끼다시피 노랫말에서 사용하는 어휘는 일상에서 쓰는 어휘에 비해 제한적이다. 노랫말이 우리 삶의 희로애락을 다 담고 있기는 하지만 정치, 경제, 사회, 문화의 모든 면을 담아낼 필요는 없기 때문이다. 그래서 상대적으로 제한된 수의 단어로 노랫말을 짓는 경향이 있다. 이를 두고 노랫말의 어휘 수가 부족하다고 탓하는 사람은 없다. 노랫말은 노랫말 고유의 내용과 형식이 있으니 그 범위에서 우리 삶 모두를 표현하면 되는 것이다. 우리의 노래만 이런 것이 아니라 다른 나라의 노래들도 별반 다르지 않다.

그런데 우리 노래에 포함되어 있는 영어 노랫말은 무척이나 특이한 양상을 보여준다. 노랫말에 영어가 끼어 있어도 아이들은 곧잘 따라한다. 어찌된 일인지 어렵게만 느껴지던 영어가 노래를 들을 때면 만만하게 느껴진다. 대부분의 가사가 들릴 뿐만 아니라 무슨 말인지도 감이 잡힌다. 그러나 노랫말 속의 영어가 만만하게 느껴지는 이유는 다른 데 있다. 초등학생들도 알고 있는 극히 기초적인 영어 단어들의 조합으로 만들어진 문장, 그리고 이 문장의 무한반복. 극단적으로 말하면 그렇다. 우리 노래 가사에 나타난 영어 단어 중 순위가 높은 순으로 50개를 뽑아보면 이것이 증명된다.[*]

you / I / oh / love / my / me / baby / the / it / yeah / to / i'm
/ a / and / don't / girl / go / no / your / be / on / up / in / la /
so / woo / know / hey / come / wanna / do / u / get / just / is
/ it's / one / we / uh / like / for / say / with / ah / all / what /
now / that / want / this

모르는 단어가 없다. 'baby, yeah, wanna'가 높은 순위라는 것도
노래의 특성을 감안하면 이해가 되기도 한다. 어차피 영어를 모국어
로 하는 사람들의 노래를 분석해봐도 크게 다르지 않다. 그런데 빈도
순위 상위 100개의 사용 비율을 내 보니 64.2퍼센트나 된다. 쉬운 말
로 하면 100단어로 문장의 60퍼센트 이상을 '먹고 들어갈' 수 있다
는 것이다. 실제로 'I love you, oh my baby yeah!'만 알아도 영
어 가사의 상당 부분이 이해가 된다. 100개의 단어로 60퍼센트 이상
을 모두 표현할 수 있을 만큼 우리의 삶은 간단하지 않다. 영어로 된
가사에서만 이런 현상이 나타나는 것이다.

요즘 우리 노래의 제목이 영어가 태반이고, 노랫말 속에 영어가 넘
쳐나는 것을 보고 우리말을 지극히 사랑하는 이들이 눈살을 찌푸리
는 것은 당연하다. 그러나 거리의 간판에 영어가 넘쳐나는 것을 보고
'한글 파괴'와 '국어 오염'을 염려하던 역사가 50년 이상은 됐는데

• 우리 노랫말에 나타난 영어 중에 'you, i, love' 등이 앞 순위를 차지하는 것은 우리말의
  결과와 별반 다르지 않다. 또한 'the, to, and' 등도 영어의 특성상 많이 나타날 수밖에
  없는 것이다. 그러나 'oh, yeah, la' 등의 감탄사가 많이 나타난다는 것은 우리의 노래에
  영어가 후렴처럼 들어가고 있다는 것을 보여주는 것이기도 하다.

한글은 변함없이 쌩쌩하게 모습을 유지하고 있고, 우리말은 조금 오염이 되었을지언정 지금도 살아 움직이며 쓰이고 있다. 영어 교육을 더 많이 받은 세대, 국제적인 감각이 훨씬 더 발달된 세대, 그리고 세계 속의 한류를 지속시킬 세대들의 노래에 영어가 들어간다고 탓을 할 이유는 없다. 80년 전의 '청춘 계급'도 이미 그랬다.

비판을 하고자 한다면 '노래'에 발을 디디고 비판을 해야 한다. 노래는 공감을 목적으로 한다. 한국어만 압도적으로 쓰이는 땅에서, 한국말만 아는 사람들이 대부분인 상황에서 영어 제목과 가사가 완전한 공감을 얻기는 어렵다. 영어에 익숙한 이들이라고 해서 100단어로 돌려막는 가사에 진정한 감동을 느끼는 것도 아니다. 그저 의미 없는 후렴처럼 반복하는 것이라면, 랩의 라임을 맞추기 위해 맥락도 없이 영어를 끼워 넣는 것이라면 노랫말이 주는 감동은 기대하기 어렵다. 노래를 부르는 이들은 모두 '국민 가수'를 원하고 자신들이 부르는 노래가 많은 이의 가슴 속에 영원히 남기를 바란다. 그렇다면 지금 유행되는 노래가 과연 많은 이들의 가슴 속에 영원히 남을 것인지 정말 흘러가버릴 것인지 생각해봐야 할 것이다.

원조 걸그룹, 국민요정으로 불리다 최근에는 제주도에서 민박집을 운영하기도 했던 그녀가 부른 〈Get ya〉라는 노래가 있다. 제목이 무슨 뜻인지 모르겠다. 이것을 한글로 쓸 때 '겟 야'라고 써야 하는지, 발음은 〔게챠〕, 〔게댜〕, 〔겐냐〕 중 무엇인지 논쟁이 되기도 했다. 가사 중의 'I'm gonna get ya'의 뜻이 가늠이 안 돼 구글 번역기를 돌려 보니 '나는 나중에 갈 거야'라고 친절하지만 엉뚱하게 알려준다.

이것이 노래를 만든 이들과 부르는 이들이 전달하고 싶었던 '텔 미 썸딩'은 아니었을 듯하다. 나중에 이 노래의 의미와 가치를 이해해가는 이가 있을지도 모르겠다. 그러나 그러기도 전에 이 노래가 먼저 기억의 목록 속에서 떠나가버린다. 만든 이와 부르는 이의 노력이 헛되이 흘러가버려 아쉽다. 많은 이들은 아직도 '내 귀에 들리는 노래'를 원한다.

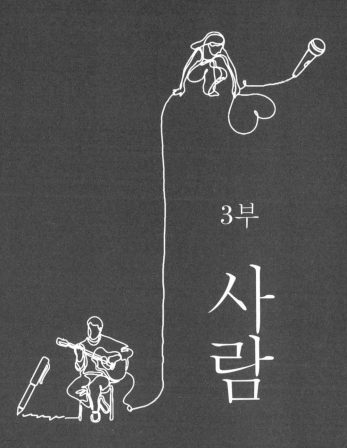

3부

사람

11
노랫말 속 주연과 조연

비가 오면 생각나는 사람이 있다. 이 사람은 남자일까, 여자일까? 모른다. 떠난 사람을 못 잊어서 울고, 사랑보다 정이 더 슬프다고 고개를 떨구는 사람은? 여자라는 답이 우세할 듯하다. 병실에서 기타를 치면서 노래를 해주는 사람은? 남자라는 답이 꽤 높을 듯하다. 너무나 자주 들어 당연하게 흘려들었던 노랫말을 찬찬히 곱씹어보면 우리의 머릿속에 있는 통념들이 다시 보인다.

> 비가 오면 생각나는 그 사람 언제나 말이 없던 그 사람
> 외로운 병실에서 기타를 쳐주고 위로하며 다정했던 사랑한 사람
> • 심수봉 작사, 심수봉 노래, 〈그때 그 사람〉, 1978

애절한 목소리의 여자 가수가 자신이 직접 가사를 쓴 노래를 부른다. 이 노래를 듣고 '그때 그 사람'에 대해 의심을 품어본 이는 거의 없을 것이다. 노래를 누가 부르는가 살펴보면서 부르는 사람의 상황, 그리고 감정과 결합시켜서 듣기 때문이다. 남자가 이 노래를 부르는

것을 들어 본 기억이 없는 것을 보면 모두가 '그때 그 사람'은 남자로 인식하고 있는 듯하다. 가사에서는 분명히 밝히고 있지는 않지만.

'사람'은 '남자'와 '여자'를 원소로 갖는다. 상황에 따라 조금씩은 변동이 있지만 남자와 여자는 숫자가 비슷하다. 그러니 '지구 위의 반은 남자, 지구 위의 반은 여자'라는 말이 가능하다. 이러한 비율이 기계적으로 적용된다면 가수의 남녀 비율은 비슷해야 한다. 그리고 이들이 부르는 노래에 등장하는 남자와 여자의 수도 비슷해야 한다. 과연 그러한가? 느낌상으로 남자 가수가 더 많고 등록된 가수의 숫자도 그러하다. 노래 속에 등장하는 남자와 여자의 숫자도 다르다. 이러한 비율이나 숫자가 절대적으로 같아야 하는 것은 아니지만 이러한 차이의 의미를 헤아려볼 필요는 있다.

단순한 비율이나 숫자보다 더 깊이 생각해봐야 하는 것은 우리들의 통념이다. 자연계에 존재하는 암수의 생물학적 차이는 당연한 것이고 여기에는 차별적인 의식이나 갈등이 내재되지는 않는다. 그러나 암수가 아닌 남자와 여자로 이루어진 사람의 세계에 들어서게 되면 무척이나 복잡한 양상이 전개된다. 우리의 삶을 반영하는 노래가 이것을 놓칠 리가 없다. 의도했든, 그렇지 않든 우리의 노랫말 속에는 남자와 여자에 대한 우리들의 통념이 고스란히 담겨 있는데 이에 대해 추적해보는 것도 흥미롭다. 노랫말에 남자와 여자가 어떻게 등장하는지, 그리고 그것이 시대에 따라 어떻게 변해가는지가 일차적인 관심사이다. 물론 듣고 부르는 즐거움을 반감시키거나 오해와 편견을 낳을 소지가 있는 것들에 대해서는 따끔하게 살펴보기도 해야 한다.

'사랑'하는 '사람'들

혼성 듀엣이 부른 노래 중에는 연인이나 부부 사이가 아니면 소화하기가 어려운 노래들이 종종 있다. 본래 남녀가 주고받으면서 부르는 노래인데 혹시라도 이 노래를 누군가와 같이 부르고자 한다면 공개 연애로 전환할 결심을 해야 한다.

> 사랑하는 사람아 나의 말 좀 들어보렴
> 두 눈을 꼭 감고 나의 말 좀 들어보렴
> • 조진원 작사, 사랑의 듀엣 노래, 〈사랑하는 사람아〉, 1980

예쁘고 고운 말들을 모아놓은 이 노랫말에는 흥미로운 사실이 하나 더 있다. '사랑'과 '사람'은 1위 자리를 놓고 노랫말과 말뭉치에서 엎치락 뒤치락 싸움을 벌이는 라이벌인데 제목과 가사에 함께 나타나고 있는 것이다. 우리가 일상적으로 쓰는 말들을 모아놓은 말뭉치를 분석해보면 명사 중에서 '사람'이 가장 높은 빈도를 보이고, '사랑'은 그보다 한참 뒤인 104번째에 자리를 잡고 있다. 그러나 노랫말에서는 '사랑'이 '사람'을 압도한다. 일상적인 말에서 가장 많이 나타나는 '사람'이 노랫말에서는 '사랑'에 밀리고 있다.

노랫말에 나타난 '사람'은 '인간, 인류' 등으로 대체해서 말할 수 있는 추상적이고 포괄적인 의미의 사람은 아니다. 이때의 '사람'은 이 노래의 제목처럼 '사랑하는 사람'이다. 사랑을 하고 사랑을 받는 존재로서의 사람, 곧 연인으로서의 사람이다. 따라서 남자가 '사람'을

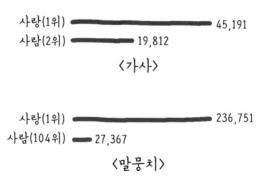

사랑(1위) ▬▬▬▬▬▬▬▬▬ 45,191
사람(2위) ▬▬▬▬▬ 19,812
〈가사〉

사랑(1위) ▬▬▬▬▬▬▬▬▬ 236,751
사람(104위) ▬▬ 27,367
〈말뭉치〉

노래하면 그 사람은 여자인 경우가 대부분이고, 여자가 '사람'을 노래
하면 그 사람은 남자인 경우가 대부분이다. 그러나 늘 그렇듯 표면적
으로 보이는 것에 현혹되어서는 안 된다. '사람'이란 말에는 성별이
따로 없지만 실제 용법에서는 성별이 감지되는 경우가 많다. 〈그때
그 사람〉이 그렇듯이 박인환의 시에 곡을 붙인 이 노래도 그렇다.•

지금 그 사람 이름은 잊었지만
그의 눈동자 입술은 내 가슴에 있네
바람이 불고 비가 올 때도
나는 저 유리창 밖 가로등 그늘의 밤을 잊지 못하지
• 박인환 시, 박인희 노래, 〈세월이 가면〉, 1976

• 이 노래의 탄생과정에 대해서는 많은 이야기가 전해진다. 시인 박인환이 자주 찾던 명동
의 주점에서 지인들과 어울리는 도중 즉석에서 시를 쓰고, 작곡가 이진섭이 바로 곡을 붙
였다고 전해진다. 이 시는 30세에 요절한 박인환의 마지막 시이기도 하다.

〈그때 그 사람〉은 노랫말을 직접 써서 부른 이가 여자이기 때문에 '그 사람'이 당연히 남자로 여겨진다. 그런데 〈세월이 가면〉은 헷갈린다. 노래는 여자가 부르지만 가사, 아니 시를 쓴 이는 남자다. 그렇다면 시의 화자도 역시 남자여야 할 텐데 왠지 모르게 읽어보면 읽어볼수록 여자가 남자를 잊지 못하는 것으로 느껴진다. 자꾸 '그 사람'의 성별이 의심스럽다. 아니 일상적인 용법을 생각해보면 그리 고민할 이유가 없다. '그 사람'이든 '이 사람'이든 이때의 '사람'은 남자일 때가 훨씬 더 많다. 여자도 사람이지만 어찌된 일인지 그렇다. '사람'이 쓰였지만 여자가 확실한 경우는 '바깥양반'의 반대말인 '집사람' 정도이다.

'사랑하는 사람'에서 '사람'은 주체가 될 수도 있고, 대상이 될 수도 있다. '사람'이 주체라면 이 사람은 누군가를 사랑하고 있는 사람이고, '사람'이 대상이라면 이 사람은 누군가로부터 사랑을 받는 사람이다. 결국 '사랑하는 사람'이란 구절에 '사람'은 하나만 등장하지만 맥락상 필연적으로 두 사람을 상정해야 한다. 그리고 그 두 사람 중 하나는 남자, 다른 하나는 여자이다. 이는 두 사람의 사랑이야기인 노랫말에도 그대로 적용될 수 있다. 그런데 노랫말 속의 '사람'의 성별이 헷갈릴 때가 많다. 여기에 '남자'와 '여자'도 훨씬 더 복잡한 양상으로 나타난다. 그저 '사람'이란 단어 하나로 어우를 수도 있지만 속내를 더 들여다볼 필요가 있다.

'여자'를 위한 '남자'의 노래

말이든 글이든 순서가 있게 마련이다. 그래서 무엇을 먼저 말할 것인 가, 무엇을 먼저 쓸 것인가를 고민해야 한다. 중요한 것, 좋은 것, 높 은 것을 먼저 말하고 쓰는 것이 일반적이니 앞에 올 것을 정해야 한 다. 그런데 둘밖에 없는데 그 비중이 반반이라면 순서를 정하기 어렵 다. 이 노래는 그러한 고민을 보여준다.

> 지구 위의 반은 남자 지구 위의 반은 여자 아 아아아 아 아아아
> 너는 나의 밤을 밝히는 달 나는 너를 지키는 해가 되리라
> • 김형윤 작사, 조용필 노래, 〈여와 남〉, 1981

 우리말의 오랜 관습으로 보면 '여남'보다는 '남녀'가 자연스러우니 제목 〈여와 남〉은 조금 낯설게 느껴진다. 노랫말을 쓴 이가 이것을 모를 리 없으니 나름대로의 의도가 있었을 것이다. 가사에서는 지구 상에 남자가 먼저 나온다. 그리고는 다시 여자인 '너'를 '달'에 빗대 먼저 등장시키고 뒤이어 남자인 '나'를 '해'로 만들어 전면에 나선다. 순서가 뭐 중요하냐고 할 수도 있고, 해와 달에 남녀를 비교한 게 뭐 어떠냐 할 수도 있지만 우리의 통념들을 뒤돌아볼 계기를 만들어 주 기도 한다.

 순서뿐만 아니라 빈도도 문제가 될 수 있다. 영화나 드라마에서 주 인공은 가장 많이 등장해서 이야기를 이끌어간다. 이것을 노랫말에 그대로 적용해봄직 하다. 노랫말 곳곳에 등장해 노래를 이끌어간다

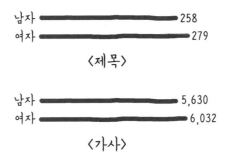

남자 ▬▬▬▬▬▬▬▬ 258
여자 ▬▬▬▬▬▬▬▬ 279

〈제목〉

남자 ▬▬▬▬▬▬▬▬ 5,630
여자 ▬▬▬▬▬▬▬▬ 6,032

〈가사〉

면 그가 바로 주인공일 것이기 때문이다. 노랫말에 등장하는 남자와 여자의 숫자는 쉽게 뽑아낼 수 있다.

그 차이가 그리 큰 것은 아니지만 '남자'와 '여자'의 빈도만을 비교해보면 제목이든 가사든 '여자'가 더 많이 나타난다. 출현 횟수가 많으면 주인공이라는 공식을 여기에 대입하면 노랫말에서는 여자가 주인공이다. 그리고 노랫말의 특성상 이 여자는 '사랑하는 여자'인 경우가 대부분이다. 물론 이 때의 '여자' 또한 주체일 수도 있고 대상일 수도 있다. 여하튼 남자를 사랑하는 여자, 남자의 사랑을 받는 여자가 노랫말에 더 많이 등장하는 것은 객관적인 사실이다.

이에 대한 해석은 다양하게 내려질 수 있지만 궁극적으로는 노래의 '소비'에 초점을 맞출 필요가 있다. 노래는 누군가 들을 것을 전제로 만들어지니 이 누군가가 소비의 주체가 된다. 그런데 현실에서의 느낌에 기대어보자면 여자가 더 많이 노래를 듣고, 더 많이 노래를 사랑한다. 남자가수가 더 많고, '오빠부대'라는 말은 있는데 이 말의 상대적인 말이 없는 것도 그렇다. 콘서트장을 봐도, 음반매장을 봐도 여자들은 가수와 음반을 위해 선뜻 지갑을 연다. 이에 비해 남자들은 술값을 먼저 내고 그 술에 취하면 노래를 찾는다. 그러니 소비를 더 많이 하는 이들을 위해 더 많은 노래를 만드는 것이 당연하다. 그 노래의 주인공을 여자로 하는 것도 당연하다.

그러나 이러한 해석은 자칫 숫자놀음에만 매몰되는 것일 수도 있다. 본래 성별이 따로 없어야 할 '사람'이 남자일 때가 많은 것이 일차적으로 문제가 된다. '남자'로 표현되지 않았지만 '사람'으로 표현된 남자의 수를 더하면 수치는 역전될 수도 있다. 더욱이 '사랑하는 사람'의 마음을 표현하는 노래라는 관점에서 보면 해석은 완전히 달라질 수 있다. '여자'가 등장한다고 해서 여자의 노래이고, 그래서 여자들이 좋아하고 많이 부르는 노래가 되는 것은 아니다. 오히려 사랑하는 마음을 표현하고자 하는 이는 주체보다 대상을 앞세우니 사랑하는 여자는 '남자'가 드러난 노래를 좋아할 수도 있다.

	제목	가사		제목	가사
여자	279	6,032	남자	258	5,630
여인	71	583	사나이/사내	36	446
계집	0	22	머슴/머스마	1	13
처녀	38	594	총각	8	85
아가씨	54	120	아저씨	0	228
아줌마/아주머니	12	465	소년	30	220
소녀	51	168			
계	505	7,984	계	333	6,622

그런데 시야를 넓혀보면 흥미로운 사실이 관찰된다.

'남자' 혹은 '여자'와 관련된 단어들을 모두 뒤져봐도 여자들이 확실히 많다. '남인'이란 말은 없는데 '여인'은 꽤나 많이 등장한다. '사나이'는 많이 나타나는데 상대적인 말이라 할 수 있는 '계집'은 어감때문에 거의 등장하지 않는다. '처녀'는 수없이 등장하는데 '총각'은 인기가 없다. 숫자만으로 따진다면 노랫말 속의 주연은 여자다. 어차피 남자와 여자 둘이서 주연과 조연을 나눠야 하는 상황이기는 하지만 노랫말은 여자를 훨씬 더 많이 등장시킨다. 그런 점에서 〈여와남〉이란 제목은 탁월한 선택을 했다. '용필이 형님'을 좋아하는 이들도 꽤 되지만 '오빠'를 숨넘어가게 부르는 이들의 수에 비하면 턱없이 적기 때문이다.

'내' 여자 아니면 '나쁜' 여자?

남자와 여자의 생물학적 차이는 엄연히 존재한다. 이러한 차이 때문에 남녀의 역할과 성격에 대한 관념이 생겨난다. 이것이 일종의 편견으로 굳어져 우리의 삶 곳곳에서 드러나기도 하는데 노랫말이라고 예외는 아니다. 노랫말에 여자가 더 많이 등장하고 여자의 취향에 맞춘 노래가 더 많은 것은 객관적인 사실이다. 그렇다 보니 노랫말에는 여자의 특성에 대한 언급이 훨씬 더 많다. 그래서인지 '사랑한다 말할까 아니야 난 못해 나는 여자이니까'(나훈아 작사, 심수봉 노래 〈여자이니까〉 1979)와 같이 '소극적이어야 하는' 여자의 모습이 그려지기도 한다.

노랫말이 남자와 여자의 정체성에 대해서 똑 부러지게 말을 하기는 어렵다. 노랫말의 목적은 공감이지 이해와 설득이 아니기 때문이다. 그래도 간접적으로 노랫말이 남자와 여자를 어떻게 그리고 있는지 파악할 수 있다. 다음의 제목들은 그 단면을 잘 보여준다. 〈착한 남자〉란 제목과 〈나쁜 남자〉란 제목의 노래가 모두 있으니 제목을 단순비교해서는 경향을 파악하기가 쉽지 않다. 그런데 제목에 나타난 '남자'와 '여자'의 앞에 놓이는 단어들의 순위와 빈도에서 약간의 힌트를 얻을 수 있다.

1	내 남자(16)	내 여자(19)
2	나쁜 남자(11)	나쁜 여자(15)
3	약한 남자(7)	같은 여자(10)
4	한 남자(6)	착한 여자(9)
5	멋진 남자(5)	한 여자(7)

가장 많이 나타나는 '내'는 서로에 대한 소유욕을 잘 보여준다. 그런데 '나쁜'이 그다음 순위를 차지하는 것은 다소 의외다. 사랑하는 '내 남자'와 '내 여자'가 정말 나빠서 그럴 수도 있고 역설적으로 말하는 것일 수도 있지만 멋지고 착하다고 느끼기 이전에 나쁘다고 여기는 것은 안타깝게 느껴지기도 한다. '약한 남자'가 나쁜 남자 뒤에 오는 것도 그렇다. 〈정에 약한 남자〉는 그나마 이해가 되지만 나머지 여섯은 모두 〈약한 남자〉 그대로를 제목으로 삼고 있다. 그러나 이마

저도 대부분 '사랑에 약한 남자'를 그리고 있다. '착한 여자'를 찾는 것만큼이나 사랑에 푹 빠지게 될 남자를 노랫말은 기대하고 있는 것이다.

분석할 양이 그리 많지 않은 제목에 비해 가사는 훨씬 더 풍부하고도 재미있는 정보를 준다.

1	내 남자(298)	내 여자(340)	
2	다른 남자(128)	다른 여자(164)	
2	멋진 남자(102)	한 여자(101)	
3	한 남자(101)	예쁜 여자(65)	
4	좋은 남자(49)	좋은 여자(65)	

제목에서와 마찬가지로 '내'는 소유욕을 나타낸다. 그런데 그다음에 이어지는 '다른'은 한눈을 팔지 않겠다는 맹세이기도 하고 다른 사람을 사랑할 수도 있다는 경고이기도 하다. 그러나 뒤이어 나오는 '한'에서도 알 수 있듯이 결국은 상대에 대한 사랑의 표현일 수밖에 없다. '멋지고 좋은' 남자와 '예쁘고 좋은' 여자가 만나서 서로에게 오직 하나뿐인 '내 사랑'으로 남고 싶은 마음이 자연스럽게 드러나 있다.

제목과 가사에 드러난 단어 몇 개로 남자와 여자의 속성에 대한 답을 하기 어렵다. 부정적인 이미지보다는 긍정적인 이미지, 혹은 희망하는 모습을 담아내려 노력을 하지만 관점에 따라서는 통념이나 편견에 갇혀 있는 모습이 보이기도 한다. 현실에서는 아직도 남녀의 불평등이 존재한다. 그러나 노랫말 속에서는 여자가 상대적으로 우위를 점하고 있는 것은 분명하다. 그리고 세월이 흐르면서 소극적이었던 여자가 '당돌한 여자'로 바뀌고 '강한 남자'는 꽃을 들고 등장하기도 한다.

집으로 들어가는 길인가요 그대의 어깨가 무거워보여
이런 나 당돌한가요 술 한잔 사주실래요
• 강은경 작사, 서주경 노래, 〈당돌한 여자〉, 1996

나는야 꽃잎 되어 그대 가슴에 영원히 날고 싶어라
사랑에 취해 향기에 취해 그대에게 빠져버린
나는 나는 꽃을 든 남자
• 김정호 작사, 최석준 노래, 〈꽃을 든 남자〉, 1999

'당돌한 여자'라고 표현되지만 그 여자도 결국 남자에게 사랑을 애걸한다는 점에서 마음에 들지 않을 수 있다. '꽃을 든 남자'이지만 이 남자가 사랑의 취기로부터 벗어난 후에도 여전히 꽃을 들지 의심스러울 수 있다. 변해가는 시대의 남자와 여자의 모습을 그리고 있지만 여전히 문제가 될 소지는 남아 있다. 남자와 여자를 언급하는 순간 어쩔 수 없다. '남자'와 '여자'를 '사람'으로 치환하지 않는 한 해결되지 않는 문제이다. 그러나 노랫말에서는 불가능할지도 모르겠다. 노래는 내 남자와 내 여자의 사랑 이야기이기 때문이다.

남자와 여자가 한 자리에 있을 때

익숙해지면 그저 무심하게 받아들여지기 마련이지만 곰곰이 생각하면 할수록 이상한 것이 종종 있다. 이 노래의 제목 또한 그러하다.

> 언제나 찾아오는 부두의 이별이 아쉬워 두 손을 꼭 잡았나
> 눈앞에 바다를 핑계로 헤어지나 남자는 배 여자는 항구
> • 심수봉 작사, 심수봉 노래, 〈남자는 배 여자는 항구〉, 1984

남자와 여자를 대비시키고 배와 항구도 반대의 자리에 놓았다. 왜 남자와 여자가 배와 항구에 비유될까 궁금하다가 조금 생각하면서 노래를 들어보면 이해가 된다. 알려진 대로 선원인 남편을 떠나보내고 항구에서 우는 아내를 보고 쓴 가사라면 '남자는 배에 있고 여자는 항구에 있다'는 의미이다. 그러나 사람에 따라 여자를 버리고 떠나는 남자와 끝까지 기다리는 여자의 모습을 그리기도 하고, 이리저리 옮겨 다니는 남자와 한 자리를 묵묵히 지키는 여자의 모습을 떠올리기도 한다.

'남자'와 '여자'가 한 자리에 있으면 사랑에 빠지는 것이 자연스러워 보이는데 노랫말에 이 둘이 함께 있으면 대부분 상반된 이미지로 그려진다. 특히 제목에 둘이 함께 등장하면 더 그렇다.

> 남자는 배 여자는 항구
> 나쁜 남자 착한 여자

화성 남자 금성 여자

나쁜 남자 쿨한 여자

여자는 말 못하고, 남자는 모르는 것들

남자는 여자를 귀찮게 해

남자는 항상 여자에게 첫사랑이길 원한다

남자도 때론 여자이고 싶다

장가가고 싶은 남자 시집가고 싶은 여자

헤어지지 못하는 여자, 떠나가지 못하는 남자

제목에 남자와 여자가 같이 있으면 남자가 영 불리하다. 제멋대로 드나드는 배와 같은, 여자를 귀찮게 하는, 여자의 맘도 모르는, 상대에게 첫사랑이기를 원하는 남자로 그려진다. 때론 여자이고 싶다고 하지만 여자가 누린다고 생각하는 혜택을 자신도 누리고 싶다는 하소연이다. 장가가고 싶고 시집가고 싶은 여자가 만나 헤어지지 못하고 떠나가지 못해 결혼을 한다지만 남자는 화성 사람처럼 벽창호가 된다. 노래가 여성 친화적이어서 이러한 양상이 나타난 것일 수도 있다. 여자가 많이 듣다 보니 그들의 취향에 맞추려 이러한 결과가 나타난 것일 수도 있다. 그러나 문제는 현실이다. 노랫말이 현실을 그대로 반영하는 것은 아니겠지만 현실과 전혀 다른 것도 아니기에 씁쓸할 따름이다.

남녀의 문제가 첨예한 갈등으로 비화되면서 노랫말의 성차별 문제도 심심찮게 거론된다. '아빠 힘내세요'라고 외치는 동요마저 경제활동을 하는 것은 남성이라는 고정관념을 키워줄 우려가 있다고 지적

되기도 한다. 4반세기 전의 노래를 아이유가 다시 부른 것을 두고 그녀의 맑은 창법으로 투영되는 남녀의 성역할을 문제 삼기도 한다.[•] 비판적인 시각으로 보면 문제로 삼을 만한 구석이 있어 보이기도 하지만 이 노래를 만들고 부른 이들이 성역할에 대해 왜곡된 시각을 가지고 있다고 보기는 어렵다. 더욱이 그것을 노래를 통해 노골적으로 드러내고 있다고 생각되지도 않는다.

그러나 남성과 여성에 대해 왜곡된 시각을 담은 노래들이 만들어지고 있는 것은 사실이다. 은연중 잠재된 의식이 발현되기도 하지만 노골적으로 희롱과 비하를 일삼는 노래도 있다. 이런 노래 아닌 노래 때문에 노랫말 전체가 욕을 먹어서는 안 된다. 노래가 사회를 바꿀 수 있는 도구가 될 수도 있지만 그런 노래들은 모두가 즐기기 위한 '유행가'가 되기는 어렵다. 마찬가지로 사회의 흐름을 거스르는 이러한 노래 또한 우리 모두가 노래를 즐기는 데 방해가 된다.

'그때 그 사람'은 두루뭉술한 말이다. 어느 때인지, 누구인지 알 수 없으니 그렇다. 오히려 남자인지 여자인지 특정되지 않는 말이라서 더 좋을 수도 있다. 남자와 여자의 이분법이 현실 속에서는 당연한 것이지만 그것이 노랫말에 그대로 담겨서는 재미가 없다. 남자의 노

• 이 문제는 교과서에 등장하는 남녀의 성역할에 대한 지적과 비슷하다. 과거의 교과서를 보면 어머니는 부엌에서 밥을 짓고, 아버지는 방에 앉아 신문을 읽는 모습의 전형적인 삽화가 종종 등장한다. 이와 아찬가지로 노래 속의 아들은 늦잠을 자고 겨우 일어나 '엉금엉금 냉수 찾는 게으름'을 부리는데 어머니는 아침을 짓고 빨래를 하는 분주한 모습으로 그려진다. 어머니와 아들의 일상적인 모습으로 보는 이들도 있고, 그 순간 아버지는 집 청소라도 하고 있는지 묻는 이들도 있다.

래와 여자의 노래가 따로 있는 것도 바람직하지는 않다. 누가 부르든 누가 듣든 '사람의 노래'일 때 가장 편안하게 오래도록 남는다. 현실 속에서도 남자와 여자 대신 '사람'으로서 살아갈 때 가장 행복하다.

12
사랑타령, 또 사랑타령

노래꾼은 노래로 기억되는 것이 가장 행복할 것이다. 그러나 멋지거나 예쁜 외모, 화려한 춤, 현란한 퍼포먼스와 같이 그것이 무엇이든 뭇 사람들의 기억 속에 남아 있는 것도 나쁘지 않다. 본인의 이름보다도 '한국의 ○○○'와 같이 유명한 외국인의 이름을 빌려 기억되는 것도 좋고, 한때의 유행어 속에 흔적을 남기는 것도 좋다. 노래보다 춤으로 먼저 기억되는 노래꾼이 있다. '한국의 마이클 잭슨'으로, 얼굴을 고정시킨 채 손으로 가로세로를 긋는 춤으로, 그리고 '마음은 박남정, 몸은 김정구'란 유행어로 기억되는 이가 있다. 이렇게 다른 것으로 기억되지만 자연스럽게 노래에 대한 관심으로 이어지기도 한다.

> 조각조각 부서진 작은 꿈들이 하늘 멀리 저 멀리 흩어져 가고
> 젖은 눈물 감추며 되돌아서는 사랑의 불시착
> • 이호섭 작사, 박남정 노래, 〈사랑의 불시착〉, 1988

노래보다 춤이 먼저 보이고, 리듬이 가사를 덮어버리지만 제목이

나 가사를 곱씹어보면 고개를 갸웃하게 된다. '불시착'이란 단어를 아는 이도 있지만 어렵고 낯선 단어임에 틀림없다. 비행기에만 쓰는 이 단어는 한자로 '不時着'이라고 쓰니 정해진 시각 이외의 시각에 급한 사정 때문에 착륙하는 것을 뜻한다. 일상에서 쓰이는 명사 17만여 개의 단어 중에서 빈도 순위 5만 번째에 가까우니 꽤나 드물게 쓰는 단어이다. 노랫말에서는 당연히 이 한 곡에서만 쓰였다. 그런데 그게 중요한 것이 아니다. 사랑의 불시착? 무슨 말인지 모르겠다. 가사를 봐도 모르겠다. '사랑의 정시착定示着'이란 말이 있더라도 그 뜻이 파악 안 되기는 마찬가지다.

노래를 '사랑타령'이라고 단정 짓더라도 부정할 사람은 그리 많지 않다. 노랫말에 '사랑'이라는 단어가 가장 많이 등장하는 사실은 세어보이 않아도 누구나 알 수 있다. 만약 '사랑'이라는 단어가 어딘가에 불시착을 해서 우리 곁에서 사라진다면 노랫말을 아예 쓸 수 없다는 것도 과장된 말은 아닐 것이다. 그런데 따져보면 여기까지가 전부이다. 많이 등장하는 것을 아는 것, 혹은 많이 등장한다고 비아냥대는 것으로 끝이었지 그 속내를 깊이 들여다보지는 못했다.

도대체 '사랑'이 얼마나 등장하기에 사랑타령이라고 하는지 가늠해 보는 것도 필요하다. 우리의 노래가 애초부터 사랑타령이었는지, 아니라면 언제부터 사랑타령으로 바뀌었는지 궁금하다. 누가 어떻게 사랑을 노래했는, 사랑을 노래하지 않은 이는 또 누구인지도도 관심거리다. 사랑은 어떤 말들과 함께 나타나는지 살펴보는 것도 흥미롭다. 노랫말 속의 '사랑'을 샅샅이 뒤져보는 이 작업은 우리의 노래를 더욱더 사랑하는 길이 될 것이다.

'사랑' 빼면 노래가 안 될까?

유럽의 몇몇 언어를 배우게 될 때 명사마다 성性이 있다는 사실에 놀라게 된다. 이것이 우리의 직관과 맞아떨어지면 좋을 텐데 그렇지 않은 것이 많아 무조건 외우는 방법밖에 없다. 우리말에는 이러한 문법적인 성이 없는데 과감하게 '사랑'의 성을 주장하고 나서는 노래가 있다.

> 늘 혼자 사랑하고 혼자 이별하고
> 늘 혼자 추억하고 혼자 무너지고
> 사랑이란 놈 그놈 앞에서 언제나 난 늘 빈털터릴 뿐
> • 박선주 작사, 바비킴 노래, 〈사랑.. 그놈〉, 2009

노랫말을 쓴 이가 명사의 성을 생각한 것 같지는 않다. '사랑'을 여성으로 생각해 제목을 썼다간 아예 세상에 나아갈 수 없으니 그나마 '그 놈' 정도로 썼는데 사실은 '그 것' 정도가 적당할 것이다. '사랑'을 '그 놈'이라 하든 '그 것'이라 하든 노랫말의 명사만 뽑아서 빈도와 비율을 내어 말뭉치와 비교해보면 '사랑'의 위력이 확연히 드러난다.

제목에 쓰인 명사 중 1위인 '사랑'이 전체 명사 중에 차지하는 비중이 7.83퍼센트나 되는데 2위인 '사람'은 1.71퍼센트밖에 안 되니 가히 압도적이라 할 수 있다. 가사에서도 두 번째로 많은 명사 '말'보다 '사랑'의 비율이 두 배가 되니 그 위력을 실감할 수 있다. 우리가 일상에서 쓰는 말과 글을 모아놓은 말뭉치에서는 '사랑'은 104위로 아

순위	제목			가사			말뭉치		
1	사랑	1,608	7.83	사랑	43,583	4.39	사람	236,751	1.62
2	사람	352	1.71	말	21,960	2.21	때	202,419	1.39
3	이별	321	1.56	사람	19,460	1.96	말	156,006	1.07
4	눈물	292	1.42	눈물	16,771	1.69	일	146,937	1.01
5	여자	279	1.36	때	16,113	1.62	문제	110,282	0.76
6	남자	258	1.26	맘	15,647	1.58	속	93,311	0.64
7	날	248	1.21	이제	15,479	1.56	경우	90,521	0.62
8	말	171	0.83	마음	15,352	1.55	사회	81,403	0.56
9	밤	169	0.82	날	15,224	1.53	자신	79,913	0.55
10	노래	165	0.80	속	14,067	1.42	정부	77,068	0.53
	……			……			……		
104	소년	30	0.15	어둠	1,606	0.16	사랑	27,367	0.19

예 순위권에 들지도 못한다. 더욱이 말뭉치에서의 1, 2위 비율 격차와 노랫말을 비교해 보면 '사랑'이 얼마나 집중적으로 나타나는지 알수 있다. 노랫말은 '사랑'이 없으면 빈털터리가 된다.

이것 말고도 '사랑'의 위력이 느낄 수 있는 것은 많다. 제목과 가사에 '사랑'이 한 번이라도 쓰인 것을 꼽아보면 더 흥미롭다. 제목에는 그리 많이 포함된 것 같지 않게 느껴질 수 있으나 가사에는 반이 훨씬 넘는 노래에 '사랑'이 포함되어 있다. 게다가 노랫말에 반드시 '사랑'이 포함되어 있어야 사랑노래인 것은 아닌 점을 감안하면 사랑노래의 비율은 상상하기 어려울 정도로 높아질 것이다. '사랑'을 빼면 노래가 안 된다. 여기에 '러브' 혹은 'love'까지 포함시키면 그 수치는 훨씬 더 높아진다.

'사랑'이 제목에 포함된 노래 : 2,360 / 26,251 (8.99%)
'사랑'이 가사에 포함된 노래 : 17,121 / 26,251 (65.22%)

사랑의 밀물

다소 과장된 별명으로 느껴질 수도 있겠지만 '포유류가 낼 수 있는 가장 슬픈 목소리'를 가졌다는 노래꾼이 있다. 서쪽 바닷가에 가본 이는 누구나 눈에 뵈지 않을 정도로 멀리 써는 바닷물과 끝없이 펼쳐지는 잿빛 개펄을 볼 수 있으니 이 노래가 가슴에 와 닿는다. 슬픈 목소리에 실려 전해지는 이 노래에서의 '사랑'은 썰물이다.

다시 돌아올 수 없기에 혼자 외로울 수밖에 없어
어느새 사랑 썰물이 되어 너무도 멀리 떠나갔네
• 김창기 작사, 임지훈 노래, 〈사랑의 썰물〉, 1987

그러나 노랫말의 역사를 살펴보면 '사랑'은 밀물이다. 저 멀리 거품으로 보이던 바닷물이 어느새 허리춤까지 잠기는 밀물이 되듯이 '사랑'도 우리의 노랫말에 밀물처럼 밀려들어왔다. 본래 '사랑하다'는 '생각하다'의 뜻으로 더 많이 쓰였다. 이것이 '그리워하다'의 뜻으로 영역을 넓혀나가더니 '생각하다'의 뜻은 잃고 오늘날과 같이 쓰이게 된다. 그리고 어느 뜻으로든 '사랑'은 그리 많이 쓰이는 단어도 아니었다. 20세기까지의 문헌 중 검색 가능한 문헌을 모두 뒤져봐도 7,700여 회밖에 검색이 안 된다. 옛날 문헌이 오늘날과는 성격이 많이 다르니 이런 비교는 의미가 없을 수도 있다. 그런데 오늘날의 노랫말과 가장 많이 가까운 시조집을 살펴봐도 그렇다. 오늘날에는 국어책에서 눈으로 배우지만 시조는 본래 부르고 듣는 '노래'였다. 그러니 이 시조 전체를 대상으로 분석해보면 의미 있는 결과를 얻을 수도 있다.

19세기 후반에 당시까지 지어진 모든 시조를 망라한 〈가곡원류歌曲源流〉에는 작자 미상의 다음과 같은 시조도 나온다.

> 사랑 사랑 고고이 맺힌 사랑 온 바다를 두루 덮는 그물 같이 맺힌 사랑
> 왕십리라 답십리라 참외 넝쿨 수박 넝쿨 얽어지고 틀어져서 골골이 뻗어가는 사랑
> 아마도 이 님의 사랑은 끝 간 데를 몰라라

이 시조에서는 사랑을 미친 듯이 사랑을 되뇌고 있지만 전체적으로는 '사랑'이 34회밖에 나오지 않는다. 856수의 시조 중에서 '사랑'이 쓰인 시조는 24수에 불과해 오늘날의 노랫말 속에 나오는 '사랑'과는 비교가 되지 않는다. 본래 '사랑'은 오늘날과 다른 의미로도 쓰였고, 그리 많이 쓰이던 단어도 아니었다.•

그러던 '사랑'이 서서히 밀물처럼 밀려들기 시작한다. 아마도 '사

랑'이 쓰인 최초의 노래는 '돈도 명예도 사랑도 다 싫다'고 읊은 윤심덕의 〈사의 찬미〉(1926)일 것이다. 이렇게 노랫말에 등장한 '사랑'은 세월이 흐를수록 증가세를 보인다. 제목과 가사에 사용된 명사 중 '사랑'이 차지하는 비중은 이 사실을 명확히 보여준다. 90년대 이후로는 '사랑'뿐만 아니라 '러브' 혹은 'love'가 추가되어 꾸준히 증가

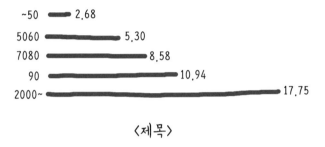

〈제목〉

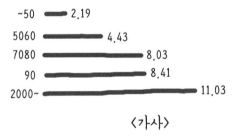

〈가사〉

- 15세기의 문헌을 살펴보면 '사랑'은 오늘날과 같은 '愛'의 뜻뿐만 아니라 '思'와 '慕'의 뜻으로도 쓰였다. 말 그대로 '사모하다'의 뜻으로도 쓰인 것이다. 그런데 용례를 보면 '생각'의 뜻으로 더 많이 쓰였다. '사랑'의 어원에 대해서는 한자어 '사량思量'에서 왔다는 설도 있으나 다소 무리가 있는 주장이다. 과거에는 사랑을 직설적으로 표현하는 일이 드물었으니 시나 소설에 많이 나타나지는 않는다. '사랑'이 가장 많이, 그리고 직접적으로 나타난 것은 판소리 〈춘향가〉 중 '사랑가' 정도를 찾을 수 있다.

하고 있다.

노래를 만들고 부르는 이들의 '사랑'을 들여다보면 '사랑의 밀물'을 더 확실히 알 수 있다. 분석 대상이 된 26,000여 곡의 목록에 열 곡 이상 이름을 올린 작사가나 가수의 노랫말에 '사랑'이 포함되지 않는 노래를 찾기 어렵다. 또한 노래의 수를 기준으로 상위 10위의 작사가와 가수의 노래를 대상으로 한 다음의 통계는 '사랑'의 중요성을 확인시켜 준다.

이러한 통계는 모든 노래를 대상으로 한 것이 아니라 많은 사람들의 사랑을 받으며 어느 정도 알려진 노래를 대상으로 한 것이기 때문

작사가	전체	사랑	비율	작사가	전체	사랑	비율
강은경	309	245	79.29	나훈아	160	84	52.50
안영민	273	208	76.19	쿨	118	99	83.90
최갑원	265	176	66.42	이승환	108	55	50.93
이승호	220	181	82.27	윤종신	107	66	61.68
조은희	217	189	87.10	조용필	98	61	62.24
박진영	211	119	56.40	이미자	97	47	48.45
윤종신	160	89	55.63	임창정	95	69	72.63
윤사라	159	126	79.25	SG워너비	94	83	88.30
김이나	150	64	42.67	MC THE MAX	90	70	77.78
한성호	141	106	75.18	보아	90	55	61.11
계	2,105	1,503	71.40	계	1,057	689	65.18

▶ 표에서 '사랑'은 노래에 '사랑'이란 단어가 한 번이라도 나타난 곡의 수를 뜻한다.

에 완벽하지는 않다. 그러나 많은 이들의 사랑을 받기 위해서는 '사랑'이 빠져서는 안 된다는 사실을 바로 확인이 가능하다. 통계로만 따져본다면 최고의 사랑꾼은 조은희와 SG워너비라는 사실과 다소 '오래된' 가수일수록 사랑의 밀물에 덜 잠겨 있다는 사실도 관찰된다.•

사랑과 함께 나오는 말들

바이올린 연주자이자 작곡가인 오스트리아의 프리츠 크라이슬러는 〈사랑의 슬픔〉과 〈사랑의 기쁨〉이란 제목의 짧막한 바이올린 소품 둘을 남겼다. 아름다운 선율의 이 곡은 많은 사람들로부터 사랑을 받지만 사람들을 헷갈리게 한다. 도대체 사랑은 슬픔인지, 기쁨인지 답을 해 주지 않는다. 답을 주지 않는 것은 이 노래도 마찬가지다.••

• 많은 수의 곡에도 불구하고 '사랑'이 포함된 노래의 수가 적은 김이나, 윤종신, 이승환 등을 단순히 평가하자면 사랑타령 이외의 다른 문제에 관심이 많다고 볼 수도 있다. 이는 단순히 수치에만 기댄 것이어서 성급한 판단일 수도 있다. 그러나 윤종신이나 이승환이 부른 노래의 성향을 감안해보면 '사랑' 이외에 다른 것에 대한 관심도 상대적으로 높았음이 감지되기도 한다.

•• '사랑은 눈물의 씨앗'이라는 것은 노랫말을 분석한 결과에서도 어느 정도 나타난다. 노랫말 전체를 대상으로 할 때 부동의 1위는 '사랑'인데 '눈물'은 5위를 차지하고 있다. 50~60년대의 대표적인 작사가 반야월이 지은 노랫말에서 '눈물'은 7위이고, 90년 이후의 대표적인 작사가 강은경이 지은 노랫말에서 '눈물'은 3위이다. 이에 비해 70~80년대의 대표적인 작사가 박건호에서는 '눈물'이 한참 뒤인 19위로 밀린다. 이것만 놓고 보면 박건호는 슬프지 않은 사랑을 그린 셈이다.

사랑이 무어냐고 물으신다면 눈물의 씨앗이라고 말하겠어요

이별이 무어냐고 물으신다면 눈물의 씨앗이라고 대답할 테요

• 남국인 작사, 나훈아 노래, 〈사랑은 눈물의 씨앗〉, 1969

사랑이 눈물의 씨앗이라면 사랑은 슬픔이다. 그렇다면 헤어져야 할 텐데 이별도 눈물의 씨앗이다. 결국 아무것도 할 수 없다. 노랫말에 수없이 등장하는 사랑이 하나의 모습일 리가 없다. '눈물' '이별' 등이 '사랑'과 결합되면 그나마 이해가 된다. 그러나 '사랑은……'이라고 묘사되는 것들은 도통 종잡을 수 없다. 제목에서 정의되는 사랑은 다음과 같다.

사랑은 나비인가 봐	사랑은 생명의 불꽃
사랑은 창밖에 빗물 같아요	사랑은 유리 같은 것
사랑은 블루	사랑은 무승부
사랑은 김치 맛이야	사랑은 바람
사랑은 병이다	사랑은 벌이다
사랑은…… 엉터리다	사랑은 비처럼
사랑은 강물처럼	사랑은 의리
사랑은 거짓말	사랑은 미친 짓

직유이든 은유이든 아무래도 사랑은 못할 짓으로 보인다. 잠시 머물렀다 날아가는 나비, 흐르는 빗물, 깨지기 쉬운 유리, 우울한 파란색, 스쳐가는 바람과 강물 등등 별로 빠지고 싶은 생각이 들지 않는

다. 정말 불꽃처럼 생명을 불살라야 하는 것인지, 병에 걸린 듯 아파야 하는지, 거짓말로 가득한 것인지, 그래서 미친 짓이라 하는지 난감하게 만든다. 모두들 간절하게 원하는 것이라면 '좋아서 죽는' 것으로 사랑이 그려져야 할 텐데 이건 좀 아니다. 긍정적으로 그려지는 사랑보다 그렇지 않은 사랑이 더 많다. 정말 그런 것인지 다른 분석이 필요하다. '사랑'의 앞뒤에 오는 단어 50위까지를 분석해보면 노랫말에서 사랑이 어떻게 그려지는지 더 정확하게 알 수 있다.

명사 중에서 '나', '너', '우리' 등은 본래 빈도가 높기 때문에 '사랑' 가까이에 많이 나타나는 것이 당연할 수도 있다. 그러나 노랫말에서의 사랑이란 결국 수많은 사람 중에 '나'와 '너'가 만나 '우리'가 되는 것임을 증명하기도 한다. '사랑' 앞에 놓이는 단어들은, 사랑은 마음을 담아 가슴으로 해야 한다는 믿음을 드러내주기도 한다. 그러나 '눈물'은 슬프다. '사랑' 뒤에 오는 말도 앞에 오는 말과 크게 다르

	'사랑' 앞	'사랑' 뒤
명사	나, 사랑, 너, 그대, 우리, 말, 가슴, 사람, 내, 마음, 눈물, 당신, 맘, 세상	나, 사랑, 너, 그대, 말, 우리, 가슴, 내, 눈물, 이별, 사람, 당신, 마음
동사/형용사	없다, 하다, 있다, 사랑하다, 보다, 않다, 가다, 같다, 알다, 주다, 오다, 모르다, 아프다, 못하다, 아니다, 떠나다, 울다, 위하다	하다, 있다, 없다, 사랑하다, 보다, 되다, 모르다, 알다, 오다, 가다, 주다, 않다, 아프다, 아니다, 잊다, 싶다, 같다, 떠나다, 못하다, 말하다, 믿다, 울다

지 않다. 다만 '눈물' 외에 '이별'도 추가가 되었음을 알 수 있다. 너와 내가 만나서 사랑하다가 이별을 하면 눈물이 흐르니 당연한 결과이기도 하다.

'사랑' 앞뒤에서 꾸며주거나 서술해주는 말도 본래 빈도가 높은 말들이 앞자리를 차지하고 있다. 있다가도 없는 것이 사람이고 사랑이니 오다가다 만나 사랑을 하게 되는 이치가 어느 정도 파악이 된다. 그런데 '아프다, 못하다, 울다, 떠나다' 등이 앞에 오는 것이 눈에 띈다. '기쁘다'는 순위에 들지도 못하는데 이런 단어들이 '사랑'을 꾸미고 있는 것이다. 뒤에 '사랑' 뒤에 오는 '않다, 아니다, 아프다, 잊다, 떠나다, 울다' 등도 그렇다. 바라던 사랑이 아니었는지 떠나보내고는 아파하며 운다. 여기에도 역시 '기쁘다'는 순위에 들지 못한다. 제목에서 '사랑은'이라고 정의되는 것과 크게 다르지 않다. 정말로 '사랑은 눈물의 씨앗'인지도 모른다.

끝나지 않을 사랑노래

부동산 투기와 함께 광풍처럼 몰아친 노래가 있다. 서구인의 피가 섞인 이국적인 외모의 노래꾼이 제목도 역시 물 건너 온 말인 〈아파트〉로 공전의 히트를 기록한다. 그러나 노래꾼 윤수일의 이름을 세상에 알린 것은 이보다 10년 전에 발표된 이 노래다.

이렇게도 사랑이 괴로울 줄 알았다면

차라리 당신만을 만나지나 말 것을

그 시절 그 추억이 또다시 온다 해도 사랑만은 않겠어요

• 안치행 작사, 윤수일 노래, 〈사랑만은 않겠어요〉, 1977

제목도 가사도 퍽이나 단호하다. 다른 것은 다 해도 사랑만은 않겠다니. 사랑이 빠지면 노래가 되지 않는데 과감하게도 이렇게 선언한다. 물론 괴로운 사랑도 사랑이니 이 노래도 사랑노래로 분류할 수 있기는 하다. 그런데 정말 다시는 안 한다고 할 만큼 사랑이 괴로운 것인가? 적어도 노랫말을 보면 그렇다.

제목에서 '사랑'을 꾸미는 말들만 모아놓으니 사랑은 정말 할 것이 못 된다. 긍정적이라 할 수 있는 것은 전체의 3분의 1 수준이다. 억지로 해야 하는 것이 아니라면 이토록 괴로운 사랑을 할 필요가 없다. 그런데 끊임없이 이런 괴로운 사랑의 노래가 만들어진다. 노래가 현실과 동떨어진 것이 아니니 더 슬프다. 노랫말 속의 '사랑'은 세월

○○ 없는 사랑	23	지독한 사랑	5	고마운 사랑	3
슬픈 사랑	13	그리운 사랑	4	그런 사랑	3
○○ 같은 사랑	11	먼 사랑	4	독한 사랑	3
영원한 사랑	11	부족한 사랑	4	못난 사랑	3
아픈 사랑	10	소중한 사랑	4	뻔한 사랑	3
미안한 사랑	7	아름다운 사랑	4	위험한 사랑	3
작은 사랑	7	착한 사랑	4	○○ 있는 사랑	3
끝없는 사랑	6	가난한 사랑	3	하얀 사랑	3

이 흐를수록 늘어가는데 이 제목대로라면 기쁨이 커지는 것이 아니라 괴로움이 커져가는 것이다. 진작에 '사랑만은 않겠어요'라는 선언이 나올 법도 하다.

우리의 정서, 특히 시나 노래의 정서가 '한恨의 정서'라고 단정하는 이유도 이런 사랑노래와 관련이 있을 수 있다. 노래는 사랑마저도 슬픔과 아픔으로 바꿔버리고, 듣는 이들 또한 슬프고 아프지만 또 그 노래를 즐겨 듣는다. 아픈 곳을 다시 자극해 더 큰 슬픔에 빠져들지만 그 순환의 고리에서 빠져나오지 못한다. 그러다 보니 그 사랑은 '한 맺힌 사랑'이 되어버린다. 못해서 한이기도 하지만 해도 해도 더 큰 한이 맺히는 사랑이다. 우리 노래의 정서를 한의 정서라고 단정 짓는 것은 못마땅하지만 부분적으로는 맞는 말이기도 하다.

그러나 노랫말에 '사랑'이 빠지지 않을 뿐만 아니라 점점 늘어만 간다면 그것은 중독성이 있는 것에 틀림없다. 슬프고 아픈 줄 알지만 다들 사랑에 빠지고 노래는 그것을 아픔과 슬픔으로 그려내고 있다. 중독성이 있는 사랑이라면 절대 안 하겠다는 선언은 의미가 없다. 오히려 그 속에서 덜 아프고 덜 괴로울 방법을 찾는 것이 나을 수도 있다. 노래가 그것을 놓칠 리가 없다.

꿈으로 가득 찬 설레는 이 가슴에 사랑을 쓰려거든 연필로 쓰세요
사랑을 쓰다가 쓰다가 틀리면
지우개로 깨끗이 지워야 하니까
• 유명진 작사, 전영록 노래, 〈사랑은 연필로 쓰세요〉, 1983

사랑이 눈물의 씨앗이라고 단정 짓거나 다시는 사랑을 않겠다고 선언하는 것보다 훨씬 더 영리한 선택이다. 뒤이어 나오는 가사 '처음부터 너무 진한 잉크로 사랑을 쓴다면 지우기가 너무너무 어렵잖아요'에서는 얄미울 정도이다. 사랑이 한없이 가벼워졌다고 씁쓸해할 수도 있다. 그러나 좋게 말하면 이것이 결국 아파하지 않으면서 진정한 사랑을 찾을 수 있는 방법일 수도 있다. 노랫말에 '사랑'이 늘 어간다는 것은 사랑이 흔해진다는 것이기도 하다. 흔해진 사랑은 그만큼 소중함도 떨어진다. 그런 사랑에 흠뻑 빠지기보다는 처음부터 한두 발 빼는 것이 현명할 수도 있다. 이 노래는 그런 사랑법을 노래하고 있다.

그러나 사람이 있다면 사랑도 계속된다. 연필로 쓰든, 볼펜으로 쓰든 사랑노래도 계속된다. 갈수록 늘어가는 사랑노래 때문에 사랑이 너무 흔하고 가벼워졌다고 말하는 이도 있지만 그래도 사랑노래는 그 기세가 수그러들 줄 모른다. 심지어 이렇게 듣는 이를 부처님 손바닥 안의 손오공처럼 만드는 노래도 있다.

이젠 사랑이 싫어 다신 사랑을 안 해 그댄 큰소리를 치지만
두고 보세요 이내 사랑노래를 꼭 찾게 될 테니
• 이세준 작사, 유리상자 노래, 〈뻔한 사랑노래〉, 2003

거의 30년에 육박하는 '오랜 옛날'에 조용필은 〈사랑은 아직도 끝나지 않았네〉을 노래했다. 앞으로 오게 될 30년을 넘어 100년 뒤에도 크게 다를 것 같지는 않다. 사랑노래를 아무리 곱씹어 봐도 '사랑

의 불시착'은 그 의미를 모르겠다. 우리의 노래가 생겨나고 널리 불리게 될 무렵 이미 사랑이 우리 노래 속에 착륙할 준비는 되어 있었다. 그게 어디든 문제가 될 것도 없었다. 언제 어디서든 우리의 노래가 사랑을 받아들일 준비가 되어 있었으니 그것이 불시착은 있을 수 없다. 이제는 모두가 사랑을 이야기하고, 아무나 사랑노래를 만들고, 누구나 사랑노래를 듣는다. 슬프고도 괴로운 사랑이어도 괜찮다. 기쁠 때 곁에 있는 사람보다 슬플 때 함께 있어 주는 이가 더 고마운 법이다. 그래서 노래는 슬픈 사랑타령이다.

노래 속 가족, 그리고 '오빠'

'오빠'가 '아빠'가 될 수 있을까? 족보상으로는 있을 수 없는 일이지만 현실에서는 가능하다. 남녀가 교제할 때 남자가 나이가 위인 경우가 많으니 자연스럽게 남자를 '오빠'라 부른다. 듣는 어른들로부터 핀잔을 받기 일쑤다. 아주 나이가 많은 어른들은 피 한 방울 섞이지 않는 남을 오빠라고 부르는 것도 못마땅하고, 남편을 오빠라고 부르는 것도 맘에 안 든다. 결혼을 해서도 그 호칭이 바뀌지 않다가 아이를 낳으면 슬쩍 '아빠'라 부른다. 물론 아이의 아빠란 뜻이겠지만. 친정아버지나 시아버지 또한 '아빠'란 존재가 하나 더 생긴 것이 못마땅하다. 다행스럽게도 '아빠'는 점점 줄어든다. 그러나 '오빠'는 수없이 늘어난다. 노랫말에서도 별반 다르지 않다. 노랫말에서 오빠는 꽤나 일찍부터 등장하는데 가장 센 것은 역시 이 노래다.

> 오빠는 풍각쟁이야 머, 오빠는 심술쟁이야 머. 난 몰라잉 난 몰라잉
> 오빠는 짜증쟁이, 오빠는 모주쟁이, 오빠는 대포쟁이야
> • 박영호 작사, 박향림 노래, 〈오빠는 풍각쟁이〉, 1938

지금은 거의 쓰이지 않는 말인 '풍각쟁이'로 오빠를 묘사했다. 말뜻대로라면 여기저기 돌아다니면서 악기를 연주하거나 노래를 부르면서 먹고사는 사람이니 그리 달가운 사람은 아니다. 심술쟁이, 짜증쟁이, 모주쟁이, 대포쟁이 등 어느 하나 마음에 드는 구석이 없다. 콧소리가 섞인 코믹한 목소리로 부르지 않았다면 오빠에 대한 원망으로 가득 차 있는 노래가 될 뻔했다. 그래도 오늘날의 '현실 남매'의 모습과 크게 다르지 않다. 책이나 영상에서는 어떻게 그려질지 모르나 현실에서는 남녀 형제들은 아웅다웅 싸우기 일쑤다. 오빠든 누나든 손위는 동생을 부려먹으려 하고 동생은 맞먹으려 한다. 옛날에야 요즘만큼 대들지는 못했겠지만 서로 으르렁대는 모습은 다를 바 없다.

그런데 풍각쟁이 오빠와 나중에 아빠가 되기도 하는 오빠는 같은 오빠가 아니다. 풍각쟁이 오빠는 한 부모 밑에 태어나 피를 나눈 사이다. 그러나 아빠가 되는 오빠는 20대가 되도록 어디서 무엇을 하며 지냈는지 생판 모르는 남남이다. 어디 오빠뿐이랴. 형, 누나, 동생은 본래 피를 나눈 형제자매들인데 어느새 그렇지 않은 사이에서도 쓰인다. 심지어 처음 보는 낯선 사람에게도 어머니, 아버지란 호칭을 쓴다. 본래 가족 관계에서 쓰던 말이 점차 확대되면서 나타난 자연스러운 현상이다.

가족은 우리의 삶에서 가장 가까운 사람들이다. 남자와 여자의 사랑에 온갖 초점을 맞추는 것이 노래이지만 그 남녀는 궁극적으로 결혼을 통한 가족을 꿈꾼다. 그리고 아들과 딸이 태어나 가족관계로 엮인다. 이렇게 맺어진 사람들이 노랫말에 등장하는 것은 자연스러운 일이다. 그런데 노랫말에 등장하는 가족이 모두 동일한 지위를 갖는 것은 아니다. 어머니에 비해서 아버지는 인기가 떨어진다. 형과 동생은 찾는 이가 거의 없고 누나도 그리 자주 등장하지는 않는다. 그러나 오빠의 인기는 폭발적이다. 왜일까? 족보를 따라 할아버지 할머니부터 추적해 보면 그 답이 나온다. 노랫말 속의 '오빠'가 의심스럽다.

어머니와 아버지의 무게

오래전 할아버지와 할머니는 '시골'과 '쌈짓돈'으로 그려졌다. 방학을 맞은 손자 손녀들이 찾아가서 곤충채집도 하고 썰매도 타야 하니 이야기 속의 할아버지 할머니는 시골에 살아야 했다. 명절 때도 시골로 귀성歸省을 해서 찾아뵈면 세뱃돈 혹은 용돈을 쌈지에서 꺼내 주시는 것으로 그려지니 쌈지 또한 빠질 수 없었다. 이런 할머니 할아버지들은 아이들의 어릴 적 추억 속에 강하게 남게 된다. 그러나 노랫말 속에서는 할아버지 할머니가 영 인기가 없다. 이 노래가 아니었으면 정말 많이 섭섭할 뻔했다.

> 할아버지 그 하얀 수염 쓰다듬으시며 언제나
> 이웃 복덕방에 내기 장기 두러 나가셨지
> 하하하 웃는 빨간 얼굴에 그 하얀 수염 울 할아버지 생각나네
> • 강산에 작사, 강산에 노래, 〈할아버지와 수박〉, 1993

할아버지와의 추억이 있는 사람은 이 노래를 들으면 코가 찡해진

다. 그러나 그런 추억이 없는 사람들에게는 노랫말 속에 등장하는 할아버지가 낯설기만 하다. 아버지를 보며 '두만강 푸른 물'을 떠올리고, 어머니를 보며 '바람 찬 흥남부두'를 떠올리는 강산에이니 이런 노래를 만들었지만 다른 이들은 별로 관심이 없다. 자고로 노래는 사랑 이야기로 채워야 되는 법이니 할아버지 할머니에게까지 관심을 쏟기 어렵다. 겨우 '할아버지 할머니도 춤을 춰요'(〈DOC와 춤을, 1997〉 김창렬 작사, DJ DOC 노래)가 생각날 뿐이다.

할아버지는 제목에 딱 두 번 등장하고, 할머니는 '외할머니'가 한 번 등장한다. 가사에는 각각 85회와 83회가 등장하는데 언뜻 보면 많아 보여도 노랫말에 등장하는 명사 중 0.01퍼센트에 불과하다. 노랫말이 온 가족을 다 그려야 하는 것은 아니니 노랫말을 탓할 이유는 없다. 요즘에는 방학과 명절이 아니더라도 시시때때로 볼 수 있는, 시골이 아닌 아파트에 살고 있는 할아버지와 할머니이니 그리 애틋한 마음을 가질 대상을 아니다. 돌아가시게 되면 잠시 그립지만 그 마음을 노래에 담을 정도는 아니다. 노래는 다소 먼 대상에 대한 옅은 그리움을 위해서 그리 큰 자리를 만들지는 않는다.

아버지와 어머니에 이르러서는 사정이 좀 달라진다. 조부모와는 2촌인데 부모와는 1촌이므로 마디 하나가 줄어서 그런 것만은 아니다. 그 뱃속에서 태어나 품속에서 자랐으니 말 그대로 살을 맞대고 사는 가족이니 느낌이 각별하다. 나이가 들어 다른 남자와 여자에 마음을 빼앗기기 전까지는 가장 가까이에 있는 남자와 여자이니 더더욱 그렇다. 사정이 이러니 아버지와 어머니는 제목이든 가사이든 꽤 많이 등장한다.

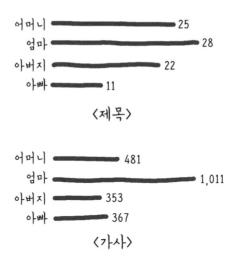

〈제목〉

〈가사〉

그러나 아버지에 대한 차별 대우는 눈에 띌 정도로 심하다. 제목에서는 각각 53회와 33회가 나타나 그리 큰 차이가 없는 것으로 보일 수도 있다. 그러나 '아빠'가 11회인데 '허수아비'가 8회나 등장하는 것과 비교하면 약간 씁쓸해진다. 게다가 가장 유명한 아빠가 〈기러기 아빠〉(김중희 작사, 이미자 노래, 1969)임을 생각하면 더더욱 그렇다. 가사에서는 그 차이가 확연히 드러난다. 아버지는 어머니의 반에도 못 미친다. 어머니는 '친정어머니, 시어머니, 새엄마'까지 등장한다. 친근하게 부르는 말인 '엄마'와 '아빠'는 더 큰 차이를 보인다. 아빠들이 억울해할 일은 아니다. '평소에 좀 사근사근하게 대할걸' 반성해 보는 게 낫겠다.

어머니는 노랫말에서 갖가지 모습으로 등장한다. 당연히 친근하고, 사랑스럽고, 고맙고 그리운 존재다. 그리고 이렇게 삶 속에서 애틋하게 그려지기도 한다.

> 어머니는 고등어를 절여놓고 주무시는구나
> 나는 내일 아침에는 고등어구일 먹을 수 있네
> 나는 참 바보다 엄마만 봐도 봐도 좋은걸
> • 김창완 작사, 김창완 노래, 〈어머니와 고등어〉, 1987

그래도 아버지들에게 위로가 되는 노래가 하나 있다. 요즘이야 환갑은 그저 생일날 중 하나이니 그냥 넘어가지만 칠순이나 팔순까지 살면 자식들이 어색한 물개박수와 함께 부르는 이 노래는 꼭 한 번쯤은 들을 수 있다. 물론 자상한 자식들이 성씨는 바꿔준다.

> 아들딸이 잘되라고 행복하라고 마음으로 빌어주는 박영감인데
> 나에게도 아직까지 청춘은 있다 원더풀 원더풀 아빠의 청춘
> • 반야월 작사, 오기택 노래, 〈아빠의 청춘〉, 1966

힘센 아내, 힘없는 남편

페이스북이 선보이기 전 우리에게는 '싸이월드'라는 또 다른 세계가 있었다. 이미 추억이 돼버린 공간이지만 '미니홈피'와 '일촌'으로 기억이 되기도 한다. 무심코 받아들이고 수없이 많이 맺었던 일촌은 본래 의미대로라면 꽤나 '무거운' 관계를 나타내는 말이다. 부모와 자

식 사이, 형제 사이만 일촌이니 웬만큼 유전자를 공유하지 않고서는 결코 쓸 수 없는 말이다. 그런데 아예 촌수 개념이 없는 관계가 있으니 바로 부부 사이가 그렇다. 부부가 있어야 일촌들이 비로소 만들어지는데 그들 사이에는 촌수가 없는 것이다. '영촌'이란 말로 위로를 해보기는 하지만 숫자 0은 아무것도 없다는 뜻이니 전혀 도움이 되지 않는다.

그래도 부부는 노랫말에서는 대접을 받을 만한 자격을 갖췄다. 누군가의 부모이기 이전에 남편과 아내이고, 남편과 아내이기 이전에 남자와 여자이니 그렇다. 가족 간에도 '사랑'이란 말을 쓰는데 다른 가족 구성원과 느끼는 것과는 다른 종류의 사랑의 감정을 느끼는 사이다. 남자와 여자의 사랑 이야기라는 노랫말의 공식에 딱 맞는 관계이니 많이 등장하는 것은 당연하다. 게다가 영촌이지만 가족으로 엮인 관계이니 이 속의 애틋함도 더해질 수 있어 노래로 만들기에 좋은 관계이다.

그렇다고 '부모'만큼 '부부'가 노랫말에 많이 등장하는 것은 아니다. 부부가 남녀 사이이긴 하지만 '불타는 사랑'을 하는 관계는 아니다. 이런 사랑은 '남편과 아내'라는 특별한 관계가 아닌 '남자와 여자'라는 일반적인 관계를 통해서 얼마든지 노래할 수 있다. 부부도 가족이긴 하지만 부모 자식 간의 끈끈하고도 지속적인 사랑을 표현할 관계도 아니다. 그렇다 보니 부부를 가리키는 단어 모두를 모아 등장 횟수를 따져봐도 200회를 겨우 넘는다.

그러나 부부와 관련된 노래에는 다른 관계에서는 느끼기 어려운 애틋함이 느껴진다. '부부'는 그저 법전에나 있을 법한 단어로 느껴지는데 제목에는 5회, 가사에는 66회가 나타난다. 〈부부〉, 〈명랑한

부부〉, 〈다정한 부부〉, 〈주말 부부〉, 〈멋진 부부〉 등의 제목으로 나타
나니 다소 무미건조하게 느껴지기도 한다. 그러나 이 노래는 '부부'
의 의미를 진하게 되새겨준다.

> 세월은 그렇게 흘러 여기까지 왔는데
> 인생은 그렇게 흘러 황혼에 기우는데
> 다시 못 올 그 먼 길을 어찌 혼자 가려 하오
> • 김목경 작사, 김목경 노래, 〈어느 60대 노부부의 이야기〉, 1990

성인이 되기까지 모르는 사람으로 지내다가 만나서 결혼을 하면
여자에게는 '남편'이 생기고 남자에게는 '아내'가 생긴다. '여보', '당
신', '자기'란 생소한 호칭으로 서로를 부른다. 그리고 할 수만 있다
면 '검은 머리가 파뿌리가 되도록' 같이하고 싶어 한다. 현실에서는
끝없이 다투며 서로를 증오할지 몰라도 노래에서는 그렇지 않다. 그
리고 현실에서는 거의 쓰지 않는 '아내'란 말이 노래에서는 빈번히
등장한다.

> 젖은 손이 애처로워 살며시 잡아본 순간
> 거칠어진 손마디가 너무나도 안타까워서
> 나는 다시 태어나도 당신만을 사랑하리라
> • 조운파 작사, 하수영 노래, 〈아내에게 바치는 노래〉, 1976

현실에서는 '마누라'이지만 노래에서만은 '아내'가 된다. 제목에서

는 '아내'가 17회 나타나고, 가사에서는 112회나 나타나니 꽤나 많이 나타나는 편이다. '아내'는 사람을 부를 때 쓰는 말이 아닌, '처', '집사람', '안사람' 등과 같이 사람을 가리킬 때 쓰는 말이다. 그런데 다른 말과 달리 '아내'에서는 왠지 모를 애틋함이 느껴진다. 실제로 '아내'가 제목에 포함된 대부분의 노래가 한 남자의 여자로 살면서 겪는 삶의 애환을 이야기하고 있다. 거슬러 올라가면 '임께서 가신 길은 영광의 길이옵기에 이 몸은 돌아서서 눈물을 감추었소'로 시작되는 〈아내의 노래〉(유호 작사, 심연옥 노래, 1947)부터 '무엇 하나 잘하는 것 없는 나인데 그런 나를 믿고 와준 고마운 사람'이라 노래하는 〈아내에게〉(김태훈 작사, 쿨 노래, 2006)까지 대부분 그렇다.•

그런데 '부부'의 반쪽인 '남편'은 억울할 법도 하다. 제목에 '남편'이 포함된 것은 〈남편에게 바치는 노래〉가 유일하다. 가사에는 38회 등장하는데 '아내'에게서 느껴지는 애틋함과는 거리가 있다. 아내를 귀찮게 하는 남편이자 귀찮아하는 남편으로 그려진다. 아내의 극진한 정성을 몰라주는 남편, 속만 썩이는 남편이다. 이것이 사실이라면 남편들은 반성해야 한다. 반대로 모함이라면 거세게 항의해야 한다. 그러나 항의는 어려울 듯하다. 노랫말속의 아내와 남편이 현실과 그렇게 큰 차이를 보이지는 않는다. 특히 과거에는 그랬다. 차차 나아

• '아내'라는 단어에서 애틋함이 느껴지기는 하지만 본래의 뜻은 별로 애틋하지 않다. 다소 설명이 어려운 부분이 있기는 하지만 '아내'의 옛말 '안해'는 '집 안에 있는 사람'의 뜻과 관련이 있어 보인다. 여자를 뜻하는 다른 말인 '아낙네'에서 '아낙'도 평안도 말에서는 '안'이라는 뜻이니 역시 관련이 있다. 본래의 뜻은 이렇더라도 오늘날 '아내'는 '마누라'보다는 격이 높은 단어인 것은 분명하다. '마누라'는 남녀를 불문하고 본래 지체가 높은 사람을 가리키던 말이었는데 어느 순간부터 '아내'를 낮추어 부르는 말이 되었다.

지고는 있더라도 만족할 만한 수준은 아니다.

〈남편에게 바치는 노래〉는 〈아내에게 바치는 노래〉 덕에 나온 것으로 보인다. '남편'이 제목에 쓰인 유일한 곡마저 이러한 상황이니 안타깝기는 하다. 하지만 노래가 여성 친화적임을 감안하면 조금이나마 위안이 된다. 그렇더라도 나쁜 남편과 착한 아내로 편을 가르는 것은 바람직하지는 않다. 억지로 남편을 위한 노래를 만들 수도 없는 노릇이다. 그래서 서로가 나란히 손잡고 늙어가는 '어느 60대 노부부의 이야기'가 더더욱 고맙다.

'오빠'의 변천사

남편과 아내가 있어야 가정이 구성되고 그 사이에 아이가 생겨야 비로소 엄마와 아빠가 된다. 아이가 둘 이상이 돼야 형, 누나, 오빠, 누이, 아우 등의 관계가 형성될 수 있다. 이런 점을 감안하면 형제간의 관계를 나타내는 말은 산술적으로는 대등한 지위이니 노랫말에도 대등하게 등장해야 한다. 그러나 노랫말에서는 오빠가 다른 모든 것을 압도한다. 이는 오빠라는 존재가 노랫말에서 특이한 지위를 차지하고 있음을 말해준다.

〈오빠는 풍각쟁이야〉에 등장하는 오빠는 그리 사랑하고 믿을 만한 모습은 아니다. 그러나 한 가지 확실한 것은 이때의 오빠는 혈연으로 맺어진 '진짜 오빠'라는 점이다. '오빠라고 부르리까, 선생님이 되옵소서'(조명암 작사, 이화자 노래, 〈목단강 편지〉, 1942)와 같이 혈육이 아닌 오빠도 있지만 이른 시기의 노래에 노랫말에 등장하는 오빠는 대부분 친오빠이다. 오빠라는 말 자체가 본래 가족이나 친인척 간에서만 쓰는 말이니 이는 당연한 결과이기도 하다.*그래서 이때의 오빠는 물보다 진한 피가 끌어당기는 오빠이지 애끓는 사랑에 목메어 부르는 오빠는 아니다.

그런데 노랫말 속의 '오빠'는 시대에 따라 그 의미가 달라진다. 노랫말에 등장하는 '오빠'의 시대별 추이는 다소 들쭉날쭉하긴 한데 곡목 수와 '오빠'의 출현 횟수를 비교해보면 재미있는 결과가 나타난다. 2000년도 이전까지 발표된 노래 6,773곡에 등장하는 '오빠'를 모두 합쳐봤자 64회에 불과해 극히 드물게 나타난다. 그런데 2000년도 이후의 19,478곡에는 오빠가 784번이나 등장한다. 곡당 등장횟수를 비교해보면 네 배나 늘어난 것이다. 최근 들어 노랫말의 길이가 길어졌기 때문에 그에 따라 '오빠'의 출현 빈도가 높아질 가능성도 커진다. 그러나 이것만으로는 모든 것이 설명되지 않는다. 최근에 들어 노래에서 '오빠'를 간절히, 그리고 반복적으로 외쳐야 할 만한 이유가 있다는 것은 분명하다.

이 이유는 '오빠의 확대'에서 찾는 것이 합리적일 것이다. 나아가 가족 호칭의 범용화에서 그 이유를 찾을 수 있을 것이다. 가족을 부를

• 가족이나 친족 간의 호칭이 점차 범위를 넓혀나가는 것은 흔히 관찰되는 현상이다. '아저씨'와 '아줌마'는 부모의 사촌 부부를 부르던 말이었는데 어느 순간 부모 또래의 사람들을 아우르는 말로 바뀌었다. '형, 누나, 언니' 등도 가족이나 친족 간에만 쓰이다가 같은 또래의 사람에게 두루 쓸 수 있는 말로 확대되었다. '삼촌'은 여자들이 나이가 조금 어린 남자 종업원을 부를 때 쓰이고, '이모'는 어머니 또래의 여자 종업원에게 쓰이기도 한다. 급기야 '어머님, 아버님'도 부모 또래의 사람들 호칭으로 쓰이기도 한다.

때 쓰는 호칭이 점차 가족 이외의 사람들에게 확대되는 것은 지속적인 추세이다. 자신보다 나이가 많은 사람의 이름을 부르는 것을 극히 꺼리는 우리의 관습상 형, 누나, 오빠, 언니라고 부르는 대상이 넓어지고 있다. 자신의 오빠는 기껏해야 하나나 둘일 텐데 노랫말 속에서 이처럼 늘어나게 되는 것은 여자가 자신보다 나이가 많은 남자는 누구나 오빠라고 부를 수 있게 된 것과 관련이 있다는 점은 분명하다.

변화한 시대에 달라진 '오빠'의 의미를 가장 잘 보여주는 노래가 있다. 마음을 열고 들어도 퍽이나 당돌한 노래다. '이젠 나를 가져봐'란 구절은 옛날 기준으로 하면 심의에 걸렸을지도 모른다. 그런데 그 말을 하는 대상이 오빠다. 당연히 친오빠는 아니다. 그렇게 세월도 바뀌었고 '오빠'라 부르는 대상도 바뀌었다.

> 하지만 이게 뭐야 점점 남자로 느껴져 아마 사랑하고 있었나 봐
> 오빠 그녀는 왜 봐 거봐 그녀는 나빠 봐봐 이젠 나를 가져봐
> • 최준영 작사, 왁스 노래, 〈오빠〉, 2000

'누나'의 설움

노랫말에 나타난 '오빠의 전성시대'는 가족 호칭의 확대만으로는 설명이 되지 않는다. 산술적으로는 오빠의 수만큼 형, 누나, 언니 등이 있을 테니 이들도 같은 비율로 노랫말에 나타나야 한다. 그러나 결과는 산수를 무시한다.

동성의 손윗사람을 부르는 말은 영 인기가 없다. 그러나 이성의 손 윗사람을 부르는 말 중 '누나'에서는 두 배 가까이 늘어나더니 '오 빠'에 이르러서는 폭증한다. '현실 남매'의 모습을 생각해보면 이때의 '누나'와 '오빠'는 한 지붕 아래에서 사는 남매일 수가 없다. 현실에 서는 남매끼리 이렇게 서로를 애틋하고도 간절하게 부르지 않는다.•

노랫말 속에서 '누나'가 '오빠'한테 밀리는 이유는 이 노래로 설명 이 된다. 요즘에야 연상의 여자와 결혼하는 것이 조금 흔해졌지만 과 거에는 연상의 여자, 혹은 연하의 남자와의 교제와 결혼은 그리 흔하 지 않았다. 그래서 영혼을 엮어서 사랑했던 여인과의 사랑은 '못다 한 사랑'으로 표현되는 것이다.

> 내 젊음을 엮어서 내 영혼을 엮어서
> 사랑했던 여인 연상의 여인
> • 김성신 작사, 윤민호 노래, 〈연상의 여인〉, 1982

'연상연하'란 말에 따로 성별을 배정하지 않아도 '연상'은 여자고 '연하'는 남자다. 그러나 세월이 흐르고 세상이 조금씩 바뀐다. 그러 더니 귀엽게만 보아왔던 연하가 반란을 일으키며 이렇게 대담한 노 래를 부르게 된다. 굳이 안 될 것은 없다. '너라고 부를게'라는 말에

• 오늘날 '현실 남매'는 마치 원수지간처럼 쓰인다. '오빠와 여동생' 혹은 '누나와 남동생' 의 이성 형제의 조합은 애틋한 사이일 법도 한데 서로를 도저히 용납할 수 없는 관계로 그려지고 있는 것이다. 친남매가 이렇게 원수처럼 그려지는 것에 비해 피를 나누지 않은 사이는 죽고 못 사는 관계가 된 것도 흥미롭다.

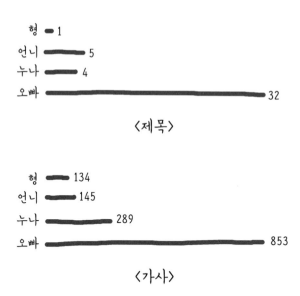

형 ● 1
언니 ━━━ 5
누나 ━━━ 4
오빠 ━━━━━━━━━━━━━━━━━━ 32

⟨제목⟩

형 ━━ 134
언니 ━━━ 145
누나 ━━━━━ 289
오빠 ━━━━━━━━━━━━━━━━━ 853

⟨가사⟩

서 허세가 느껴지기도 하지만 한편으로는 귀엽고, 다른 한편으로는
듬직하기도 하다.

> 나를 동생으로만 그냥 그 정도로만 귀엽다고 하지만
> 누난 내게 여자야
>
> • 싸이 작사, 이승기 노래, ⟨내 여자라니까⟩, 2004

이에 뒤질세라 남자 또한 자신을 오빠라 부르는 여자에게 자신의
마음을 자유롭게 표현할 수 있다. 자신보다 나이는 어리지만 친구
같이 여기다가 사랑까지 느낄 수 있는 대상이 누이이고, 그 누이에
게 자신은 오빠이다. 비록 그 오빠가 '손만 잡아도 좋아'라며 뻔한 거

짓말을 하기도 하고, '평생토록 책임질게'라고 책임지지 못할 말을 하기는 해도 믿음직한 존재인 것은 사실이다. 그리고 평생의 동반자가 되어 '오빠'에서 '아빠'로, 혹은 '자기'나 그 다른 무엇이 되어 살아간다.

> 언제나 내겐 오랜 친구 같은 사랑스런 누이가 있어요
> 나의 가슴에 그대 향한 마음은 언제나 사랑하고 있어요
> • 이수진 작사, 설운도 노래, 〈누이〉, 1999

> 오빠 한번 믿어봐 너만 바라보리라 평생토록 내가 안아줄게
> 손만 잡아도 좋아 속보이는 말이 아냐 오빠 한번 믿어봐
> • 박진형/윤경 작사, 박현빈 노래, 〈오빠만 믿어〉, 2007

노래가 어차피 사랑타령이고, 사랑타령을 하려면 타령을 들어줄 대상이 있어야 하니 그 대상으로서 오빠만큼 만만한 것이 없다. 형과 언니는 우애의 대상이니 사랑타령이 주류인 노래에 굳이 등장할 필요가 없고, 누나는 조심스러운 연모의 대상이니 대놓고 사랑타령을 할 수가 없다. 그러나 오빠는 다르다. 둘 사이에선 '나만 바라봐'라고 투정을 해도 되고, '오빠만 믿어'라고 허세를 부려도 된다. 그렇게 오빠는 노래에서 결코 빠져서는 안 되는 존재이다. 현실 속에서는 어쩔 수 없이 이별을 하게 된 오빠도 많겠지만 앞으로 오랜 세월 동안 오빠는 노랫말 속에 잘 있을 것이다.

너를 만나 사랑했다 행복했었다 날 두고 떠나갈 수 있나
잃어버린 세월에 내 이름 생각난다면 오빠는 잘 있단다

• 조만호 작사, 현숙 노래, 〈오빠는 잘 있단다〉, 2002

'오빠'가 점점 늙어가고 있다. '아저씨' 혹은 '사장님'이라고 불릴
사람들이 스스로를 '젊은 오빠'라고 우기는 것도 이유 중 하나이지만
진짜 심각한 이유는 다른 데 있다. 결혼하는 나이가 점점 늦어지고
있다. 일찍 하고 싶어도 할 수 없는 현실의 반영이다. 삶이 팍팍해지
니 '오빠 한번 믿어봐'라고 허세를 부리기도 쉽지 않다. 먹고살 걱정,
애 키울 걱정 때문에 할 수만 있다면 비혼을 선택하는 사람도 늘어가
고 있다. 결혼이 필수인 것은 아니지만 노랫말은 남자와 여자가 만나
사랑의 결실을 맺는 것에 여전히 최고의 가치를 두고 있다. 그래야
오빠와 누나, 그리고 동생들이 또 다른 노랫말을 이어갈 수 있다.

14
우정, 그 씁쓸함에 대하여

노래를 만드는 이나 부르는 이 모두 소위 '대박'을 꿈꾼다. 대박이라 함은 노래가 선보이자마자 폭발적인 인기를 누려 음반이 수없이 팔려 나가고, 라디오와 텔레비전을 통해 사방에서 노래가 들리는 것을 말한다 책으로 친다면 베스트셀러요, 음반으로 친다면 밀리언셀러 정도가 대박일 것이다. 그러나 책에도 스테디셀러가 있듯이 노래에도 그런 것이 있다. 처음에는 주목을 받지 못하다가 시간이 지나면서 조금씩 입소문, 귀소문을 타고 번진 노래가 그것이다. '다시 또 누군가를 만나서 사랑을 할 수 있을까'로 시작되는 〈사랑 그 씁쓸함에 대하여〉(이병우 작사, 양희은 노래, 1991)가 그중 하나다. 발표한 지 10년이 지난 뒤 많은 사랑을 받기 시작해 지금은 모두가 듣는 사랑노래가 되었다.

이 노래의 유명세는 다른 데서도 증명된다. 이 노래가 없었다면 오마주든 패러디든 '우정, 그 씁쓸함에 대하여'(10cm 작사, 10cm 노래, 2011)라는 제목은 불가능했을 것이다. 사랑에 대한 노래는 가슴을 서늘하게 적셨는데 이 노래는 짜증을 최대한 이끌어낸다.

이 노래에서 같은 방의 친구는 '하루가 멀다 하고' 삼겹살 냄새로

방을 채우고, 자신에게 꾼 돈으로 탕수육을 먹고 모범택시를 탄다. 먹는 것만 밝히는 것도 모자라 수시로 여자 친구를 바꾼다. 급기야 '내 돈만 다 받아내면 살 만해'라고 말한다. 순간 의문이 든다. 왜 친구가 이토록 '웬수'로 그려져야 하는 것일까. 왜 우정은 이리 씁쓸하게 묘사되어야 하는 것일까.

친구, 고유어인지 한자어인지 헷갈리는 단어 중 하나다. 딱 봐도 한자어일 것 같고 사전에서 '親舊'라 되어 있으니 헷갈릴 이유가 없어 보이기도 한다. 그러나 한자를 한 자 한 자 뜯어보면 이상하다. '親(친할 친)'은 말 그대로 친하다는 뜻이고, '舊(옛 구, 오래 구)'는 오래됐다는 뜻이다. 본래 '親故'에서 '親'은 요즘으로 치자면 친척의 의미이고 '故(옛 고)'는 오늘날의 친구의 의미이다. 결국 친척과 친구를 함께 일컫는 말이었는데 글자도 바뀌고 용법도 바뀌면서 벗만을 가리키는 말로 바뀐 것이다.

노랫말에서 친구는 심심찮게 나타난다. 명사들만의 순위를 따져보면 제목에서는 15위(140회), 가사에서는 39위(4,556회)이다. 사람과 관련된 명사 중에 '친구'보다 앞 순위에 놓인 것은 '사람, 여자, 남자' 셋밖에 없다. 적어도 노랫말에서는 사람 중에서 남자와 여자 다음으로 중요한 것이 친구인 셈이다. 남자와 여자는 사랑에 관련된 말이고, 친구는 우정과 관련된 말이다. 결국 노랫말에서는 사랑 다음에 우정인 것이다.

그런데 과연 그럴까? 노랫말에서는 친구의 어원이 아니라 친구의 의미와 용법이 헷갈린다. 부르는 사람마다 다르고, 시대마다 다르다. 앞뒤에 어떤 단어가 붙는가에 따라서도 다르다. 세월이 흐를수록 노랫말 속에는 친구가 아닌 '친구'도 점점 늘어난다.

사라진 '동무'

고인이 된 김남주 시인은 '삼팔선은 삼팔선에만 있는 것이 아니다'라고 같은 제목의 시에서 반복적으로 되뇐다. 삼팔선이 휴전선으로 바뀌긴 했지만 말에도 삼팔선이든 휴전선이든 있는 것은 분명하다. 분단이 되면서, 서로 체제가 남북에 들어서면서부터 말에도 선이 그어진다. 그리고 말 중의 일부는 사라지게 된다. '친구'와 같은 의미로 쓰이던 '동무'가 그중 하나다. 사전의 정의대로 늘 친하게 어울리는 사람, 어떤 일을 짝이 되어 함께 하는 사람이란 의미인데 북쪽에서 혁명을 위하여 함께 싸우는 사람을 일컫다 보니 우리는 쓸 수 없는 말이 되어버렸다.

'동무'와 '친구'가 같은 뜻이라는 사실은 이 노래가 정확히 보여준다.

> 너 간 곳이 어드메냐 사랑하는 우리 친구
> 새 울고 꽃 피는 그 봄은 다시 와
> 동산에는 나비 날고 시냇물은 흐르건만
> 가버린 동무야 무심도 하구나
> • 김영 작사, 남해성 노래, 〈동무의 추억〉, 1932

한 노래 속에 '친구'와 '동무'가 번갈아 쓰이니 둘 사이에 뜻의 차

이는 없음을 알 수 있다. 이은상이 작사를 한 가곡 〈동무 생각〉에서
도 '청라 언덕과 같은 내 맘에 백합 같은 내 동무야'가 자연스럽게 쓰
였다. 본래의 제목이 〈思友사우〉였다가 한자 제목이 어렵다고 하여
〈동무 생각〉으로 바꾼 것도 그렇다. 1950년 이전의 노랫말에서는
'친구'와 '동무'가 각각 10회, 12회가 나타나니 빈도나 의미나 큰 차
이가 나타나지 않는다. 그런데 이후에는 '동무'가 급격히 줄어들고
'친구'만 사용된다. 당연한 결과다. 소위 '빨갱이'들이 쓰는 단어인
'동무'를 일상에서 쓰기도 어려운데 노랫말에서는 더더욱 쓸 수 없는
것이다. 1967년에 창간되어 1987년에 종간된 잡지 〈어깨동무〉의 제
호로 오랫동안 사용된 것이 오히려 신기하다.•

친구와 비슷한 뜻을 가지고 있는 '벗' 또한 노랫말에서는 드물다.
대중가요가 자리를 잡기 시작한 무렵에 '벗'은 이미 옛말, 혹은 책속
에만 등장하는 말이기 때문이다. 윤선도의 시조 '오우가五友歌'에서
는 '내 벗이 몇인가 하니'라고 자연스럽게 시작하지만 1900년대 초
에는 이미 일상적인 용법에서 '벗'이란 단어는 사라지고 난 뒤였다.
분석 대상이 된 노랫말 전체를 뒤져봐도 '벗'은 127회 등장하는데 이
는 노랫말에 거의 나타나지 않을 것 같은 '혀'가 등장하는 수와 같다.
이래저래 결국 '친구'만 남게 되었다. 그리고 그 친구는 노랫말 속에
서 다소 복잡한 의미로 변화에 변화를 거듭한다.••

• 구전되는 동요에서도 '동무'가 발견된다. '어깨동무 깨 동무 미나리 밭에 깨 반찬'이나
'어깨동무 내 동무 싸리 밭에 깨 동무'라는 가사로 된 동요가 불리기도 했다. 구전 동요
중에서 아직도 불리는 것이 있지만 이 동요는 거의 들을 수 없는데 가사 속의 '동무'도
원인이 됐을 것으로 보인다.

'친구'는 남성명사?

'친구'는 남성명사인가? 우리말을 안다면 말도 안 되는 질문이다. 독일어나 프랑스어에서는 단어의 성을 구별하지만 우리말에서는 그런 법이 없다. 그럼에도 불구하고 우리말의 '친구'는 남성명사이다. 문법적으로 그렇다는 것이 아니고 실제의 용법에서 주로 남자와 남자 사이에서 쓰인다는 뜻이다. 노랫말에서는 더더욱 그렇다. 정확한 통계를 내기는 어렵지만 노래 속에서 친구를 부르는 가수는 대개 남자이고 그 대상 또한 그렇다. 세월이 흐르면서 조금씩 바뀌긴 했지만 적어도 '친구'가 '본래의 의미'였을 때는 그랬다. 그러한 특성은 다음의 노래에 잘 드러난다.

여보게 친구 웃어나 보게
어쩌다 말다툼 한번 했다고 등질 수 있나
아하 자네와 난 친구야 친구
• 전우 작곡, 박상규 노래, 〈친구야 친구〉, 1975

노래에 등장하는 호칭 '여보게'나 문장의 끝에 나타나는 소위 '하

•• '친구'는 한자로 '親舊'라 쓰는데 한자의 뜻만으로 보면 '친하고 오래된' 정도의 뜻이다. 따라서 사전에서는 첫 번째 뜻을 '가깝게 오래 사귄 사람'이라고 풀이하고 있다. 그러나 오늘날에는 두 번째 뜻풀이인 '나이가 비슷하거나 아래인 사람을 낮추거나 친근하게 이르는 말'로 더 많이 쓰인다. 나이가 좀 더 들게 되면 자신보다 나이가 조금 많더라도 친구의 범위에 넣기도 한다.

게체'는 주로 남자들이 쓰는 말투다. 물론 여자들도 이 말투를 쓸 수 있다. 교양이 넘치는 어머니가 사회적 신분이 높은 아들에게 대우해서 말할 때 가끔씩 쓰기도 한다. 그나마 딸의 짝을 지워주면서 만나게 되는 낯선 남자, 손님인지 또 다른 자식인지 헷갈리는 사위한테 자유롭게 쓸 수 있는 말투이다. 그러나 일상의 용법에서 '여보게'의 대상은 남자이고, '하게체'를 쓰는 이나 그 말을 받는 이도 남자다. 그래서 '여보게'와 '하게'가 등장하는 〈친구야 친구〉는 '친구'가 남성 명사임을 분명하게 보여준다.

'친구' 하면 자연스럽게 연상되는 단어는 '우정'이다. 친구와 친구 사이에 움트는 감정을 가장 자연스럽게 표현하는 말이 '우정'인 것이다. 이 '우정'은 '사랑'과 묘한 긴장관계를 유지한다. 적어도 일상적인 용법에서 '우정'은 동성 간의 관계에 쓰는 말이다. 동성 간이라도 여자와 여자 사이보다 남자와 남자 사이에 많이 쓰인다. 이에 반해 사랑은 이성 간의 관계에서 주로 쓴다. 이렇게 보면 '우정'은 꽤나 제한적일 수밖에 없다. 주로 남자들이 쓰고, 노랫말에서도 남자가 화자가 되어 남자에게 노래를 불러줄 때만 등장한다.

사정이 이렇다 보니 노랫말에서 '사랑'과 '우정'의 등장 횟수는 비교가 불가능할 정도이다. 제목에서 '사랑'은 1,524회나 등장하는데 '우정'은 9회밖에 등장하지 않는다. 가사에서도 사정은 비슷해서 '사랑'은 43,583회 등장하고, '우정'은 1,524회 등장한다. 비율로 치면 제목에서든 가사에서든 '우정'은 '사랑'과 비교하면 3.5퍼센트 수준밖에 되지 않는 것이다. 그만큼 우정이 하잘것없는 것인가? 꼭 그런 것만은 아니다. 노래 자체가 '사랑타령'이다 보니 어쩔 수 없다. 게다가 '사랑'에는 꼭 남녀 간의 사랑뿐만 아니라 부모 자식 간의, 그리고 보다 많은 대상과 주체 사이에서의 느낌도 포함하니 훨씬 쓰임새가 많다. 반대로 '우정'은 '여보게 친구'라고 부를 수 있는 사이에서나 주로 쓰는 말이니 그 쓰임의 폭이 좁을 수밖에 없다.

사랑과 우정 사이

노랫말에 등장하는 사람 관련 단어 중에 '남자, 여자' 다음으로 등장하는 것이 '친구'이니 사람 사이의 관계에서 친구가 얼마나 중요한 존재인지, 그리고 그 사이에 움트는 우정이 얼마나 중요한 감정인지를 간접적으로 느낄 수 있다. 그런데 이상하다. 노랫말에서 '친구'를 지나 '우정'까지 살펴보면 묘한 기류가 감지된다. 그 기류는 제목에서 먼저 느껴진다. '우정'으로 포장되어 있지만 그 우정이 뭔가 좀 이상하다.

우정	무한 우정
돌부리 우정	여인 우정
흔들린 우정	사랑과 우정
휘둘린 우정	사랑과 우정 사이
우정, 그 쓸쓸함에 대하여	

제목에 '우정'만 나오거나 '무한' '돌부리' 등이 붙은 것은 누가 봐

도 친구 사이의 우정을 노래하는 것으로 보이고 실제 노랫말도 그렇다. 그러나 〈여인 우정〉이란 제목은 '친구'가 남성 명사이고 '우정'이 남자 사이에서나 쓰인다는 일반론에 어긋난다. 아니나 다를까 가사를 보면 '선생님을 애인이라 부르오리까 그대를 사모하던 어느 동안에 나도 몰래 사랑으로 변했답니다'라고 되어 있으니 결국은 사랑노래다. 앞에 붙은 수식어를 보면 '흔들린'과 '휘둘린'이다. 무엇 때문에 흔들리고 휘둘렸을까? 그것은 '사랑과 우정'이란 다른 제목이 잘 말해 준다. 상대가 이성이라면 우정과 사랑 사이에서 갈등하고 있는 것이고, 상대가 동성이라면 그의 애인의 넘보고 있는 것이다.

아냐 이게 아닌데 왜 난 자꾸만 친구의 여자가 좋을까
이해해줘 내 친구야 잠시 흔들렸던 우정을
• 김창환 작사, 홍경민 노래, 〈흔들린 우정〉, 2000

'잠시' 흔들렸다가 결국 우정으로 돌아오는 것으로 결말을 맺지만 믿음이 가지 않는다. 우정을 배신하고 사랑을 느꼈다가 다시 우정을 들고 나오지만 그 서먹함이 걱정된다. 물론 그 우정도 오래 갈 거 같지 않다. 게다가 이 노래를 좋아하는 이유는 흔들린 우정을 극복한 것에 있지 않고, 그에 앞서 느낀 감정에 있다. 그리고 막장 드라마뿐만 아니라 현실에서도 우정을 아예 흔들어버리는 일도 꽤 많이 나타난다.

사랑보다 먼 우정보다는 가까운
날 보는 너의 그 마음을 이젠 떠나리

• 오태호 작사, 피노키오 노래, 〈사랑과 우정 사이〉, 2012

'연인도 아닌, 그렇게 친구도 아닌' 어색한 사이가 싫어서 떠난다니. 서로의 마음이 같다는 확신이 있으면, 부딪쳐봐서 성공할 것 같은 자신감이 있으면 '나는 떠나리'라는 말을 쉽게 하지는 않을 것이다. 대체로 남녀 사이에서는 우정보다 사랑이 더 강하고 사랑을 얻을 수 있다면 우정을 포기하는 것이 자연스럽다.

우정은 그 자체만으로도 충분히 아름답고 가치 있는 감정이지만 이것이 사랑과 비교될 때 문제가 된다. 노랫말에서는 더더욱 그렇다. 노래는 누군가에게 들려주고 싶을 때나 스스로 도취하고 싶을 때 부른다. 이때의 '누군가'는 사랑하는 사람, 특히 이성일 때 가장 큰 힘을 발휘한다. 그리고 '사랑'은 가장 강력한 도취제이기도 하다. 사정이 이렇다 보니 노랫말에서 '우정'은 씁쓸하기만 하다. 노랫말에서 친구는 너무도 천덕꾸러기이고, 우정은 하찮은 존재다.

'남사친'과 '여사친'

노랫말에 '친구'가 등장한다고 해서 그게 '진짜 친구'인 것은 아니다. 그 앞에 다른 말이 붙으면 그것은 친구이되 친구가 아닌 존재가 된다. 그저 성별을 구별하는 말일 뿐인 '남자'와 '여자'가 '친구' 앞에 붙으면 어느새 그 친구는 연인으로 탈바꿈을 한다. 묘한 일이다. '남자 친구'와 '여자 친구'는 성별을 고정시켜버린다. 앞에 붙은 '남자'

와 '여자'는 그렇게 불리는 대상의 성별을 지시할 뿐만 아니라 이 친구의 친구는 반대의 성이어야 자연스럽다. 남자 친구의 친구는 여자여야 하고, 여자 친구의 친구는 남자여야 한다. 결국 이때의 친구는 연인일 뿐이다.

'남자 친구'와 '여자 친구'는 아무래도 우리가 만들어낸 말이라기보다는 영어의 영향으로 만들어진 말로 보인다. 친구는 동성이어야 한다는 통념이 있으니 우리는 굳이 그 친구의 성별을 구별하지 않는다. 한 사람의 성별을 알면 그 사람의 친구 성별도 바로 알 수 있다. 그런데 영어에는 'boyfriend'와 'girlfriend'란 단어가 있고 이때의 'boy'와 'girl'은 소년과 소녀가 아닌 남자와 여자를 가리킨다. 다행히 그 뜻을 정확히 파악해 '남자 친구'와 '여자 친구'로 받아들이긴 했지만 우리말에는 없었던 단어의 조합이긴 하다. 이성의 친구를 가리키는 말인 영어의 이 단어를 쓸 자리에 우리는 '애인愛人, 연인戀人, 정인情人' 등을 써왔다. 그런데 어느 순간에 영어에서 받아들인 '남자 친구'와 '여자 친구'가 우리말 속에 자연스럽게 자리를 잡게 된다. 물론 '연인'의 의미로서.

이러한 양상은 노랫말에서도 확인이 된다. 제목을 살펴보면 '남자 친구'는 1999년에 처음 등장하고, '여자 친구'는 2001년에 처음 등장한다. 가사에서는 이보다 더 빨라서 '남자 친구'는 1993년에, '여자 친구'는 1990년에 처음 등장한다. 이 말들이 연인을 가리키는 말로 쓰인 것은 더 이른 시기일 테지만 노랫말에서는 1990년 이후에야 본격적으로 쓰이기 시작한 것이다. 더 자세히 들여다보면 1990년대의 가사에는 '남자 친구'와 '여자 친구'가 각각 24회와 48회가 나타난다. 그리고 2000년 이후에는 각각 130회와 153회가 나타난다. '친구'라는 이름을 달고는 있지만 실제로는 '가짜 친구'가 노랫말에 꽤나 많이 등장했음을 알 수 있다.

'남친'과 '여친'이란 말의 등장은 새로운 변화를 잘 보여준다. '남친'은 '남자 친구'의 준말이고 '여친'은 '여자 친구'의 준말이다. 두 단어 이상이 모여서 된 말이 줄임말로서 사용되는 것은 그 단어가 그만큼 널리 사용되고 있다는 증거가 된다. 뒤늦게 생겨나서 다소 조심스럽게 사용되던 이 말을 어느 순간부터는 드러내놓고 사용해도 되는 상황이 왔음을 말해주기도 한다. 제목에서 '남친'은 나타나지 않고 '여친'은 2011년에 처음 나타난다. 가사에서는 '남친'과 '여친' 모두 2005년에 처음 나타난다. 이는 줄임말이 일반화된 시기와 맞물리는 것이기도 하지만 현실에서 '남자 친구'와 '여자 친구'가 일반화된 것, 그리고 그것을 대놓고 말해도 되는 것을 간접적으로 말해준다. 다행스럽게도 '남친'과 '여친'의 등장으로 허수로 '친구'의 자리를 차지하고 있던 '가짜 친구'는 걸러낼 수 있게 된다.

거슬러 올라가보면 '남자 친구' 혹은 '여자 친구'는 1925년의 신문에서야 비로소 발견된다. 그것도 '성적 사랑을 초월한 남녀의 사랑 - 친구로서 사랑할 수가 있다'란 제목을 달고 등장한다. 이 논제는 지금도 여전히 유효하다. '친구' 앞에 아무런 수식을 붙이지 않는 우리말의 용법이나, 그 앞에 '소년'과 '소녀'를 붙여놓고 '연인'의 뜻으로 쓰는 영어의 용법이나 모두 이성 사이에서는 친구 관계가 성립될 수 없다고 단정 짓고 있다. 그것이 자연의 섭리를 따른 것이든, 사회적 학습에 의한 것이든 남녀 사이의 우정은 쉽지 않은 것이긴 하다. 그래도 여전히 이에 대한 저항은 있다.

'남사친'과 '여사친'이란 말을 굳이 만들어 쓰려는 시도가 그러하다. 각각 '남자 사람 친구'와 '여자 사람 친구'라는 기묘한 단어 나열의 줄임말이다. 남자든 여자든 모두 사람인데 굳이 '친구' 앞에 '사람'이란 말을 써서 중성화를 시도하고 있는 것이다. 그러나 이러한 저항마저도 결국은 이성 친구가 존재하기 어려움을 방증한다. 같은 사람끼리 이성의 친구를 굳이 '사람'이라고 부르는 것은 둘 사이의 관계가 언제든 친구가 아닌 연인으로 발전할 수 있는 가능성을 애써 부정하는 것이기도 하다.*

> 사랑이라 말하지 못하고 그저 친구라 하네
> 긴 날을 마주보며 살아도 친구라 하네
> 사랑이라 말하면 가슴 떨림 다신 없을까 봐
> • 강영철 작사, 한마음 노래, 〈친구라 하네〉, 1985

이래저래 '친구'와 '우정'의 적은 '연인'과 '사랑'이다. '진짜 친구' 사이에서는 이러한 대립관계는 성립되지 않는다. 그러나 '가짜 친

---

* 남사친'과 '여사친'은 영어의 'boyfriend'와 'girlfriend'가 가지고 있는 뜻에 대한 반발이라고 볼 수도 있다. 단어 자체의 조합만으로 순진하게 이해하면 'boy'와 'girl'이 모두 'friend'를 꾸며주므로 이 단어들은 '친구'를 가리켜야 한다. 그러나 영어권에서는 이 단어들이 잠자리까지 같이할 수 있는 친구, 혹은 결혼은 하지 않았지만 한 집에 살고 있는 친구를 가리키기도 하니 성별이 다르더라도 이러한 관계가 아닌 친구를 가리킬 말이 필요하게 된 것이다. 이러한 필요가 인정이 되긴 하지만 '남자'와 '여자'의 상위어 '사람'으로 성별을 중화시키려는 시도는 참신하면서도 낯설게 느껴진다.

구' 사이에서의 우정은 언제든 사랑으로 바뀔 수 있으니 위태위태하다. 그래서 노랫말에서는 '우정'이 더 서럽다. 절대적인 횟수에서도 '사랑'에 턱없이 밀리는데, 그나마 등장하는 '친구'마저도 많은 수가 '우정'이 아닌 '사랑'을 노래하고 있으니 말이다.

다시 친구를 부르게 되는 순간

새로 나오는 노래는 젊은이들을 겨냥하는 것이 당연하다. 노래의 주된 소비자층이자 최대의 수익을 올릴 수 있으니 '신상 노래'는 당연히 젊은이들의 취향을 저격한다. 그러나 '신상'은 다른 신상이 나오는 순간 바로 '구제'가 되어버린다. 그리고 그 젊은이들은 시간의 흐름에 따라 중년, 중늙은이, 그리고 늙은이가 되어 간다. 신상만 따라가던 젊은이들의 시간은 어느 순간 멈춰버린다. 노래도 그렇다. '새로운 젊은이'들은 고리타분한 구제라고 놀리지만 많은 사람들이 자신이 '젊은이'였을 때의 '신상 노래'를 가슴속 깊이 새기고 틈틈이 소환한다. 그뿐만이 아니다. 시집 장가를 간 후 어느덧 아버지가 된 순간 모르는 사이에 자신의 아버지가 좋아하던 노래를 같이 좋아하고 있음을 발견하게 된다. 슬프지만 같이 늙어가고 있음을 느끼기도 한다.

이러한 상황이 되면 친구의 본래 의미가 다시 살아나게 된다. 가끔씩 추억에 잠길 때면 어릴 적의 '불알친구'를 떠올린다. 혹은 학창시절의 친구를 떠올리면서 '오 사랑하는 친구 즐거웠던 날들 꽃피고 지는 학원 꿈같이 지냈네'(〈우정〉, 길옥윤 작사, 이숙 노래, 1975)라는 구절을 떠올리기도 한다. 젊은 시절이라면 너무 뻔해서 오히려 오글거릴 법한 '메마른 세월 속에 바람은 차도 언제까지나 변치말자 고향의 우정'(〈우정〉, 백영호 작사, 나훈아 노래, 2014))가 그리 어색하게 느껴지지 않기도 한다. 어릴 적, 집밖에서 만난 최초의 사람인 친구에게서 느꼈던 감정을 다시금 회복하는 순간이기도 하다.

이 시기가 되면 '흔들릴 우정'을 걱정하거나 '사랑과 우정 사이'에서 갈등할 일도 없다. 남자 하나와 여자 하나가 만나 가정을 이루고 사는 상황이니 그렇다. '사랑'과 '우정'의 차이를 분명하게 알게 되고, 한 사람을 두고 우정과 사랑 사이에서 갈등한 것도 먼 추억의 일이 되어버린다. 이때가 되면 비로소 친구를 다시 부른다. 그리고 '젊은 날 뛰는 가슴'을 다시 느끼기도 한다.

꿈은 하늘에서 잠자고 추억은 구름 따라 흐르고
친구여 모습은 어딜 갔나 그리운 친구여

• 하지영 작사, 조용필 노래, 〈친구여〉, 1983

'친구' 하면 남자 친구 혹은 여자 친구가 먼저 떠오르는 세대, 사랑과 우정 사이에서 흔들리는 세대는 동조하기 어렵겠지만 오래된 노래 〈친구여〉가 늘 '한국인이 좋아하는 노래'의 앞 순위를 차지하고 있는 이유가 여기에 있다. 때가 되면 친구를 사귀게 되고, 세월의 흐름에 따라 친구가 멀어지기도 하고, 삶의 과정에서 원수가 되기도 하지만 다시 친구를 부르게 되는 날이 온다. 그때가 비록 꿈이 하늘에서 잠자는 때이고, 추억은 구름 따라 흘러간 때일 수도 있지만 친구,

그리고 친구와 느꼈던 우정이 영원함을 느끼는 때이기도 하다. 노랫말 속에서 '우정'이 잠시 쓸쓸하기는 하다. 그러나 현실에서는 여전히 친구가 훨씬 오래 내 곁을 지킨다. 심지어 아내와 남편이 남자와 여자가 아닌 친구처럼 여겨질 때 비로소 백년해로가 약속된다고 이야기하기도 한다.

15
노래가 사랑한 직업, 노래로 불리는 이름

스승이 사라지고 있다. 교단의 세태를 꼬집는 말처럼 들리겠지만 현실에서와 마찬가지로 노랫말에서도 그렇다. '스승'이 들어가 있는 거의 유일한 노래 〈스승의 은혜〉가 점차 사라지고 있다. 정해진 때와 장소에서 불리는 의식요가 대개 그렇듯이 이 노래도 좀 과한 구석이 있다.

> 스승의 은혜는 하늘같아서 우러러 볼수록 높아만 지네
> 아아 고마워라 스승의 사랑 아아 보답하리 스승의 은혜
> • 강소천 작사, 〈스승의 은혜〉, 1965

그런 시절이 있었을지도 모른다. 스승의 은혜를 하늘같이 여겨 우러러 보던 시절, 스승을 마음의 어버이로 여기던 시절이 있었을지도 모른다. 그런데 요즘은 스승, 아니 선생들이 오글거린다며 이 노래를 못 부르게 하는 일도 있다. 물론 진작부터 쓰여 있는 가사를 읽었을 뿐 마음으로 부르지는 않는 학생들도 많았다. 선생과 학생이 서로 미

위하고 감시하는 세상, 양측 모두 스승의 날이 괴로워 아예 학교를 나오지 않도록 하는 세상이니 이 노래가 사라지는 것은 당연한 것일지도 모른다.

노래를 부르면서 '스승' 혹은 '선생님'을 찾는 것은 이상한 일이라 여겨질 수 있다. 유치원생이나 초등학생들의 노래라면 모를까 다 큰 어른들이 부르는 노래에 선생님이 굳이 들어갈 필요는 없다. 그런데 의외다. 직업을 나타내는 말만 찾아 비교해보면 '선생님'이 으뜸이다. 가사에서는 '선생' 또는 '선생님'이 181회나 나오고 제목에서는 9회나 나온다. 이상한 건 또 있다. 요즘 사람들은 뜻도 제대로 모를 말인 '마도로스'가 그 뒤를 잇는다. 제목에서는 '선생님' 다음으로 8회가 나오고 가사에서는 54회가 나온다. 다른 직업들은 손가락으로 꼽을 정도인데 유독 이 둘만 많이 나타난다.

현실에서 보고 들을 수 있는 말과 글을 모아놓은 말뭉치에서 가장 많이 나타나는 직업은 단연 '대통령'이다. '대통령'은 명사 전체 순위에서도 23위나 된다. 신문, 잡지 등의 시사적인 자료들이 말뭉치에 많이 포함되다 보니 자연스러운 결과이기도 하다. 노랫말에서는 대통령이 명사 순위 3,000등 밖인데 이는 '꼰대'와 같은 수준이다. 노랫말에서 특정 직업을 일컬을 이유가 별로 없으니 현실에서 보고 들을 수 있는 직업 이름과 노랫말의 그것은 다를 수밖에 없다. '선생님'과 '마도로스'뿐만 아니라 유독 노랫말에 자주 등장하는 직업들도 있다.

'선생님'은 직업이기도 하지만 호칭이기도 하다. 노랫말에 등장하는 '선생님'이 모두 학생을 가르치는 이를 뜻하는 것은 아니다. 실제 직업일 수도 있겠지만 자신보다 나이가 많은 남자를 부르는 호칭으로 '선생님'을 쓰기도 한다. 이 호칭 때문에 상당한 수의 '허수 선생님'이 노랫말에 등장하는 것이다. 상대를 부를 때 이름만큼 확실한 것은 없다. 그러나 이름을 부르기를 꺼리는 우리의 관습상 노랫말에서 사람 이름이 직접 드러나는 일은 드물다. 특히 성인 남자의 이름이 노랫말에 쓰이는 일은 드물다. 반면에 몇몇 여자 이름은 줄기차게 나타난다. 물론 대개는 결혼하지 않은 젊은 여자의 이름이다. '선생님'으로부터 '순이'에 이르기까지 노래 속에서 애절하게 부르는 이 말들 또한 '사람'에 대한 우리의 생각과 태도를 직간접적으로 보여준다.

'선생님'이 차지하던 자리

섬은 고립의 공간이다. 작은 섬이라면 사는 사람도 많지 않고, 오가는 사람도 많지 않다. 날씨가 나쁘면 연락선도 끊긴다. 잠깐 놀러 가는 것이 아니라면 예나 지금이나 타지 사람들은 가기를 꺼리는 곳이 섬이다. 그래도 반드시 있어야 하는 외지 사람 중의 하나가 선생님이다. 어느 섬마을에 총각 선생님이 부임했다.

> 해당화 피고 지는 섬마을에 철새 따라 찾아온 총각 선생님
> 열아홉 살 섬 색시가 순정을 바쳐 사랑한 그 이름은 총각 선생님
> • 이경재 작사, 이미자 노래, 〈섬마을 선생님〉, 1965

학교의 아이들도 기뻐했겠지만 정작 가슴이 뛰었던 것은 열아홉

살 섬 색시다. 그러나 섬 색시에겐 이 선생님은 더 이상 선생님이 아니다. 순정을 바쳐 사랑하게 되는 남자일 뿐이다. 이 노래뿐만 아니라 이전에 나온 노래 속의 선생님도 이러했다. '오빠라고 부르리까 선생님이 되옵소서'(조명암 작사, 이화자 노래, 〈목단강 편지〉, 1942), '선생님을 애인이라 부르오리까'(야인초 작사, 신해성 노래, 〈여인 우정〉, 1950), '선생님 아 사랑한다 고백하고 싶어도 여자로 태어나서 죄가 될까 봐'(이호 작사, 조미미 노래, 〈선생님〉, 1972) 등 죄다 그렇다. 어찌 된 일인지 모든 선생님들이 학교에는 없고 젊은 여자들의 안타까운 마음속에만 있다. 그 이유는 이 노래가 잘 보여준다.

물결 먼 길을 찾아왔네
서울 여선생 섬마을이 좋아서 떠나지 않네
바다내음 갯벌에 섬 처녀 되어 까맣게 타신 얼굴 영롱한 눈빛
• 윤익삼 작사, 양희정 노래, 〈서울 여선생〉, 1978

서울내기 여자 선생님도 섬으로 왔다. 그런데 대접이 영 다르다. 남자나 여자나 모두 선생님인데 굳이 앞에 '여'를 붙였다. 높임을 나타내는 '님'은 슬그머니 떼어내서 '선생'이 되었다. '철새 따라' 섬마을에 찾아온 총각 선생님은 섬 색시의 순정을 짓밟고 철새 따라 다시 떠날 것 같은데 이 여선생은 얼굴이 까맣게 탄 섬 처녀가 되어버렸다. 두 노래가 상징적으로 보여주듯이 노랫말 속의 '선생님'은 '남자'다. 또래의 남자들보다 먼저 성숙해지는 여자 아이들의 첫 짝사랑의 대상이 남자 선생님인 것과 같은 이치다.

그런데 세월이 흐르면서 '선생님'은 본분을 찾아가기 시작한다. '선생님의 화난 얼굴이 무섭지도 않니 네 눈앞에 노트가 있잖니 열심히 공부하세'(이성하 작사, 윤시내 노래, 〈공부합시다〉, 1983)는 제목부터 작정하고 만든 노래이니 '진짜 선생님'이 등장한다. 졸업에 즈음하여 부르는 노래, 교실의 풍경을 그리는 노래 등이 만들어지면서 선생님은 학생들을 사랑하고 열심히 가르치는 존재요, 떠나고 난 후에는 그리움의 대상으로 그려진다. 선생님을 본래의 모습으로 돌려놓은 것일 수도 있지만 '선생님'이 차지하던 자리를 '오빠'로 대신한 것이기도 하다. 나이 차이가 많고 엄하기만 한 선생님보다는 오빠가 훨씬 더 친근하기도 하다.

노랫말 속의 또 다른 '선생님'은 이 노래가 명쾌하게 보여준다. 이 노래 속의 선생님은 학교에 있는 것이 아니라 병원에 있다. 그저 호칭으로 부르기도 하고, 별다른 직함이 없는 사람 뒤에 높임의 뜻으로 부르기도 하지만 직업 이름 뒤에 붙여 대상을 높이는 용법이다. 물론 여자에게는 잘 안 쓰는 것을 생각해보면 이때의 '선생님'도 남자일 때가 많다. 이 노래 속의 선생님 또한 의사가 아닌 남자로서 처방을 해줘야 할 듯하다. 이래저래 노랫말 속의 선생님은 남자다.*

---

* 노랫말에 나타나는 '선생님'의 다양한 스펙트럼은 '선생'의 다양한 뜻을 보여주는 것이기도 하다. '선생'은 한자로 '先生'이라 쓰는데 본래는 도를 일찍, 혹은 먼저 깨달은 자를 뜻한다. 깨달음이 있으니 학예가 뛰어나고 자연스럽게 남을 가르치게 되어 배우는 사람, 즉 '학생'을 가르치는 사람의 뜻으로 쓰이게 된다. 이후 점차 뜻을 넓혀 경험이 많거나 잘 아는 사람을 비유적으로 가리키게 되기도 하고, 남을 높이기 위해 성이나 직함 뒤에 붙이는 말로 쓰이게 되기도 한다.

의사 선생님 의사 선생님 나에게 약 좀 주세요
사랑하다 병이 들어 외로운 가슴 달래주고 위로해줄 약은 없나요
　• 김상길 작사, 김용임 노래, 〈의사 선생님〉, 2000

마도로스의 전성기

근대 이후에 받아들인 외래어는 대개 영어에 기원을 두고 있다고 생각을 하는데 가끔씩은 전혀 생각지 못한 언어에서 받아들인 외래어를 만나게 된다. '빵'은 포르투갈 어에 기원을 두고 있고, '고무'는 프랑스어에 기원을 두고 있다. '페인트'는 영어에서 유래했는데 이와 같으면서도 조금 다르게 쓰이는 '뺑끼'는 네덜란드어에서 출발해 일본을 거쳐 이 땅에 들어온 말이다. 몇 안 되는 네덜란드어 기원의 외래어 중 하나가 '마도로스'인데 노랫말에 유독 많이 등장한다. 제목만 봐도 그렇다.

마도로스 수기　　　　마도로스 순정
술 취한 마도로스　　마도로스 부기
마도로스 도돔바　　마도로스 박
첫사랑 마도로스　　아메리칸 마도로스
기타 치는 마도로스

네덜란드어 '마도로스matroos'는 배의 갑판에서 특별한 면허 없이

일하는 사람을 총칭하는 말이다. '마트로스' 정도로 읽혀야 할 텐데 일본을 거쳐 들어오면서 '마도로스'로 정착됐다. 영어로 하자면 숙련된 갑판원이란 뜻의 'able seaman'이 될 테고, 우리말로 하자면 '뱃사람' 정도의 뜻이다. '뱃사람'을 낮춰 부르는 '뱃놈'이나, 작은 배의 노를 젓는 '뱃사공'보다는 나은 말이긴 한데 특별히 의미를 부여할 만한 직업과 직급은 아니다. 그런데 우리의 노래와 영화에서는 파이프 담배를 입에 물고 멋진 제복과 모자의 사나이로 그려진다. 때로는 '선장'과 같은 뜻으로 쓰이기도 한다.

마도로스가 등장하는 노래의 전성기는 1960년대이고 그 후에는 마도로스가 노랫말에서 자취를 감춘다. 이 시기에 이토록 마도로스에 열광했던 이유는 갈 수 없는 먼 곳에 대한 동경으로 압축할 수 있다. 해외로 나가는 것이 하늘의 별따기만큼 어려웠던 시절 외국을 오가는 배를 탈 수 있는 선원들은 선망의 대상이다. 머나먼 외국 땅을 제집 드나들 듯하고, 귀한 물건을 사들고 들어오기도 한다. 한번 떠나면 몇 달 혹은 몇 년을 못 보기도 하니 신비롭기도 하다. 요즘처럼 해외여행이 자유로운 시절에는 전혀 공감하기 어렵고, 오히려 자주 만날 수 없으니 기피 대상이겠지만 그 당시로서는 최고의 멋쟁이다. 물론 배의 특성상 마도로스는 남자이고, 보통 외국을 오가는 배의 선원만 마도로스라고 했으니 이국적 냄새가 풍기는 멋쟁이 남자로서 선망의 대상으로 그려진다.

마도로스와 같으면서도 다른 '뱃사공'도 우리 노래에 꽤 등장한다. '사공' 혹은 '뱃사공'이 제목에는 8회, 가사에는 67회가 등장한다. 그저 나룻배나 모는 정도의 뱃사공이 선망의 대상일 리는 없다. 그래도 베니스의 곤돌라는 '사공님'이 젓는다. 반면에 낙동강의 나루의 '처녀 뱃사공'은 애잔하다. 그래도 보통 사람들은 건널 수 없는 물을 마음껏 건너다니니 멋진 사람들이다. 이들이 건네준 사람과 물건이 모두를 기쁘게 하니 고마운 사람들이다.*

> 노를 젓던 사공님도 돌아가는가 베니스의 강 언덕에 밤새가 울면
> 맑은 바람 내 가슴에 숨어드노니 곤도라의 옛노래가 그리웁구나
> • 이규송 작사, 이애리수 노래, 〈베니스의 노래〉, 1931

> 낙동강 강바람이 치마폭을 스치면 군인 간 오라버니 소식이 오네
> 큰 애기 사공이면 누가 뭐라나 늙으신 부모님을 내가 모시고
> • 윤부길 작사, 황정자 노래, 〈처녀 뱃사공〉, 1959

세월이 흘러 뱃사공과 마도로스가 하는 일을 기장이나 승무원이 하게 됐으니 그들이 노랫말에 등장할 법도 하다. 그러나 비행기 조종사가 노랫말에 등장한 것은 전투기 조종사인 '빨간 마후라'가 거의 유일하다. 승무원 중 그나마 잘 알려진 '스튜어디스'는 두 번 정도 등장한다. 누구나 먼 나라를 갈 수 있는 세상이니 굳이 비행기를 타는

• 뱃사공 직업도 거의 없어진 오늘날 하잘것없게 느껴지기도 하지만 〈눈물 젖은 두만강〉 (김용호 작사, 김정구 노래, 1938)에 나오는 '젓는 뱃사공'은 결코 우습게 볼 수 없는 존재다. 이 노래가 만들어진 일제 강점기의 두만강은 한국, 중국, 러시아가 만나는 곳이다. 이때의 뱃사공은 한국어, 중국어, 러시아어, 일본어는 당연히 할 줄 알고, 심지어 만주어까지 하는 '국제인'이다. 단순히 사람과 배를 싣고 노를 젓는 사람이 아니라 오늘날로 치면 인적교류와 물류를 책임지는 핵심인재였던 것이다.

사람을 동경할 필요는 없다. 그립고 보고프면 비행기에 몸을 실으면 되니 더 이상 마도로스를 찾을 일도 없고, 차 타고 다리를 건너면 되니 노 젓는 뱃사공도 필요가 없다. 그렇게 노랫말은 삶을 반영하고, 사람들도 들고 나게 한다.

'땐사'와 '삐에로'

노래와 춤은 '가무歌舞'라는 말로 늘 함께한다. 둘은 엄연히 다른 영역이지만 노래에 춤이 곁들여지면 한결 흥을 돋울 수 있다. 노래를 부르며 춤을 추기도 하고, 듣는 이도 노래에 맞춰 춤을 추기도 한다. 그러나 이들이 춤을 추기는 하지만 '댄서Dancer'는 아니다. 표기에 따라서 '땐서'가 되기도 하고 '땐사'가 되기도 하는 '춤추는 댄서'는 이 노래 덕에 독특한 의미영역을 구축하게 되었다.

> 이름도 몰라요 성도 몰라 처음 본 남자 품에 얼싸안겨
> 네온사인 아래 오색 등불 아래 춤추는 땐사의 순정
> • 김영일 작사, 박신자 노래, 〈땐사의 순정〉, 1959

본래 춤바람이 만연한 1950년대를 풍자하기 위해 만들었다지만 듣는 이의 머릿속에 그려지는 '땐사'는 춤바람이 난 남녀가 아니다. 어떤 남자든 손만 내밀면 품에 안겨 함께 춤을 추어줘야 하는 '직업여성'이다. '순정'이란 말에서 찢어지게 가난한 시골, 짝사랑한 남자

의 배신, 학비와 생활비를 보태야 하는 많은 동생들이 저절로 그려진다. '땐사' 혹은 '댄서'가 무용수, 발레리나를 비롯한 백댄서, 비보이 등의 온갖 춤꾼과는 다른 느낌을 갖게 되는 것은 순전히 이 노래 때문이다.

노래가 온갖 직업의 사람들을 다 등장시켜야 할 의무는 없으니 노랫말에 나타난 직업은 극히 제한되어 있다. 그런데 많지는 않더라도 노래를 통해 많은 이들의 기억 속에 남아 있는 직업이 댄서 외에 '곡예사, 피에로, 광대' 등이다.

공 굴리며 좋아했지 노래하면 즐거웠지
흰 분칠에 빨간 코로 사랑얘기 들려줬지
　• 정민섭 작사, 박경애 노래, 〈곡예사의 첫사랑〉, 1978

술 마시며 사랑 찾는 시간 속에 우리는 진실을 잊고 살잖아
난 차라리 웃고 있는 삐에로가 좋아
　• 이승호 작사, 김완선 노래, 〈삐에로는 우릴 보고 웃지〉, 1990

'곡예사'와 '피에로'는 다른 사람을 가리키는 말인데 노랫말에서는 같은 것으로 나온다. '삐에로'로 더 많이 나타나는 '피에로'는 우리말로는 '어릿광대'대로 번역되는데 '피에로'는 노랫말 속에서 89회나 나오고 '광대'는 75회나 나온다. 이름이 무엇이든 모두가 무대에 서서 남에게 재주를 보여주며 웃음을 이끌어내는 사람들이다. 노래꾼들이 목소리로 하는 것을 이들은 몸짓과 갖가지 재주로 하는 것이 다

를 뿐이다. 하는 일이 같으니 묘한 동질감을 느끼며 노랫말 속에 자주 등장시키고 있다. 피에로가 등장하는 대표적인 노래는 멋진 춤과 함께 선보인 〈삐에로는 우릴 보고 웃지〉이지만 흥미롭게도 2000년 이후에 '피에로'과 제목에 들어간 노래가 8곡이나 된다.

광대는 광대이지만 '어릿'한 광대에 자꾸 마음이 끌리는 듯하다. '광대'는 노래를 부르고 연기도 하고 각종 재주를 선보이는 '직업적 예능인'이다. 그런데 앞에 '어릿'이 붙는다. 어원이 불분명하기는 하지만 '어릿'은 '어리석다'와 관련이 있어 보인다. 결국 우스꽝스러운 연기를 보여주는 광대 정도의 뜻이다. 피에로는 분장만 봐도 짠한 느낌이 든다. 누군가는 '칼 군무'를 추는 '아이돌 댄서'를 보면서도 그런 느낌을 갖는다. 예쁘고 멋진 춤에 열광하면서도 칼처럼 춤을 추기 위해 얼마나 많은 연습을 했을까 생각하면 짠하다. 어릿광대 같은 '발 연기'를 볼 때도 애잔하긴 마찬가지다. 너무 욕할 일은 아니다. 누구든 '어릿광대' 시절을 보내야 '얼럭광대'가 된다.

'순이'에서 '희야'까지

〈댄서의 순정〉의 주인공은 이름도 성도 모르는 사람과 춤을 추지만 자신의 이름은 노래 속 어딘가에 남겨두었다.

> 그날 밤 극장 앞에서 그 역전 캬바레에서 보았다는
> 그 소문이 들리는 순희

이름조차 에레나로 달라진 순희 순희

• 손로원 작사, 한정무 노래, 〈에레나가 된 순희〉, 1954

'다홍치마를 입고 석유 불 등잔 밑에 밤을 새면서 실패 감던 순희'의
사연은 우리가 그리는 이름 모를 '땐사'의 그것과 다르지 않다.* 그런
데 왜 하고 많은 이름 중에 '순희' 혹은 '순이'일까? '순이'가 누구이
기에 노랫말 속에 그리도 많이 등장하는 것일까? 노랫말에 등장하는
이름은 왜 거의 여자 이름일까? 노래는 위인전이 아니고, 소설도 아
니니 사람 이름이 등장할 이유는 없지만 몇몇 이름은 노랫말 속의 직
업만큼이나 전형성이 있다.

　역사 속에 이름을 남긴 이라면 노랫말에 등장하는 이유를 조금이
나마 납득할 수 있다. 노래 한 곡으로 '한국 위인 전집'을 쓰려 했던
〈한국을 빛낸 백 명의 위인들〉을 제외하면 옛날 사람들의 이름을 노
랫말에서 보기는 어려운데 유독 춘향(21회), 황진이(26회), 논개(14회)
가 빈번하게 등장한다. 이들 모두 기생인 듯, 아닌 듯하니 에레나와
닮은 데가 있다. 그러나 '땐사 에레나'는 순정으로 대표되고 이들은
절개, 지조, 재능의 상징이니 굳이 '땐사'와 '기생'을 엮을 이유는 없
다. 노랫말에서 호출하는 남자는 생뚱맞은 '징기스칸'과 황진이의 상
대역 '벽계수' 정도다. 인기 없는 남자 대신 모두가 좋아할 만한 여자

• 노래가 만들어질 당시 주인공의 이름은 '순희'였다. 그런데 이후 '순이'로 바뀌게 되고
오늘날에는 '순이'로 알고 있는 사람이 더 많다. 'ㅎ'은 발음상 탈락되는 일이 많은데 '순
희'에서 'ㅎ'이 탈락되면 '순이'와 발음이 같아진다. 음운현상이야 이렇다 쳐도 결국 '순
이'의 친숙함 때문에 이러한 변화가 일어난 것이다.

를 찾아야 한다. '신사임당'이 있지만 왠지 교과서 같은 노랫말이 될 듯하고, 박씨 부인이 있지만 이왕이면 미모와 재능을 겸비하면 나을 듯하다. 그래서 이들은 이렇게 운치 있는 모습으로 노랫말 속에 등장한다.

내가 부르면 잔 잡아 권하실 서러운 님
내가 부르면 춘풍을 베어내실 님
청산의 벽계수는 수이 가구요 서리서리 한 세월은 속절없지요
• 장두익 작사, 조용필 노래, 〈황진이〉, 1983

　역사 속의 인물은 거리가 느껴지니 현실에서 이름을 찾아야 더 친근감이 있다. 그런데 그 이름은 누가 뭐래도 '순이'다. 실제 이름이 '순이'일 수도 있지만 대개는 '갑순, 정순, 영순' 등의 여자 이름에 돌림자처럼 쓰이는 '순順'이다. 여기에 〈에레나가 된 순희〉의 '순희'를 '순이'로 생각하는 사람들이 많으니 그 수가 늘어난다. 126번이나 등장하는 '순이' 다음의 이름은 엉뚱하게도 32번 등장하는 '줄리엣'이니 '순이'의 인기가 실감이 된다. 〈굳세어라 금순아〉의 '금순이'도 '순이'이고, 〈꽃순이를 아시나요〉의 '꽃순이'도 '순이'이다. 장만영 시인의 시를 노래로 만든 〈순이〉에서처럼 '아담한 집하나 짓고 순아 단둘이 살자'라고 노래할 땐 정이 듬뿍 느껴진다. 옛날 사람들의 옛날 노래에서만 순이가 나오는 것은 아니다. 북한 노래 〈휘파람〉에서도 '복순이네 집 앞을 지나며 휘파람을 불고, 그리 오래지 않은 때에 만들어진 〈타잔〉에서도 '순이'가 등장한다.

어린 시절 아득한 기억 속에 타잔이라는 아저씨가 있었어

아 나는 타잔 아 누렁인 치타 옆집에 살던 예쁜 순이 제인

• 윤도현 작사, 윤도현 노래, 〈타잔〉, 1994

'에레나'가 된 '순희'는 어쩌다가 '순이'가 되었지만 '희야'가 될 수도 있었다. '순이'의 기원이 된 '順'은 말 그대로 순하다는 말이니 여자에게 바라는 성격을 이름에 넣은 것이다. '희'는 '빛나다(熙)', '기쁘다(喜)' 등의 뜻을 가진 한자가 있고, 말 그대로 여자를 뜻하는 '계집(姬)'도 있으니 여자 이름에 많이 쓰인다. 그래도 '순희'는 촌스럽고 '영희'는 너무 흔한 느낌을 준다. 그러나 촌스러움과 흔함을 한 방에 날릴 수 있는 방법을 이 노래가 제공한다.

희야 날 좀 바라봐 너는 나를 좋아했잖아

너는 비록 싫다고 말해도 나는 너의 마음 알아

• 양홍섭 작사, 이승철 노래, 〈희야〉, 1989

노래 첫 머리의 '희야'를 외치고 잠시 뜸을 들이면 '꺄~ 오빠' 소리가 사방에 넘쳐난다. 이것만으로도 이 노래는 충분히 성공을 거둔 것이다. 노래꾼 이승철은 이전의 노래 〈마지막 콘서트〉에서 '소녀는 나를 알기에 더더욱 슬퍼지네'라고 이미 마음을 적셔놓은 상태이기에 '희야'가 아닌 모든 소녀들을 맘속으로나마 개명시켰다. 노랫말 속에 등장하는 이름들이 왜 죄다 여자 이름인지에 대한 답을 이 노래가 제시한다. 예쁜 누나가 애절한 목소리로 '철아 날 좀 바라봐' 한

들 코에 수염이 거뭇거뭇 나기 시작한 '소년'들이 열광할 것 같지 않다. '뭐야? 왜 저래'란 반응이 나오지 않으면 다행이다. 이처럼 멋대가리 없는 '철이'에 비해 '순이'나 '희야'는 바로 열광한다. 물론 남자들도 '순이'에 대한 추억 한 자락씩은 가지고 있고, 스스로 '철이 오빠'가 돼서 '희야'를 부르기도 하니 여전히 '순이'나 '희야'는 유효하다.

선생님이 있어야 할 자리는 노랫말이 아니라 교실이니 노랫말에서 서서히 사라지는 것은 아쉬운 일은 아니다. '선생님'의 자리를 '오빠'가 메워가는 것도 노랫말에서는 자연스러운 과정이다. '마도로스'가 다니던 길을 누구나 다니게 되고 뱃사공의 삶터를 다리가 빼앗는 것도 세월의 흐름 속에서 당연한 것이기도 하다. 그 모든 과정을 노래꾼은 노래로, '땐사'는 춤으로 표현한다. '순이' 혹은 '순희'는 이들에게 바로바로 반응하지만 '철이'는 굼뜨다. 그렇더라도 이 모두가 노래의 주인들이다. 노랫말 속에 담긴 세월의 흐름, 노랫말과 노래를 만드는 이들, 그리고 노래를 부르고 춤을 추는 이들 모두가 주인들이다. 삶의 노래이자 사람의 노래이니.

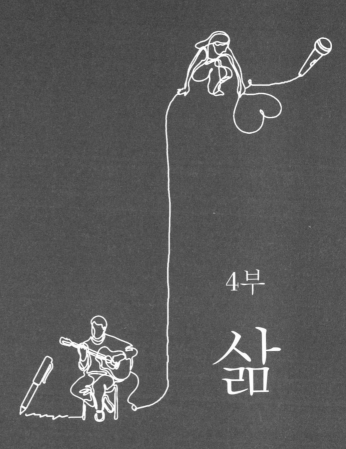

4부

삶

16
봄 여름 가을 겨울

경쾌한 전자음 반주, 그리고 쿵짝쿵짝 반복되는 폴카 리듬을 타고 맑
게 울려 나오는 여성 중창단의 노래가 있다.

> 빨간 꽃 노란 꽃 꽃밭 가득 피어도
> 하얀 나비 꽃나비 담장 위에 날아도
> 따스한 봄바람이 불고 또 불어도
> 미싱은 잘도 도네 돌아가네
> • 문승현 작사, 노래를 찾는 사람들 노래, 〈사계〉, 1994

첫 구절을 들으면 영락없는 건전가요다. 그런데 뒤이어 나오는 '미
싱'이 수상하다. 기계를 뜻하는 'machine'이 일본에서 '미싱'으로
둔갑하고 그것을 그대로 받아들여 재봉틀의 뜻으로 쓴다는 것을 알
아도 마찬가지다. 그도 그럴 것이 '건전가요'를 강요하는 측에서 본
다면 전혀 건전하지 못한 '민중가요'이고, 사시사철 밤낮없이 재봉틀
을 돌려야 했던 노동자의 현실을 표현한 노래이기 때문이다. 노래의

16 봄 여름 가을 겨울 • 267

배경을 알고 나면 제목 그대로 네 계절의 모습을 예쁘게 그려놓은 것이 더 서글프다.

적당한 위도에 대륙과 바다 양쪽에 걸친 반도에 살고 있는 덕분에 우리는 네 계절을 뚜렷하게 경험하고 산다. 섭씨 영하 10도에서 영상 40도까지 오르락내리락 하는 온도, 여름날의 장맛비와 겨울날의 흰 눈을 모두 볼 수 있는 기후, 봄꽃에서 낙엽까지 시시각각 변하는 자연의 모습 속에 우리가 있다. 동복, 하복, 춘추복을 따로 준비해야 하는 번거로움도 있고, 환절기마다 찾아오는 질병에 때문에 고생을 하기도 하고, 계절마다 겪는 감정의 기복 때문에 힘들어하기도 한다. 그러나 뚜렷한 네 계절을 사는 것은 축복이기도 하다. 변화무쌍한 계절에 맞춰 삶의 활력을 찾을 수 있고, 각 계절마다 즐길 거리를 따로 찾을 수도 있다.

계절의 변화는 노래에도 그대로 반영된다. 계절 자체에 대한 노래도 있고, 각 계절 속에서의 삶과 느낌에 대한 노래도 있다. 심지어 그룹의 이름을 '봄 여름 가을 겨울'이라 짓고 노래를 부르는 이들도 있고, 친절하게도 제목에 사계절 전체를 넣은 노래도 있다.

봄이 오면 강산에 꽃이 피고 여름이면 꽃들이 만발하네
가을이면 강산에 단풍들고 겨울 오면 아이들의 눈 장난
• 김현식 작사, 김현식 노래, 〈봄 여름 가을 겨울〉, 1984

계절의 변화는 우리의 삶의 변화이기도 하니 노랫말은 계절과 삶 모두를 그려낸다. 또한 그 속에서 겪는 우리의 감정의 변화도 놓치지 않는다. 계절마다 미리 정해진 듯한 느낌이 있는가 하면 새롭게 발견해서 내미는 느낌들도 있다. 그래서 노랫말의 네 계절을 들여다보는 것은 자연의 변화에 따른 우리의 삶과 감정의 변화를 살펴보는 일이기도 하다.

사랑은 계절 따라

삶이라는 것이 결국 특정한 공간 속에서 주어진 시간을 보내는 것임을 감안하면 때를 나타내는 말은 우리의 삶에서 꽤나 중요한 말이다. 주어진 시간은 연속선상에서 그저 흘러가는 것이지만 우리는 여기에 일정한 단위를 부여한다. 특히 우주의 원리에 따라 주기적으로 반복되는 것은 우리의 삶을 결정하는 중요한 단위가 된다. 지구의 자전과 공전에 따라 각각 하루와 한 해가 정해지고, 달의 공전에 따라 한 달이 결정된다. 그리고 한 해 동안 뚜렷한 변화가 관철된다면 한 해를 다시 등분하는데 그것이 곧 계절이다. 계절은 이렇게 결정되기에 우리의 삶과 계절은 밀접한 관련이 있다.

계절이 이토록 중요하지만 일상의 말 속에서 '계절'이란 단어가 쓰일 일은 그리 많지 않다. 계절의 하위 범주인 '봄, 여름, 가을, 겨울'이야 자주 쓰이지만 추상적인 단어인 '계절'이 우리의 대화 속에서 등장할 일은 그리 많지 않다. 그런데 유독 노랫말에서는 '계절'이란 단어가 많이 발견된다. 노랫말과 비슷한 성격을 가진 시에서도 마찬가지다. '계절'이 일상의 언어 자료에서는 명사 빈도 순위 1,500위

밖인데 노래의 제목에서는 79위로서 35회나 등장하고 노랫말에서는 207위로서 667회가 등장한다.

제목에 '계절'이 이토록 많이 등장한다는 것은 '계절'이 노래하기 적당한 소재라는 것을 말해준다. 앞서 언급했듯 제목은 '추리기, 뽑기, 빗대기' 등의 방법으로 정한다. 즉 노래 전체의 내용을 압축하거나, 노래에서 핵심적인 구절을 뽑아서 짓는다. 그리고 드물게는 노래의 내용과 직접적인 관련은 없어 보이지만 내용이 연상되는 말에 빗대서 제목을 짓는다. '계절'은 추리기의 방법으로 제목을 쓰는 데 적당하다. 세월의 흐름과 그에 따른 삶과 감정의 변화를 계절에 실어 노래하기 적절한 것이다. 이는 제목에서는 그토록 높은 순위를 보이는 '계절'이 정작 노랫말에서는 순위가 한참 뒤로 밀리는 것에서도 증명된다. 이는 '계절'이 가사에 직접적으로 쓰기에는 그리 적절하지 않다는 것을 뜻하기도 한다. 노랫말은 우리의 일상적인 말과 닮아 있으므로 일상적인 말에서 많이 안 쓰이는 '계절'이 노랫말에 자주 등장하는 것이 오히려 이상할 수 있다. 다소 추상성을 띠는 제목에서는 '계절'을 끄집어냈지만 정작 삶과 마음을 담아내는 가사에서는 일상의 말을 따라 보다 구체성을 띠는 각각의 계절을 다시 소환하는 것이다.

'계절'이라는 단어는 특정한 무리의 단어나 감정을 나타내는 말에 얽매여 있는 것은 아니다. 말 그대로 일 년 중 네 개의 서로 다른 때를 아우르는 말일 뿐 다른 단어와 반드시 같이 쓰여야 한다거나, 특정한 감정을 나타내는 말과 같이 나타나야 하는 것은 아니다. 그런데 노랫말에서는 사정이 다르다. '계절'과 함께 나타나는 말 중 앞 순위를 차지하는 두 단어는 '사랑'과 '이별'이다. 결국 또 사랑타령이다.

'사랑의 계절'과 사랑하다 헤어지게 되는 '이별의 계절'과 같은 식으로 나타나는 것이다. 계절 또한 사랑을 노래하기 위한 도구라는 사실은 다음의 노래가 잘 보여준다. 사랑과 이별의 반복, 그 속에서도 어김없이 순환하는 계절을 노래하고 있다.*

> 여름에 만난 사람 가을이면 가 버리고
> 가을에 만난 사람 겨울이면 떠나가네
> 그대는 떠나가도 계절만은 돌아오고
> 사랑은 떠나가도 그대만은 못잊겠어요
> • 가람 작사, 박건 노래, 〈사랑은 계절 따라〉, 1969

노랫말에서는 '계절'과 함께 나타나는 말이 조금 다른 양상을 보여준다. '계절'의 앞뒤 열 개의 단어를 대상으로 통계를 내어볼 때 의미를 부여할 만한 것은 '사랑'과 '다시'이다. 32회나 함께 등장하는 '사랑'은 누구나 예상할 수 있는 것이기도 하다. '다시'는 계절의 순환적 속성을 반영한 것이다. 1년이 지나면 같은 계절이 다시 오니 한 계절을 보내더라도 영원히 보내는 것이 아니다. 이 '다시' 역시 사랑타령

---

* 시간을 나타내는 말 중에서 유일하게 '해' 또는 '년'만 단선적이어서 순환되지 않는다. 서기로 따지든 단기로 따지든 특정 연도는 단 한 번만 온다. 이와 달리, 계절, 월, 일, 시, 분, 초 등은 원을 일정한 단위로 나눈 것과 같은 순환구조여서 같은 시점이 일정하게 반복된다. 이러한 시간의 흐름이 쌓이면 다시 돌아오지 못하는 '세월'이 된다. 그러나 우리는 이런 세월마저 십간십이지로 따져 순환구조로 만든다. 10과 12의 최소공배수인 60년이면 다시 갑자년이 되니 '환갑'을 맞게 되는 것이 그것이다. 그래도 60은 노년기에 접어든 나이이니 그리 위로가 되지는 않는다.

과 관련된 것들이 많은데 사랑하는 대상은 떠나가더라도 지나간 계절이 다시 오듯 사랑의 대상이 다시 오리라는 마음을 담아내고 있다. 물론 계절이 다시 오듯 떠나간 사람이 다시 올 것을 바라는 미련을 노래한 것도 있다.

그래도 다행이다. 한 해는 지나가면 다시 안 오지만 계절은 다시 온다. 사랑하는 사람은 떠나가지만 사랑은 다시 올 수 있다. 다시 오는 봄이 지나간 봄과 똑같을 수는 없지만 그래도 봄이듯이 다시 시작한 사랑이 지나간 사랑과 다르지만 사랑은 사랑이다. 그래서 〈슬픈 계절에 만나요〉(백영규 작사, 백영규 노래, 1980)에서는 '슬픈 계절에 우리 만나요 해맑은 모습으로'라고 노래한다. 만나서 '우리'가 될 사람이 새로운 사람인지 떠난 사람인지 알 수 없다. 어쨌든 계절은 늘 다시 오니 굳이 슬퍼하지 않아도 된다. 사랑도 그렇다.

노래가 사랑하는 계절

노래를 찾는 사람들의 〈사계〉 말고 또 다른 〈사계〉가 있다. 한국인들이 가장 좋아하는 클래식 음악으로 꼽는 비발디의 〈사계〉이다. 클래식 음악과 그리 친하지 않은 사람들도 2월 말만 되면 성급하게 나오기 시작하는 '딴딴딴 딴따라단 따라단딴 딴따라단' 정도는 따라할 수 있는 그 곡이다. 취향에 따라 다르겠지만 네 부분으로 된 이 곡에서 '여름, 가을, 겨울' 부분도 모두 좋은데 유독 '봄'이 가장 친숙하게 느껴지는 곡이다. 그도 그럴 것이 계절의 시작을 봄으로 꼽으니 새로

산 책의 첫머리만 까맣게 되어 있는 것과 마찬가지다. 계절은 순환하는 것이니 그 시작을 정할 수 없으나 추운 겨울을 보내고 새싹이 돋아나는 봄을 시작으로 삼는 것은 당연한 이치이기도 하다.

우리의 일 년은 사계절이 뚜렷하고 각 계절에 세 달씩 떠맡기니 각 계절의 경중이 따로 있을 수는 없다. 그러나 저마다 선호하는 계절이 다르고 계절마다 느낌도 다르다. 이러한 경향은 노랫말에도 그대로 반영될 수 있다. 일 년을 네 등분한 것이 네 계절이지만 각각의 계절이 노랫말에 동등하게 나타나는 것은 아니다. 그리고 각각의 계절에 부여하는 이미지도 모두 다르다.

제목과 가사에 나타난 각 계절별 통계는 통념과 조금 다르다. 사람마다 다르긴 하겠지만 노래에 등장하는 계절 중 가장 기억에 남는 것

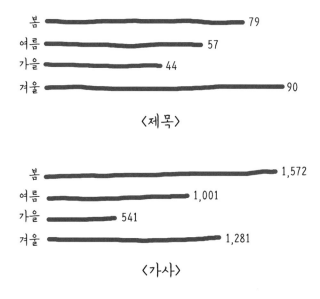

봄 79
여름 57
가을 44
겨울 90

〈제목〉

봄 1,572
여름 1,001
가을 541
겨울 1,281

〈가사〉

은 가을이 아닐까. 가을이 주는 특유의 분위기가 노래의 특징 중 하나인 '청승'과 잘 맞아떨어지기 때문이다. 또한 노래의 또 다른 특징이 '사랑타령'임을 감안하면 외롭고 쓸쓸함을 느끼는 가을이 노래에서 가장 많이 등장할 것 같은데 결과는 정반대로 제목에서든 가사에서는 제일 끝 순위다. 추위 때문에 움츠러드는 겨울이 제목에서는 첫 순위를 차지하고 가사에서도 두 번째 자리를 차지하고 있다. 봄은 계절의 처음이라는 느낌 때문에 예상대로 앞 순위를 차지하고 있다. 가을이 이처럼 뒤로 밀린 것은 다시 생각해볼 거리이기도 하다.

노랫말에 나타난 계절의 숫자를 헤아리는 것은 쉬운 일은 아니다. 네 계절 자체는 물론 그 계절이 들어간 단어 모두를 꼼꼼히 따져봐야 하기 때문이다. 그런데 각 계절이 들어간 단어를 따로 모아서 보는 것도 재미있다. 제목은 그 수가 그리 많지는 않아서 각 계절이 들어간 단어의 종류가 그리 다양하지는 한다. 그래도 봄은 가장 다양한 어휘를 보여주는데 새싹을 부르는 '봄비'나 얼어붙은 가슴을 녹이는 동시에 설레게 하는 '봄바람'이 빠지지 않는다.

가사는 그 양만큼이나 다양한 계절별 어휘를 보여준다. 그런데 맨 처음 눈에 띄는 것은 '가을'이 포함된 단어의 종류가 그리 많지 않다

봄(79)	봄(51), 봄날(14), 봄비(9), 봄바람(5)
여름(57)	여름(46), 여름날(3), 한여름(8)
가을(44)	가을(43), 늦가을(1)
겨울(90)	겨울(87), 겨울밤(2), 겨울비(1)

▶ 제목

는 사실이다. '바람, 비, 빛' 등과 어울려 새로운 단어를 이루기는 했지만 다른 계절의 어휘들과 비교해볼 때 가짓수는 그리 많지 않다. 이는 노랫말에 등장하는 계절 중 '가을'이 꼴찌인 이유를 간접적으로 말해주기도 한다.

가장 다양한 어휘를 보여주는 것은 역시 봄이다. 추운 겨울을 힘들게 보내고 반갑게 맞이하는 계절이니 날씨, 풍경, 느낌 등 붙일 수 있

봄(1,572)	봄(1004), 봄날(218), 봄바람(111), 봄비(82), 새봄(43), 봄봄(14), 봄철(13), 봄맞이(12), 봄볕(9), 봄소식(8), 봄빛(7), 봄아가씨(6), 봄버들(6), 봄노래(6), 봄여름(5), 봄눈(5), 봄가을(5), 봄처녀(4), 봄밤(3), 봄꽃(3), 늦봄(3), 올봄(2), 봄새(2), 봄기운(1)
여름(1,001)	여름(813), 한여름(84), 여름밤(70), 지난여름(13), 초여름(6), 봄여름(5), 여름빛(4), 여름휴가(1), 여름철(1), 여름잠(1), 여름새(1), 여름내(1), 늦여름(1)
가을(541)	가을(446), 가을바람(28), 가을비(16), 가을날(11), 늦가을(8), 봄가을(5), 올가을(2), 가을빛(2), 초가을(1), 가을철(1)
겨울(1,281)	겨울(1061), 겨울밤(55), 지난겨울(37), 한겨울(33), 겨울날(24), 겨울비(23), 올겨울(10), 겨울바람(9), 겨울바다(9), 겨울잠(7), 초겨울(6), 겨울나무(4), 겨울옷(1), 겨울새(1), 겨울눈(1)

▶ 가사

는 말은 죄다 붙여서 노랫말에 쓰고 있음을 알 수 있다. 특히 따스한 봄에 느낄 수 있는 다양한 느낌 때문에 '봄날'이 유난히 많이 등장한 다. 봄이 되면 마음이 들뜨는 것은 남녀노소를 가리지 않을 텐데 굳이 처녀와 아가씨들을 지목하는 것은 요즘 정서에는 잘 맞지 않지만 '봄 아가씨'와 '봄 처녀'와 같이 다른 계절에서는 나타나지 않는 단어 의 조합도 보여준다. 봄이 좋기는 좋은가 보다. 묘하게도 많은 등장 횟수를 보여주는 겨울의 단어 조합은 특이할 것은 없는데 처량함을 느끼게 하는 '겨울비'나 추위를 더 사무치게 하는 '겨울바람'과 그것 을 의연히 견디는 '겨울나무'가 눈에 띈다.•

봄날은 간다

봄이 새로운 시작을 의미하는 것은 자연의 속성과 밀접한 관련이 있 다. 추운 겨울 동안 대부분의 생명체는 움츠러들어 최소한의 활동만 하기 마련이다. 특히 한해살이 식물들은 씨나, 뿌리로 겨울을 지내다 가 봄이 되어야 비로소 싹을 틔워 새로운 한 해를 시작한다. 달력을 따라 겨울의 한가운데에서 묵은해를 보내고 새해를 맞이했지만 3월

• 정량적인 분석에서 늘 문제가 되는 것이 숫자를 헤아리는 것만으로는 본질을 모두 잡아 낼 수 없다는 것이다. 노랫말에 '사랑'이 포함되어 있다고 해서 반드시 사랑노래인 것은 아니고, '사랑'이란 단어가 없다고 해서 사랑노래가 아니라고 할 수도 없다. 그러나 노랫 말과 같은 많은 분량의 자료를 분석하기 위해서는 정량적인 분석이 아닌 다른 방법을 취 하기도 어렵다. 계절에 대한 분석 역시 마찬가지여서 계절을 나타내는 직접적인 말과 간 접적인 말 모두의 숫자를 세는 것으로 분석할 수밖에 없다.

이 되어 새로운 시작을 하게 되는 것이다. 우리나라와 일본에 한정된 것이기는 하지만 3월에 새로운 학년이 시작된다는 것도 조금은 관련이 있다.

새로운 시작을 상징하는 봄의 속성은 노랫말에도 그대로 반영이 된다. 제목에서는 '봄, 여름, 가을, 겨울' 자체를 제목으로 삼은 곡이 눈에 띈다. 제목에 네 계절이 모두 들어가 있지만 가장 앞에 서는 것은 역시 봄이다. 습관처럼 봄을 맨 첫머리에 놓는데 이것은 동서와 고금을 막론하고 사계를 소재로 삼은 모든 노래가 이와 같은 양상을 보인다. 〈봄맞이〉, 〈유쾌한 봄소식〉, 〈봄이 오는 길〉 등 새롭게 오는 계절에 대한 희망을 노래하는 것들이 제목에 그대로 잘 반영된다.

정말 그러한가? 봄은 희망과 기쁨으로 가득 차 있는가? 동요와 몇몇 노래에서는 그렇게 그려질지 몰라도 사람들의 가슴속을 파고드는 봄노래는 그렇지 않다. 만물을 소생시킬 '봄비'마저도 '청승'으로 치닫는다. 얼었다 녹은 대지나, 그 속의 생명들에게는 한없이 반가운 봄비이지만 그것이 사람에게 내리면 눈물과 구별이 되지 않는다. 그나마 이별을 했지만 봄비를 맞으며 걸었던 그 길을 다시 걸으며 떠난 사람을 미워하지 않으니 다행이긴 하다.

이슬비 내리는 길을 걸으며 봄비에 젖어서 길을 걸으며
나 혼자 쓸쓸히 빗방울 소리에
• 신중현 작사, 박인수 노래, 〈봄비〉, 1967

그댄 봄비를 무척 좋아하나요

나는요 비가 오면 추억 속에 잠겨요

　• 이혜민 작사, 배따라기 노래, 〈그댄 봄비를 무척 좋아 하나요〉, 1987

　계절은 흔히 인생에 비유되기도 하는데 '봄날'은 당연히 인생의 황
금기로 묘사된다. 싹이 돋고 꽃이 피는 시기이니 '청춘은 봄이요, 봄
은 꿈나라'(추미림 작사, 김용대 노래, 〈청춘은 꿈〉, 1960)라는 노랫말도 만
들어진다. 그러나 '봄날'은 '가다'라는 동사와 극히 잘 어울리는 느낌
을 준다. 이 노래들 때문이다.

　연분홍 치마가 봄바람에 휘날리더라
　꽃이 피면 같이 웃고 꽃이 지면 같이 울던
　알뜰한 그 맹세에 봄날은 간다

　• 손로원 작사, 백설희 노래, 〈봄날은 간다〉, 1954

　눈을 감으면 문득 그리운 날의 기억 아직까지도 마음이 저려오는 건
　　그건 아마 사람도 피고 지는 꽃처럼 아름다워서 슬프기 때문일
　거야

　• 김윤아 작사, 김윤아 노래, 〈봄날은 간다〉, 2001

　나이 든 세대는 '연분홍 치마'를 먼저 떠올리고, 젊은 세대는 유지
태와 이영애가 주연을 맡은 영화와 함께 김윤아의 노래를 떠올린다.
둘 다 봄날의 아스라한 아지랑이를 떠올리게 한다. 꼬물꼬물 올라가
는 기류를 따라 자신의 젊은 날도 저 멀리 허공으로 사라지는 듯한

느낌을 준다. 따뜻한 봄날의 한가운데서 가는 봄날을 걱정하게 하고, 가버린 봄날을 추억하게 한다. 시간이 흐르면 계절이 바뀌는 것은 당연한 이치인데 그 이치를 잠시 잊고 가는 봄날을 서러워한다. 그러나 그리 슬퍼할 일만은 아니다. '둘이 걸어요 봄바람 휘날리며 흩날리는 벚꽃 잎이 울려 퍼질 이 거리를'(장범준 작사, 장범준 노래, 〈벚꽃 엔딩〉, 2012)이라 노래하는 현명한 노래꾼도 있다. 봄이 되면 이 노래의 순위가 역주행을 하듯이 봄은 매년 빠지지 않고 온다. 봄날이 오고 가는 것이 이치인데 굳이 가는 봄날만 아쉬워할 일은 아니다. 봄날은 온다.•

여름 바다와 겨울비

따가운 햇살, 습한 날씨, 높은 기온을 생각하면 여름은 그리 반가운 계절은 아니다. 동식물들은 생명활동이 가장 왕성한 시기이고 작물들도 이 시기에 무럭무럭 자라나지만 사람들은 괴로운 여름의 특성들을 어떻게든 견뎌내야 한다. 하지만 다행인 것은 휴가와 방학이 있

• 노랫말을 쓰는 이들은 노랫말이 성공하려면 때와 장소를 적당히 노랫말 속에 적당히 버무려 넣으라는 말을 농담 삼아 한다. 노랫말 속에 특정한 때가 포함되어 있으면 그 때가 될 때마다 다시 사람들의 기억 속에서 부활하게 되고, 특정한 장소가 들어가 있으면 그 장소를 언급할 때마다 노랫말도 따라 나오기 때문이다. 〈벚꽃 엔딩〉은 특정한 때를 따로 언급하지는 않지만 벚꽃 잎이 흩날릴 때마다 라디오에 안 나올 수가 없다는 점에서 성공적이다. 여수를 잘 모르는 이도 '여수 밤바다'를 상상하고, 제주도에 가는 이는 '푸른 밤'을 느끼려 하는 것도 같은 이치다.

어 더위를 피해 어디론가 갈 수 있다는 것이다. 그래서인지 노랫말에서의 여름은 여름 자체의 속성보다도 어디론가 떠날 수 있는 계절로 그려진다. 바다와 산으로 떠나는 설레는 마음, 그리고 그곳에서의 즐거운 일상이 여름 노래를 가득 채운다.

그러나 어느 계절이든 사랑은 끊이지 않고 '청승' 또한 계속된다. 다소 '오래된' 여름 노래도 갖추어야 할 것은 다 갖추었지만 바닷가에서의 짧은 만남과 이별 후의 아쉬움을 표현하기 위한 도구로 여름이 동원된다. 산으로, 물로 여행을 떠나지만 결국은 젊은이들이 사랑하기 좋은 계절로 그려진다. 봄이 다양한 어휘와 표현으로 묘사되는 데 반해 여름은 그저 더운 날씨를 피해 놀러가기 좋은, 다소 밋밋한 계절로 노랫말을 그려내고 있다.

> 딩동댕 지난여름 바닷가서 만났던 여인
> 딩동댕 하고픈 이야기는 많았지만
> 너무나 짧았던 그대와의 밤 말이나 해볼걸
> • 임진수 작사, 송창식 노래, 〈딩동댕 지난여름〉, 1972

> 산도 좋고 물도 좋아라 떠나는 여행길에서 마주치는
> 사람들마다 사랑이 오고 가네요
> 여름은 젊음의 계절 여름은 사랑의 계절
> • 이정선 작사, 징검다리 노래, 〈여름〉, 1978

여름에 듣기 좋은 노래, 혹은 여름에 듣는 노래는 꽤나 많고 사랑도 많이 받는다. 휴가를 받아 신나게 떠나는 여행에 노래가 흥을 돋우기도 한다. 그러나 여름에 부르고 듣는 노래이긴 해도 여름을 멋지게 그려낸 노래는 아니다. 그저 신나는 느낌의 노래일 뿐이다. 계절의 한 자락을 당당하게 차지하고 있는 여름이 홀대 아닌 홀대를 당하는 것은 여름으로서는 서러운 일인지도 모른다. 그러나 어쩔 수 없다. 여름을 즐긴다는 표현도 결국은 여름의 더운 덥고도 짜증나는 날씨를 피해 여름을 잊겠다는 것이기도 하다. 이래저래 여름은 '별이 쏟아지는 해변으로 가요'(이철 작사, 키보이스 노래, 〈해변으로 가요〉, 1975)가 어울린다.

겨울도 견디기 어려운 건 마찬가지다. 너무 춥고 어둡다. 가끔씩 흰 눈이 내리면 온 세상이 하얘지지만 풍경은 칙칙하고 밤은 길다. 사람들이야 같은 일상을 살아야 하지만 동물들은 최소한도의 활동만 하고 식물들은 반은 죽고, 나머지 반은 숨죽이고 있다. 노랫말에서는 여름보다도 많이 등장하고, 가을보다도 훨씬 더 많이 등장하지만 머리와 가슴 속에 그리 큰 흔적을 남기지는 못한다. 그래서 겨울 자체보다도 간접적으로 그려지는 겨울이 더 인상 깊게 남는다. 더운 여름에 시원한 바다가 생각나듯이 추운 겨울에는 따뜻한 무엇이 생각난다.

바람 속으로 걸어갔어요 이른 아침에 그 찻집
마른 꽃 걸린 창가에 앉아 외로움을 마셔요
• 양인자 작사, 조용필 노래, 〈그 겨울의 찻집〉, 1985

찻집을 노래하고 있는 듯이 보이지만 결국은 또 사랑노래다. 뒤에 이어지는 '아름다운 죄 사랑 때문에'란 구절에 이르러서는 완연한 사랑타령으로 바뀌기는 한다. 추운 날씨에 모든 게 꽁꽁 언다고 사랑까지 동결될 이유는 없는 것이다. 그래도 종종 '겨울에 태어나 사랑스런 당신은'(박원빈 작사, 이종용 노래, 〈겨울 아이〉, 1990)와 같은 노래가 있어 생일이 겨울인 사람을 기쁘게 하기도 한다. '겨울 바다로 가자 메워진 가슴을 열어보자'(유영석 작사, 푸른하늘 노래, 〈겨울 바다〉, 1988)과 같이 바다가 여름의 전유물만은 아니라고 강변하는 노래도 있다. 그러나 겨울도 역시 '청승'으로 그려진다. 하얗게 내리는 눈을 그려내도 모자를 판에 추적추적 내리는 '겨울비'를 노래하고 그것이 사람들의 기억 속에 더 많이 남는다.

그 누구인가 내게 다가와 나를 바라보는 애달픈 눈동자
비를 맞으며 우뚝 선 모습 떠나려 하는 내 님이련가
• 김범룡 작사, 김범룡 노래, 〈겨울비는 내리고〉, 1988

떠나간 멀리 떠나간 사랑의 여인아
겨울비처럼 슬픈 노래를 이 순간 부를까
우울한 하늘과 구름 1월의 이별노래
• 신대철 작사, 김종서 노래, 〈겨울비〉, 2003

사랑을 남기고 간 가을

계절에 주인이 따로 없고, 각 계절에 성별이 따로 없을 텐데 가을은 남자의 계절로 표현된다. 여러 가지 이유를 댈 수 있겠지만 노랫말을 기준으로 하자면 남자들이 청승을 떠는, 혹은 청승을 떨기 좋은 계절로 표현할 수 있다. 덥고 습하기만 하다가 어느새 서늘한 바람이 불어오면 마음까지 서늘해진다. 가을걷이를 하는 농부들은 바쁘면서도 즐겁겠지만 따로 거둬들일 것도 없는 사람들은 다가올 겨울 걱정이 앞선다. 인생으로 치면 봄과 젊은 시절인데 가을부터는 '꺾어진 시절'이다. 이래저래 서글프면서도 마음이 바빠진다. 가을 노래가 많지 않더라도 이미 공감할 준비가 되어 있으니 많지 않더라도 자주 듣고 자주 읊조린다. 그러니 기억 속 목록에는 훨씬 더 많은 가을노래가 있는 것이다.

'가을'이 들어가 있다고 해서 반드시 가을 노래인 것은 아니지만 그래도 제목과 가사에서 연달아 '가을'을 되뇌면 각인 효과는 훨씬 더 크다. 그래서 8월의 마지막 즈음부터 가을이 다 가기까지 라디오에서는 이 곡이 끊이지 않는다. 짤막한 시에 은은한 멜로디를 붙였지만 가을 느낌이 물씬 풍긴다. 이메일이 편지를 몰아낸 요즘이지만 갑자기 편지를 보낼 만한 '그 누구'를 물색해보기도 한다. 잊혀져간 꿈들을 다시 떠올리며 편지를 쓸 가을하늘을 쳐다보기도 한다. 굳이 편지를 쓰지 않더라도 '가을 우체국 앞에서 그대를 기다리다 노오란 은행잎들이 바람에 날려가는'(김현성 작사, 윤도현 밴드 노래, 〈가을 우체국 앞에서〉, 1994) 것을 봐도 좋다.

가을엔 편지를 하겠어요 누구라도 그대가 되어 받아주세요

낙엽이 쌓이는 날 외로운 여자가 아름다워요

　• 고은 시, 최양숙 노래, 〈가을 편지〉, 1970

난 책을 접어놓으며 창문을 열어 흐린 가을하늘에 편지를 써

잊혀져간 꿈들을 다시 만나고파 흐린 가을하늘에 편지를 써

　• 김창기 작사, 동물원 노래, 〈흐린 가을 하늘에 편지를 써〉, 1988

맑아도, 흐려도, 비가 와도, 바람이 불어도 가을은 적당히 좋다. 그리고 그 속에서의 느낌도 좋다. 그래서 노랫말에서는 가을 그 자체도 그려지고 그 시간 동안의 온갖 느낌도 다 그려진다. 그래도 역시 빠질 수 없는 것은 사랑, 아니 청승맞은 사랑이다.

가을엔 가을엔 떠나지 말아요 낙엽지면 설움이 더해요

차라리 하얀 겨울에 떠나요

　• 최백호 작사, 최백호 노래, 〈내 마음 갈 곳을 잃어〉, 1977

남자의 노래, 혹은 여자의 노래로 구분을 하기는 쉽지 않지만 이 노래는 남자의 노래로 여겨진다. 짙은 감성이 묻어나는 목소리의 소유자가 만들어 불러서 그런 것만은 아니다. 노랫말에서 떠나지 말라고 애원하는 것은 보통 여자의 몫이지만 '가을'이란 계절을 앞세우고 하소연을 하고 있으니 남자의 노래로 느껴진다. '찬바람이 서늘하게 옷깃을 스치면'(강찬호 작사, 차중락 노래, 〈낙엽 따라 가버린 사랑〉, 1971)으

로 시작되는 노래도 그렇다. 본래 '당신의 일부분' 정도로 번역되어야 할 엘비스 프레슬리Elvis Presley의 〈Anything That's Part Of You〉가 가을 노래로 번안되었다. 엉터리 번안이라 할지 모르지만 말 그대로 '바람 따라 가버린' 요절 가수 차중락의 부드러운 목소리 때문에 가을 노래로 오래도록 사랑을 받는다. 물론 남자의 노래로.

〈낙엽 따라 가버린 사랑〉에서도 알 수 있듯이 반드시 '가을'이 들어가야만 가을 노래인 것은 아니다. '꽃'이 봄을 상징한다면 '낙엽'은 가을을 대표한다. 노랫말 전체에서 '낙엽'은 435회나 나오니 '가을'의 출현 빈도에 육박한다. 여기에 '단풍' 55회를 추가하면 그 수는 더 늘어난다. 이런 말들이 나오지 않더라도 가을 분위기를 물씬 풍기는 노래들 또한 많다. 숫자상으로 드러나지 않는 가을 노래들이 더 숨어 있을 가능성이 높다. 그러나 숫자는 숫자에 불과하다. 중요한 것은 울림과 느낌의 크기이다. 감정이 가장 풍부해지는 계절이 가을이니 노래를 만들고 부르는 이들이나 듣는 이 모두 가슴 속에 노래를 깊이 새길 준비가 이미 되어 있다. 그래서 더더욱 이 노래가 가슴에 남는다. 어쩌면 '사랑을 남기고 간 가을'이 더 맞는지도 모르겠다.

> 가을을 남기고 떠난 사랑 겨울은 아직 멀리 있는데
> 사랑할수록 깊어가는 슬픔의 눈물은 향기로운 꿈이었나
> • 박춘석 작사, 패티김 노래, 〈가을을 남기고 간 사랑〉, 1983

계절은 변화를 전제로 하는 말이다. '사시사철'이란 말이 없이 그저 단조로운 기후만 반복된다면 그것만큼 지루한 일도 없을 것이다.

노랫말에게는 다행이기도 하고 축복이기도 하다. 우리에게는 뚜렷한 네 계절이 있고 계절이 바뀔 때마다 삶은 물론 감정도 많은 변화를 겪는다. 노랫말은 그 변화를 담아내며 더 다채로운 노래를 만들어낸다. 물론 그래봤자 사랑타령이라고 할지도 모르겠다. 추울 때나 더울 때나 사랑타령이고, 꽃이 피고 열매가 맺힐 때도 청승맞은 사랑타령이다. 그러나 노래가 마찬가지다. 기쁠 때도 노래를 부르고, 슬플 때도 노래를 부른다. 사랑의 기쁨도, 사랑의 슬픔도 같이 청승맞게 읊는다. 계절의 변화 속에서, 그리고 감정의 변화 속에서 늘 우리 곁을 지키는 노래가 고마울 따름이다.

17
노래가 그리는 시간

특이한 제목에 주어지는 상이 있다면, 그리고 뜬금없긴 하지만 천문
학자들이 노랫말을 평가해 상을 준다면 반드시 후보에 올려야 하는
노래가 있다. 반드시 따라야 하는 것은 아니지만 노래의 제목은 어느
정도의 규칙을 따라 지어진다. 그런데 그 규칙을 철저히 무시했다.
제목에 다른 말은 없이 '돌고'만 세 번이나 반복된다. '돌다'란 말 때
문에 종교재판까지 받아야 했던 갈릴레이의 후손이 지은 제목임에
틀림없다. 가사도 그렇다. 해가 뜨고 지고, 달도 뜨고 지는 것이 반복
되는 일상의 모습을 '돌고 돌고 돌고'를 반복하며 엮어 냈다.

> 해가 뜨고 해가 지면 달이 뜨고 다시 해가 뜨고
> 꽃이 피고 꽃이 피고 새가 날고 날고
> • 전인권 작사, 들국화 노래, 〈돌고 돌고 돌고〉, 1988

노랫말 속에 등장하는 '해'와 '달'은 '세월'의 다른 말이기도 하다.
한자어 '세월'의 '歲(해 세)'와 '月(달 월)'은 하늘의 해와 달을 가리키

기도 하고 달력과 함께 넘어가는 해와 달을 뜻하기도 한다. 해와 달이 뜨고 지는 것은 결국 '세월'이 간다는 뜻이 된다. 이처럼 '세월'은 그저 해와 달이 뜨고 지는 것에 따른 시간의 흐름인데 꽤나 미묘한 감정을 불러일으키는 단어이다. 노랫말에서는 특히 더 심해서 이 단어가 어딘가에 나타나면 모두들 바닥을 모를 상념에 젖어들게 된다.

해와 달이 뜨고 지는 것은 낮과 밤이 반복되는 것이기도 하다. 낮과 밤은 그저 지구의 자전에 따라 돌고 도는 관계이지만 그 느낌은 사뭇 다르다. 노랫말에서는 등장 횟수도 다를 뿐만 아니라 느껴지는 감상 또한 판이하다. 낮과 밤이 서른 날쯤 반복되면 한 달이 되고, 그 달이 열두 번 지나가면 일 년이 된다. 자연의 섭리에 따라 낮과 밤, 한 달, 일 년이 반복되는 것일 뿐인데 그 섭리에 얹혀 사는 인간은 반복, 혹은 순환이 아닌 처음과 끝이 정해진 화살표와 같은 삶을 산다.

해와 달을 가리키는 '세월'은 반복일 뿐이지만 사람이 살아가는 '세월'은 흘러가면 다시는 오지 않는다. 이렇다 보니 '세월' 앞에 가장 잘 어울리는 수식어는 '가는'이다. '가는 세월'이란 구가 완성되면 '잡을 수가 없다'는 꼬리가 붙는다. 이렇게 '세월'은 나이와 관련이 맺어지고, 나이는 자연스럽게 '젊음'이 아닌 '늙음'으로 표현된다. 그래서 때, 혹은 시간을 나타내는 말들 대부분은 노랫말에서는 청승맞게 그려진다. 1930년대의 한 문인이 '청춘, 이는 듣기만 해도 설레는 말이다'라고 했던 '청춘'마저도 처량하기 그지없다. 아니, 세월과 관련된 모든 말들이 그렇다.

세월이 가면

노랫말에 쓰이는 몇몇 단어는 독특한 출현 양상을 보이는데 '사랑'만큼이나 유별난 것이 '세월'이다. 일상에서 쓰는 말들을 모아놓은 말뭉치를 분석해보면 '세월'은 6,314회가 나타나는데 명사 중에서 776위이다. 그런데 가사에서는 2,549회로서 명사 중 67위이고, 제목에서는 33회로서 명사 중 88위이다. 이쯤 되면 노랫말이 '세월'에 엄청난 집착을 보인다고 말해도 과언이 아니다. 하고많은 단어 중에서 굳이 '세월'을 끌어들여 무엇인가 꼭 하고 싶은 이야기가 있는 것이다. '세월'에 대해 무슨 이야기를 하고 싶은 이야기가 무엇인지는 이 노래가 답을 해준다.

> 가는 세월 그 누구가 잡을 수가 있나요
> 흘러가는 시냇물을 막을 수가 있나요
> 아가들이 자라나서 어른이 되듯이
> 슬픔과 행복 속에 우리도 변했구려
> • 김광정 작사, 서유석 노래, 〈가는 세월〉, 1977

이 노래에도 나와 있듯이 '세월'은 늘 흘러가는 것으로 묘사된다. '세월'과 가장 밀접한 관련을 보이며 나타나는 동사가 '가다'인 것도 이를 방증한다. 해와 달이 뜨고 지는 사이에 시간이 가는 것은 당연한 이치이고 그 시간만큼 나이를 먹는 것도 극히 자연스러운 것이다. 어린아이들이 나이를 먹는 것은 '큰다'는 말로 표현되는데 성장이 멈

추고 난 이후는 '늙는다'는 말로 표현된다. 노랫말이 초점을 맞추는 시점은 바로 늙어가는 시점이다. 일상의 쓰임에서 '늙는다'는 말은 노년층에 주로 적용되지만 노랫말에서의 '늙는다'는 20대의 파릇한 나이부터 적용된다. 인생에서 가장 아름답지만 짧고도 짧은 '청춘'이 지나가면 그 이후의 세월은 오로지 늙어갈 뿐이다.* 이 노래처럼.

언젠간 가겠지 푸르른 이 청춘 지고 또 피는 꽃잎처럼
달 밝은 밤이면 창가에 흐르는 내 젊은 영가가 구슬퍼
• 김창완 작사, 산울림 노래, 〈청춘〉, 1981

곡조도 그렇지만 가사는 청승맞기 그지없다. 도대체 '푸르른 이 청춘'에 왜 '언젠간 가겠지'라고 지레 걱정을 하는지 의아스럽기까지 하다. 어쩌겠는가, 옛사람들의 정서가 이런 것을. 그나마 다행인 것은 세월이 흐를수록 '청춘'이란 말의 빈도도 줄어들고 청승도 덜하게 된다는 것이다. 1950년 이전의 노래에서는 명사 순위 18위이던 '청춘'이 세월이 흐를수록 20위, 102위를 기록하더니 1990년대 이후에는 224위와 227위를 나타내고 있다. '청춘'이 들어간다고 해서 무조

• 한자의 마술이기는 하지만 '세월歲月'만큼이나 '청춘靑春'의 조어법도 꽤 멋스럽다. 한자 그대로 풀이하자면 '靑春'은 '푸르른 봄'이다. 새싹이 파릇하게 돋아나는 봄철을 인생의 젊은 시절에 비유한 것이다. 그런데 세상이 각박해지다 보니 '청춘'이라는 말이 점차 퇴색되기도 한다. '아프니까 청춘이다'라는 말은 젊은이들을 향한 위로의 말이지만 그 표현 자체가 아프다. 우리 수필의 역사를 언급할 때 빠지지 않는 민태원의 〈청춘예찬〉의 첫 구절 "청춘! 이는 듣기만 하여도 가슴이 설레는 말이다"에 동의하는 청춘들이 얼마나 있을지 궁금하다.

건 청승맞은 것은 아니지만 적어도 세월이 갈수록 젊은 날의 청승은 줄어드는 추세를 보이고 있다.

생물학적 견지에서 늙어간다는 것은 죽음에 가까이 간다는 것을 뜻한다. 그러나 노랫말에서는 죽음에 대한 공포 때문에 세월의 흐름을 두려워하는 것은 아니다. 팔팔한 이팔청춘을 보내고, 몸과 맘이 처져 가는 것이 두렵기는 하겠지만 결국은 사랑과 관련된 것이다. 사랑하기에 가장 좋은 시절인 청춘은 잠깐이니 늘 아쉬워서 미리 걱정하고, 지나고 나서는 그리워서 뒤돌아보게 된다. 그래서 늙어가는 것에 대한 서러움과 안타까움은 이렇게 가슴이 저릿하게 표현된다.

첫사랑 그 소녀는 어디에서 나처럼 늙어갈까
가버린 세월이 서글퍼지는 슬픈 뱃고동 소릴 들어보렴
• 최백호 작사, 최백호 노래, 〈낭만에 대하여〉, 1994

매일 거울을 통해 보는 자신의 모습은 조금씩 변해가기 때문에 늙는 걸 잘 느끼지 못한다. 그러나 오랜만에 보는 사람의 모습에서는 못 보던 사이에 쌓여 있던 늙음이 몰려온다. 그러기에 헤어진 지 오래 된 첫사랑 그 소녀가 어디에선가 나처럼 늙어갈까 두렵기만 하다. 그 늙음을 확인하는 순간 첫사랑의 흔적까지 녹아버릴까 걱정이 되기도 하고 자신의 늙음도 함께 느껴질까 봐 걱정한다. 늙어가는 것이 그렇게 두렵고도 서러울 뿐이다. 그래서 '세월이 가면'이라고 제목에서도 전제를 하지만 이렇게 하소연할 수밖에 없다.

세월이 가면 가슴이 터질 듯한 그리운 마음이야 잊는다 해도
한없이 소중했던 사랑이 있었음은 잊지 말고 기억해줘요

• 최명섭 작사, 최호섭 노래, 〈세월이 가면〉, 1988

시인 박인환이 노랫말을 쓴 같은 제목의 노래 또한 '지금 그 사람의
이름은 잊었지만 그의 눈동자 입술은 내 가슴에 있네'라고 읊고 있다.
하릴없이 나이를 먹는, 혹은 늙는 것은 당연한 이치이지만 사랑의 추
억만은 간직하고픈 간절한 바람을 '세월'에 담아내고 있는 것이다.

'오늘'을 노래하지만

우리말 속의 '내일'에 문제를 제기하는 이가 있었다. '그제'부터 시작
해 '어제'와 '오늘', 그리고 하루를 건너뛴 '모레'는 모두 고유어인데
'내일來日'만은 한자어인 것이 이상하다는 것이다. 흐르기 마련인 시
간 속에서 '어제-오늘-내일'과 '과거-현재-미래'는 당연히 정해지
는 것인데 유독 '내일'만 튀는 것은 여전히 생각해볼 여지가 있다.˙
'세월'에 민감한 노랫말이니 이런 말들이 노래에서 어떻게 다뤄지

• 우리말에 '내일'을 뜻하는 고유어가 없는 것을 두고 우리 민족은 미래에 대한 희망이 없
었다는 다분히 악의적인 소리를 하는 학자도 있었다. 어떤 학자는 '어제'와 '그제' 등에
기대어 '하제'라는 말을 찾아내기도 한다. 한자를 공유하고 있는 중국이나 일본에서는
'來日'을 쓰지 않고, 우리의 방언에서 '내일'이 '낼, 날, 니얼, 니얄'처럼 다양하게 나타나
는 것을 보면 우리말의 '내일'이 한자어가 아닐 가능성도 조금은 점쳐지기도 한다.

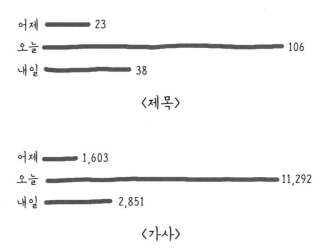

어제 ━━━ 23
오늘 ━━━━━━━━━━━━━━━ 106
내일 ━━━━━ 38

〈제목〉

어제 ━━━ 1,603
오늘 ━━━━━━━━━━━━━━ 11,292
내일 ━━━━ 2,851

〈가사〉

는가를 살펴보는 것도 흥미롭다. 수치를 그대로 믿는다면 노랫말은 현실에 충실하며 미래를 그리는 데 열중하고 있다고 단순화할 수 있다. '오늘'이 압도적으로 많이 나타나고 있으니 가버린 세월에 대해 아쉬워하기보다는, 오지 않은 날에 대해 미리 걱정하기보다는 당장 맞닥뜨린 현재에 집중하고 있다는 해석이 가능하다.

　과거는 '회상, 추억, 후회, 미련' 등의 단어와 어울려 어두움을 자아내는 데 반해 현재는 삶에 충실하려는 의지를 북돋우기도 한다. '오늘' 역시 사랑타령에 끊임없이 활용되지만 '어제'보다는 청승이 확실히 덜 느껴지기도 한다. '오늘 밤' 혹은 '오늘 같은 밤'과 같이 다른 단어와 어울려서 나오더라도 역시 '사랑하기에 좋은'이란 맥락으로 나온다.

　그런데 다음의 노래는 '오늘'이 '오래전 그날'과 어울리면서 묘한 분위기를 자아낸다. 오래전 그날을 생각하면서 청승에 빠질 법도 하지만 '오늘'이란 단어 덕에 현실로 돌아와 감사하는 마음으로 상념에 잠긴다.

> 오늘 난 감사드렸어 몇 해 지나 얼핏 너를 봤을 때
> 누군가 널 그처럼 아름답게 지켜주고 있었음을
> 그리고 지금 내 곁엔 나만을 믿고 있는 한 여자와
> 잠 못 드는 나를 달래는 오래전 그 노래만이
>
> • 박주연 작사, 윤종신 노래, 〈오래전 그날〉, 1993

　노랫말에 '오늘'이 다른 무엇보다도 압도적으로 많음에도 불구하고 왠지 '어제'가 많은 듯한 느낌을 받는다. 단지 '어제'뿐만 아니라 '어제'로 대표되는 과거로 회귀하려는 그런 마음의 발현이기도 하다. 지나간 시절을 나타내는 말에는 '어제' 외에 '과거'와 '옛날' 그리고 '옛'이 머리에 붙은 말 등이 있다. 어떤 말이든 결국 오늘보다 멋졌던 청춘의 어느 날일 터이니 그리 밝은 분위기의 노래일 수는 없다. 그래서 '아 옛날이여 지난 시절 다시 올 수 없나 그날'(송수욱 작사, 이선희 노래, 〈아 옛날이여〉, 1985)과 같이 간절하게 부를 수밖에 없다. 또는 이처럼 가슴에 사무치게 읊조릴 수밖에 없다.

> 남들도 모르게 서성이다 울었지 지나온 일들이 가슴에 사무쳐
> 텅 빈 하늘 밑 불빛들 켜져 가면 옛사랑 그 이름 아껴 불러보네
>
> • 이영훈 작사, 이문세 노래, 〈옛사랑〉, 1991

　'내일'은 한자 그대로 풀면 '올[來] 날[日]'이다. 아직 오지 않은 날이

니 기대를 품을 수도 있고 두려움을 가질 수도 있다. 그러나 노랫말에서는 역시 기대감으로 표현된다. 그래서 '내일을 향해서라면 과거는 필요 없지 힘들은 나의 일기도 내일을 향해서라면'(신성우 작사, 신성우 노래, 〈내일을 향해〉, 1991)와 같이 호기로운 노래도 만들어지고, '내일은 해가 뜬다'를 반복하는 〈사노라면〉과 같은 구전가요도 만들어진다. 그래도 오지 않은 날에 대해 남는 궁금증과 두려움은 다음과 같이 표현된다.

> 흘러 흘러 세월가면 무엇이 될까
> 멀고도 먼 방랑길을 나 홀로 가야 하나
> 한 송이 꽃이 될까 내일 또 내일 내일 또 내일 내일 또 내일
> • 김수철 작사, 김수철 노래, 〈내일〉, 1992

'세월'과 마찬가지로 '어제, 오늘, 내일'도 그저 반복되는 자연현상에 불과하다. 그러나 한 번뿐인 인생을 사는 인간들에게는 흘러가는 시간이 아쉬울 따름이다. 미래 또한 그 마지막에는 삶의 끝이 기다리고 있으니 이래저래 착잡하기만 하다. 그래서 세월도 그렇고 어제, 오늘, 내일도 노래의 청승맞은 정서와 잘 어울린다.

시월의 마지막 밤

때를 잘 만나야 하는 것은 사람뿐만이 아니다. 이 세상에 태어나는

것은 부모님의 마음이자 덕이니 어찌 할 수 없는 일이지만 살아가면서 때를 잘 선택하는 것은 성공하는 삶의 필수적인 요소이기도 하다. 노래도 마찬가지다. 때를 잘 선택한 노래는 반복되는 세월 속에서 때마다 호출이 된다. 특히 날짜까지 특정돼 있다면 매년 돌아오는 생일처럼 하루를 즐길 수 있다. 때를 잘 잡은 노래의 최고봉은 역시 이 노래다. 사랑을 받는 가을 노래도 많고, 〈시월의 어느 멋진 날에〉와 같이 시월을 소재로 한 노래도 있지만 '시월의 마지막 밤'을 꼭 집어서 언급했으니 이 날은 모든 라디오 음악 방송에서 이 노래를 틀지 않을 수 없다.*

지금도 기억하고 있어요 시월의 마지막 밤을
뜻 모를 이야기만 남긴 채 우리는 헤어졌지요
• 박건호 작사, 이용 노래, 〈잊혀진 계절〉, 1982

높고 푸른 하늘로 기억되는 가을은 역시 밤보다는 낮이 제격인데 이 노래는 밤을 노래하고 있다. 인간 활동의 대부분이 낮에 이루어지니 우리의 삶에서 어두운 밤보다는 밝은 낮이 훨씬 더 중요하다. 그러나 노랫말에서는 그렇지가 않다. 제목에서 '밤'은 169회로 명사 중

• 〈시월의 어느 멋진 날에〉는 노르웨이의 뉴에이지 듀오 시크릿 가든Secret Garden의 〈봄의 세레나데Serenade to Spring〉에 우리말 가사를 붙인 것이다. 원곡은 가사가 없는 연주곡이었는데 한경혜가 가사를 붙이고 바리톤 김동규가 편곡해서 부른 것이다. 원곡에는 가사가 없지만 제목에 '봄'이 있으니 봄노래라 해야겠으나 어찌된 일인지 시월이면 들어야 하는 가을 노래가 된 것이다. 노래의 분위기 때문인지 가을이 더 어울리는 듯하기도 하다.

에서는 9위인데 반해 '낮'은 5회 나타나 명사 중 608위이다. 가사에서는 '밤'이 10,367회 나타나 16위인데 '낮'은 303회 나타나 397위를 기록하고 있다. 비교가 불가능한 수치다. 노랫말은 지독히도 밤을 좋아한다.

낮은 노동의 시간이요, 밤은 휴식의 시간이다. 일을 할 때 부르는 노동요도 있고, 귀에 이어폰을 꽂고도 일을 할 수 있지만 낮에 노래에 집중하는 것은 쉽지 않다. 그러나 일에서 해방된 시간, 아무것도 하지 않고 노래만 듣고 불러도 좋고, 사람들과 음악이 함께 어우러져도 좋다. 일에서 해방되어 마음껏 즐길 수 있는 시간이 밤이니 아무래도 노래는 밤과 친하다. 그러나 이것만으로는 설명이 안 된다. 노래를 듣기에 밤이 좋다는 것이지 반드시 '밤'을 노래해야 한다는 것은 아니다. '밤'이 노래의 일반적인 정서에 맞기 때문에 밤을 소재로 하는 노래가 많이 만들어진 것일 뿐이다. 그 정서는 이 노래가 잘 대변해준다.

> 외로운 밤이면 밤마다 님 모습 떠올리긴 싫어
> 희미한 전등불 밑에서 내 모습 초라한 것 같애 싫어
> 정답게 지저귀는 저 새들 내 맘 알까 몰라
> • 김정택 작사, 인순이 노래, 〈밤이면 밤마다〉, 1995

흥겨운 리듬에 우렁찬 목소리, 그런데 가사는 지독한 외로움을 호소하고 있다. 노랫말에서의 밤이니 그렇다. 활기가 넘치는 낮에 비해 밤은 차분하다 못해 적막하기까지 하다. 청승이 어울리는 때다. 낮에

부는 휘파람은 별 말 안 하다가 밤의 휘파람 소리는 책망을 하는 어른들도 같은 말을 한다. 뱀 나온다고 불지 말라고 하지만 다른 한 편으론 청승맞다고 나무란다. 밤의 청승은 낮의 그것과는 비할 바가 안 되니 노랫말은 밤과 친할 수밖에 없다.

밤은 하루의 끝으로도 여겨진다. 순환되는 24시간에서 시작과 끝을 정할 수는 없으나 일과를 마치고 잠을 자는 때이니 생활주기와도 맞는다. 그래서 새로운 하루가 시작되는 0시도 한밤중에 배치해놓았다. 하루뿐만 아니라 일정한 주기를 가지는 모든 시간들도 처음과 마지막이 중시되고 노랫말에서도 그렇다. 월요일에서 일요일까지 일주일은 순서대로 38, 30, 28, 22, 54, 189, 62회 등장한다. 주말로 갈수록 폭증하다가 일요일에 서서히 가라앉는다. 이것은 청승보다는 휴식과 관련이 있다. 한 주의 일을 마치고 난 편안함과 사람들과 함께하는 즐거움을 만끽할 수 있는 시간이니 노랫말에서도 역시 많이 호출되는 것이다.

'달아 달아 밝은 달아'로 시작되는 〈달타령〉에서는 일 년 열두 달이 공평하게 언급되지만 노랫말에서는 조금씩 차이가 있다. 그런데 각각의 달은 계절과 밀접한 관련을 맺고 등장한다. 1월이야 한 해의 시작이고, 12월은 마지막이니 특별히 기억할 만하지만 나머지 달은 그저 그런 달력의 한 장일 뿐이다. 그러나 새로운 계절이 시작되는 달, 혹은 각 계절이 가장 깊어지는 달은 따로 대접을 받는다. '10월의 마지막 밤'이 대접을 받는 이유도 여기에 있다. 감상의 계절인 가을이 깊어질 대로 깊어진 10월, 거기에 마지막 날이니 감정을 이입하기에 가장 좋은 날이다. 11월도 가을에 속하지만 추위도 점점 다가오고 김장철도 끼어 있는 달이니 아무래도 마음이 바빠진다. 앞으로도 오랫동안 어느 가수는 10월의 마지막 날 계속 바쁠 듯하다.

세기와 시간 속에서

노래에 숫자가 들어가면 묘한 긴장감이 느껴진다. 특정한 연도가 나오면 그해에 어떤 일이 있었을까 생각해보게 된다. 12개월 중 어떤 달이 나오면 왜 그 달이어야 할까 의문을 품는다. 달뿐만 아니라 날까지 특정되면 그 날에 무슨 사연이 숨어 있는가 생각하게 된다. 나아가 0시 50분과 같이 시각까지 나오면 긴박함이 느껴지기까지 한다.

1959년에는 무슨 일이 있었는가? 노래를 듣다 보면 문득 의문이 생긴다. 노래를 부르는 사람인지 남을 웃기는 사람인지 구분이 잘 안 되는 콧수염의 사나이, 온갖 어록을 쏟아내며 가요계가 아닌 예능계의 블루칩으로 통하는 가수협회장의 노래에 1959년이 나온다.

> 왕십리 밤거리에 구슬프게 비가 내리면
> 눈물을 삼키려 술을 마신다 옛사랑을 마신다
> • 이혜민 작사, 김흥국 노래, 〈59년 왕십리〉, 1991

제목에는 59년이 나오지만 왜 1959년인지 노래를 통해서는 알 수가 없다. 노래를 만든 이의 고향이 왕십리이니 지명에 대한 의문은 금세 풀린다. 본래 〈왕십리〉란 제목으로 1976년에 다른 사람에 의해 발표된 노래였으나 일찍부터 인연을 맺은 같은 59년생 김흥국이 1991년에 다시 불러 많은 인기를 얻게 된다. '왕십리' 앞에 59년이 붙은 이유는 이렇게 단순하다. 온갖 '세월' 중에 년, 또는 해는 한 번 지나가면 끝이기에 특별한 이유가 없는 한 노랫말에 등장하기는 쉽지 않다. '59년 왕십리' 또한 구슬픈 비와 눈물, 그리고 옛사랑을 비벼내기 위한 시간과 장소일 뿐이다.

1996년에는 또 무슨 일이 있었는가? 예수가 기원 전후의 기준이 되듯이 우리의 가요사를 양분하는 신비한 아이들의 노래에 1996년이 나온다.

> 천구백구십육 아직도 그 수많은 넋이 나가 있고
> 모두가 돈을 만들기 위해서 미친 듯이 뛰어다니는 걸
> 나는 볼 수가 있었지
> • 서태지 작사, 서태지와 아이들 노래, 〈1996 그들이 지구를 지배했을 때〉,
>   1995

제목과 가사의 첫 마디가 1996년이기는 하지만 역시 왜 1996년인지 알 수가 없다. 1995년에 노래를 발표하면서 '1996 …… 했을 때'라고 하며 타임머신과 같은 마술을 보여주고 있다. 1996년은 서태지와 아이들이 은퇴한 해로 기억이 되지만 이와는 전혀 상관없이 돈만 좇는 세태를 비판하는 내용이다. 사람들이 돈의 노예가 된 것은 딱히 1996년의 일은 아니다. 결은 달라져야겠지만 백 년 전에도 똑같은 노랫말을 쓸 수 있고 백 년 후도 다르지 않을 듯하다. 노랫말이 역사

를 쓰는 것이 아니니 노랫말에서의 연도는 딱히 의미를 찾기는 어렵다. 세월을 나타내는 모든 숫자 혹은 때는 인생이라는 연속된 축 위의 한 지점에 불과하다. 그 지점에서의 삶과 느낌이 자연스레 노랫말에 배어 있는 것일 뿐이다.

연도와 마찬가지로 특정 시간이 노랫말에 등장하는 것도 별로 의미가 없다. 하루 24시간 중에 딱히 집착해야 하는 시간은 없다. 그러나 자정의 다른 말인 '영시' 혹은 '0시'는 '대전 발 0시 50분'이란 가사의 〈대전 부르스〉(최치수 작사, 안정애 노래, 1959), 그리고 〈영시의 이별〉(이철수 작사, 배호 노래, 1971)과 함께 기억된다. 분과 초는 너무 작은 단위이니 따져본들 의미가 없다. 세기는 너무 큰 단위라 기껏해야 일생에서 한 번 정도 세기가 바뀌는 경험을 한다. 그래도 '내가 지금 이 세상을 살고 있는 것은 21세기가 간절히 나를 원했기 때문이오'(양인자 작사, 조용필 노래, 〈킬리만자로의 표범〉, 1985)라고 호기롭게 노래하기도 한다. 지나치게 긴 기간인 '세기'가 노랫말에 65회나 등장하는 것은 새 천년이 극히 최근에 있었기 때문이다.

번안의 대가 조영남은 증기의 힘으로 커다란 바퀴를 돌려 운항하는 배의 이름을 제목으로 삼은 노래 〈프라우드 메리Proud Mary〉를 〈물레방아 인생〉이란 노래로 바꿔 불렀다. '돌고 도는 물레방아 인생'은 '다람쥐 쳇바퀴'만큼이나 지루한 인생으로 보이기도 한다. 그러나 인생은 돌고 돌지 않는다. 해와 달이 뜨고 지는 세월은 돌고 또 돌지만 인생은 한 줄기 유성 같아서 시작과 끝이 명확하고 잠깐 반짝일 뿐이다. 노랫말에서 세월이 온갖 청승으로 그려지는 이유가 여기에 있다. 청승 속에서도 나름대로의 위안을 주는 것이 노래이니 나쁠 것은 없다. 인생과 달리 유행은 돌고 돌고, '유행'이란 말을 품은 '유행가' 또한 돌고 돈다. 새파랗게 어릴 때 듣는 노래부터 머리가 새하얄 때 듣게 되는 노래도 돌고 돈다. 듣기 싫던 '노털'들의 노래도 세월이 가면 듣게 된다. '노땅'들도 가끔씩은 가버린 청춘의 노래도 돌려 듣게 된다. 유행가는 그렇게 돌고 돈다.

18
노래가 가 닿는 곳

빨간색의 표지에 숙소, 화장실, 병원, 고물상 등의 위치가 꼼꼼하게
표시된 지도, 설사 때나 벌에 쏘였을 때의 응급처치 방법 등이 기록
된 수첩이 있다. 이것만으로는 도무지 용도가 가늠되지 않지만 서울
역, 영등포역, 용산역 근처의 노숙자 지원시설과 무료급식소 등까지
포함시키면 어느 정도 추측이 가능하다. 〈거리에서 2001〉이란 이름
이 붙은 노숙자 수첩이다. 여기에 노래 악보 두 개가 실려 있다. 하나
는 수첩의 표지 제목과 일치하는 〈거리에서〉이다.

거리에 가로등불이 하나둘씩 켜지고
검붉은 노을 너머 또 하루가 저물 땐
왠지 모든 것이 꿈결 같아요
• 김창기 작사, 동물원 노래, 〈거리에서〉, 1988

본래 노숙자와 관계가 있는 노래는 아니고 결국은 사랑노래이지만
앞부분만 보면 노숙자의 처지를 노래한 것으로 보이기도 한다. 악보

까지 첨부돼 있으니 노숙자들 보고 따라 부르라고 하는 것인가? 따라 부를 것 같지도 않고, 따라 부른다 해서 위안이 될 것 같지도 않은데 떡하니 실려 있다. '거리'는 중의적이다. 하나는 '길'의 다른 말로서 서로 떨어져 있는 공간을 이어주는 역할을 한다. 다른 하나는 '집'이 아닌 집 밖의 공간이다. 길에서 잠을 자는 것이 '노숙露宿'이니 이 수첩에 실린 '거리'는 두 번째 의미이다.

다른 하나는 '코스모스 피어 있는'으로 시작되는 〈고향 역〉(임종수 작사, 나훈아 노래, 1972)이다. 이 노래까지 보면 비로소 이 수첩을 만든 이의 섬세함이 느껴진다. 집을 나와 거리에서 헤매다 역 주변으로 모이는 노숙자들, 그들을 위한 각종 '깨알 팁'을 제공하면서도 거리에서 헤매거나 역사에서 한뎃잠을 자지 말고 고향 역으로 돌아가기를 바라는 마음을 담은 것이다.

누구에게나 태어난 곳, 사는 곳, 가야 할 곳, 가고 싶은 곳이 있다. 그런데 이 모든 곳을 이어주는 것이 길이다. '곳'이 생기면 '길'이 나고 '길'이 있어야 '곳'에 갈 수 있다. 이러니 '곳'과 '길'은 결국 하나다. 길이 있어 이웃과 왕래를 할 수 있고, 길이 있어 멀리 떨어져 있는 곳에 차나 기차로 갈 수 있다. 심지어 바다나 하늘에도 길이 있어 배나 비행기를 타고 간다.

노랫말이 이러한 곳과 길을 놓치지 않는다. 노랫말에 등장하는 곳곳은 삶의 터전이기도 하고 동경의 대상이기도 하다. 특히 바다, 강, 산은 우리의 삶을 결정짓는 중요한 공간이다. 또한 각 지역은 누군가 살고 있는 곳이자 누군가에게는 고향, 누군가에게는 가야 할 곳이거나 가보고 싶은 곳이다. 그곳을 떠나거나 가고자 한다면 거리로 나서서 역, 터미널, 항구, 공항으로 간다. 노랫말은 전국 각지의 여러 곳과 길, 그리고 길과 길을 이어주는 각각의 공간을 고유의 방식으로 담아내고 있다.

바다가 육지라면

지구상의 모든 땅은 조금씩 다르지만 하늘 아래 높고 낮은 땅이 있고 몇 줄기 강이 흐르는 모습을 하고 있다. 우리의 땅도 이러한 모습이지만 넓지 않은 땅을 삼면에서 바다가 둘러싸고 있고, 촘촘한 산 사이에 계곡마다 물이 흐르고, 그 물가 어딘가에 사람들이 더 촘촘하게 살고 있다는 특징이 있다. 끝없이 펼쳐진 넓은 들은 보기 어렵지만 변화무쌍한 땅의 모습을 보며 달리다 보면 어느새 바다에 다다른다. 그 바다 또한 복잡한 곡선으로 육지와 맞닿아 있고 수많은 섬을 그 위에 띄워놓고 있다. 좁은 땅덩어리지만 있을 것은 다 있다. 그것도

순위	제목		가사		말뭉치	
1	바다	53	바다	1,611	땅	22,463
2	강	18	땅	786	산	16,343
3	섬	13	산	687	바다	14,541
4	땅	9	강	316	강	7,472
5	산	7	섬	225	섬	6,197

아주 다양하게.

발을 딛고 있는 땅의 모습은 우리의 삶을 결정하는 가장 중요한 요인이니 노랫말에도 다양한 모습으로 반영된다. 그래서 노랫말이 그려내는 이 땅의 면면은 지리 교과서의 그것과 같으면서도 다르다.

무엇보다도 눈에 먼저 띄는 것은 제목이나 가사 모두에서 '바다'가 가장 높은 빈도를 보인다는 것이다. 삼면이 바다로 둘러싸여 있다고 하지만 우리의 삶에서 바다가 차지하는 비중이 절대적으로 높지 않다는 사실은 말뭉치가 증명해준다. 현실에서는 집을 짓고 발을 디딜 '땅'이 가장 중요하기 때문에 바다가 뒤로 밀리지만 노랫말에서는 압도적인 우위를 보이고 있다. 가사를 더 자세히 살펴보면 '파도'와 '물결'이 각각 926회와 303회가 나오는데 이 또한 바다와 밀접한 관련이 있다.

> 그리운 서울은 파도가 길을 막아 가고파도 못갑니다
> 바다가 육지라면 바다가 육지라면
> 배 떠난 부두에서 울고 있지 않을 것을
> • 정귀문 작사, 조미미 노래, 〈바다가 육지라면〉, 1970

노랫말이 '바다'를 이토록 사랑하는 이유는 여러 가지가 있겠지만 이 노래는 그에 대한 답을 간접적으로 제공한다. 이 노래에서 '바다' 혹은 '파도'는 자신과 사랑하는 이 사이를 갈라놓는 장애물로 나온다. 바다 때문에 1절에서는 '이별'을 하고 2절에서는 '눈물'을 흘린다. 노랫말에서 유독 많이 나오는 '항구'가 이별의 공간으로 그려지는 것과 같은 맥락으로 바다는 이별과 단절의 상징으로, 그리고 눈물의 원천으로 그려지고 있는 것이다. 그나마 '어서 가자 가자 바다로 가자 출렁출렁 물결치는 명사십리 바닷가 안타까운 젊은 날의 로맨스를 찾아서'(조명암 작사, 김정구 노래, 〈바다의 교향시〉, 1940)와 같은 오래된 노래가 바다를 희망차게 그려내고 있기는 하다.

바다와 강 모두 물로 이루어져 있지만 그 느낌은 사뭇 다르다. 바다를 바라보면 끝이 보이지 않지만 우리의 강은 대부분 건너편이 보인다. 항구에서와 마찬가지로 나루에서도 이별을 하지만 영원한 이별도, 완전한 단절도 아니다. 〈건널 수 없는 강〉(이정선 작사, 한영애 노래, 1986), 〈한강의 작별〉(10cm 작사, 10cm 노래, 2012)과 같은 노래들도 있지만 때론 활기찬 공간으로, 때론 풍류의 공간으로 그려진다. 일반화된 강이 아닌 부여의 '백마강'으로 한정되긴 했지만 이 시대 사람들의 마음속에 있는 강의 정서를 이 노래만큼 잔잔하게 잘 그려낸 노래는 찾기 어려워 보인다.

백마강 달밤에 물새가 울어 잃어버린 옛날이 애달프구나
저어라 사공아 일엽편주 두둥실 낙화암 그늘 아래 울어나보자
• 조명암 작사, 이인권 노래, 〈꿈꾸는 백마강〉, 1940

우리의 삶은 땅에 발을 디디고 있지만 노랫말의 땅 자체보다는 눈은 바다와 강으로 향한다. 그리고 가끔씩은 산과 섬으로 향하기도 한다. 좁은 땅덩어리에 산, 들, 강 바다가 어우러져 있으니 이렇게 그려지는 이 땅 곳곳 또한 우리의 삶의 터전이기도 하다. 노랫말 속의 산

은 딱히 전형성을 띠지는 않는다. 그래도 산이 우리의 삶에 주는 메시지는 이렇게 그려지기도 한다.

저 산은 내게 오지 마라 오지 마라 하고
발아래 젖은 계곡 첩첩산중
저 산은 내게 잊으라 잊어버리라 하고 내 가슴을 쓸어내리네
• 하덕규 외 작사, 양희은 노래, 〈한계령〉, 1985

서울 대전 대구 부산 찍고

'너는 상행선 나는 하행선 열차에 몸을 실었다.'

젊은 작가의 감각적인 소설 마지막에 나오는 구절이라면 꽤나 멋질 듯한 한 문장이다. 아니, 1992년이면 꽤 최근인데 굳이 '전통가요'라고 이름을 갖다 붙이는 소위 '뽕짝'이지만 멋있는 구절임에는 틀림없다. 같은 선로에 올라 마주보고 달려서는 절대로 안 되는 기차의 특성을 잘 살려 이별 후 멀어질 수밖에 없는 심정을 잘 표현했다. 그런데 이 가사에는 누구나 한번쯤은 의구심을 가져봤을 만한 말이 포함되어 있다. '상행선'과 '하행선' 그것이다. 어디로 올라가고 어디로 내려간단 말인가.

옛날 지도 중에는 한양을 중심으로 해서 지명을 방사형으로 써놓은 것이 있다. 궁궐에 계신 왕의 시점에서 각 지역을 볼 때 지명이 똑바로 보이도록 그리 한 것이다. 이를 보면 상행과 하행의 의미가 가

늠이 된다. 서울의 해발고도가 가장 높은 것도 아니고, 서울이 위도
상 가장 높은 곳에 있지 않더라도 왕이 있는 서울을 위로 정하고 다
른 지역은 모두 아래로 삼은 것이다. 그러니 일제강점기에 부산에서
서울을 향해 상행을 하다가도 서울에서 신의주로 가자면 다시 하행
을 해야 하는 것이다.

　서울은 길의 정점에만 있는 것이 아니라 노랫말에서도 가장 높은
곳에 있다. 서울은 제목, 가사, 말뭉치 모두에서 1위일 뿐만 아니라
그 빈도에서도 2위 부산을 압도한다. 이는 단순히 인구수가 반영된
것만은 아니다. 서울은 말 그대로 우리나라의 서울이니 노랫말에 자
주 등장하는 것은 당연하다. 부산도 우리나라 제 2의 도시답게 제 자
리를 지키고 있다. 그러나 나머지 도시는 체면을 많이 구기고 있다.

순위	제목		가사		말뭉치	
1	서울	59	서울	606	서울	63,519
2	부산	22	부산	203	부산	11,930
3	평양	9	강남	106	광주	7,455
4	여수	7	홍대	70	대구	7,188
5	목포	7	대구	63	서구	6,503
6	강남	7	인천	59	인천	6,294
7	명동	5	이태원	58	경기	5,186
8	인천	4	여수	47	경기도	5,027
9	홍대	4	명동	46	서울시	4,658
10	해운대	4	평양	45	평양	4,413

인천, 대구, 대전, 광주 등은 순위에서 뒤로 밀려 있거나 잘 보이지 않는다. 도시의 규모뿐만 아니라 노랫말에 등장할 만한 특징이 있어야 하는데 그렇지 못하니 노래로도 잘 만들어지지 않는 것이다. 서울의 일부인 '강남, 명동, 홍대, 이태원' 등에도 밀리는 것은 다소 아쉽기도 하지만 문화적으로도 서울이 너무 많이 대접을 받는다는 면에서 씁쓸하기도 하다.

서울은 등장횟수만 많은 것이 아니라 그 이미지도 무척이나 좋게 나타난다. 〈꽃 서울〉, 〈멋쟁이 서울 아가씨〉, 〈럭키 서울〉, 〈서울의 찬가〉 등 제목에서 찬양 일색이다. 그나마 〈서울이 싫어졌어〉가 유일하게 부정적인 의미를 드러내고 있다. 특히 다음 곡은 제목부터 가사까지 서울의 빈도를 획기적으로 올려주고 있다.

서울 서울 서울 아름다운 이 거리
서울 서울 서울 그리움이 남는 곳
서울 서울 서울 사랑으로 남으리
　• 양인자 작사, 조용필 노래, 〈서울 서울 서울〉, 1990

도시 규모에 비해 '목포'와 '여수'는 꽤나 선전을 하고 있다. 〈목포의 눈물〉, 〈목포는 항구다〉로 대표되는 목포는 도시가 가진 매력과 함께 이곳을 사랑하는 작사가, 가수 덕에 여러 차례 노랫말 속에 등장한다. 〈여수 밤바다〉로 기억되는 여수 또한 왠지 한번쯤은 가봐야 하는 도시로 사람들의 마음에 남아 있다. 그러나 다른 도시들이 아쉬워할 필요는 없다. 울산은 〈울산 큰 애기〉로 대표되고, 대전은 '대전

발 0시 50분'이란 가사와 함께 〈대전 부르스〉로 기억된다. 그래도 소외되는 도시가 있다. 인천은 '인천'이 포함된 노래 외에 〈연안부두〉로나마 대신 기억된다. 그리고 〈남행열차〉는 왠지 광주를 향해 달릴 듯하고, '서울 대전 대구 부산 찍고' 도는 노래도 있다.

항구의 이별, 지하철역의 만남

'길은 한 줄기 구겨진 넥타이처럼 풀어져 일광의 폭포 속으로 사라지고' 시인 김광균은 〈추일서정〉에서 가을날의 모습을 이렇게 그리고 있다. '길'에 대한 여러 가지 생각을 불러일으킨다. 길은 헤어짐인가? 엉뚱한 질문이지만 우리들의 머릿속에 각인된 길의 이미지는 이러하다. 길에 들어서는 것은 집을 떠난 것이며, 누군가가 길을 떠났으면 남겨진 사람과는 헤어진 것이다. 본디 길이라는 것이 오가는 것인데 어찌된 일인지 돌아오는 길은 잊고, 당장은 떠나는 길만 생각한다. 사정이 이렇다보니 길은 헤어짐이다. 특히 노래에서는 더더욱 그렇다.

자연스럽게 만들어진 길이든, 계획에 따라 조성된 길이든 모든 길은 거미줄처럼 얽혀 있다. 가야 할 곳과 돌아와야 할 곳이 각각 하나밖에 없는 외길이라면 모를까 오갈 곳이 늘어나면 길은 갈라지고 모이고를 거듭한다. 그 수가 더 늘어나면, 그리고 오가는 사람들이 더 많아지면 먼 길을 가야 하는 사람들이 모였다가 흩어지는 곳이 생겨난다. 정거장, 역, 항구, 공항이 그것이다. 땅 위의 길은 정거장과 역을 이용하고, 바다와 하늘의 길은 각각 항구와 공항을 이용한다. 노

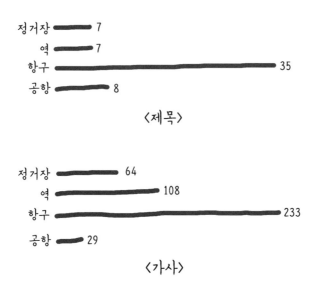

〈제목〉

〈가사〉

랫말에는 이러한 공간이 재미있는 양상을 보이며 등장한다.

　가장 보편화된 교통수단은 자동차와 기차이니 노랫말에서도 이 둘과 관련된 공간이 제일 많이 등장해야 할 것으로 생각할 수 있다. 그리고 배나 비행기를 타야 할 일은 그리 많지 않으니 이러한 교통수단과 관련된 항구나 공항은 상대적으로 적게 등장해야 할 것이다. 그러나 제목에서든 가사에서든 항구가 압도적으로 많이 등장한다. 이용 횟수로 치자면 도저히 비교가 되지 않고, 요즘 사람들은 항구가 어디 있는지도 잘 모른다. 그런데 왜 항구인가? 노래가 반드시 현실을 그대로 투영해야 할 이유는 없다. 정거장과 역이 많고, 많이 이용한다고 해서 그것을 노래에 반영해야 하는 것은 아니다. 노래는 노래 고유의 논리와 감성으로 만들어진다.

그리고 길과 길을 이어주는 거점에서의 공간도 만남보다는 헤어짐의 공간으로 묘사된다. 길은 떠남이고, 그 길의 거점은 이별의 장소인 것이다. 그런데 정거장이나 역을 통해 가는 길은 그리 먼 길이 아니다. 아침에 정류장에서 버스를 타고 떠난 이는 저녁이 되면 돌아온다. 주말에 역에서 기차를 타고 출발한 사람도 며칠 안에 다시 돌아온다. 정거장과 역은 잠시 떠났다 돌아오는 곳이기에 이별 아닌 이별이고, 이별이라도 그리 길지 않다. 한국 전쟁 당시의 '이별의 부산 정거장'은 다시 못 볼 사람을 보내는 공간이지만 오늘날 차와 기차의 정거장, 혹은 역은 그렇지 않다.

그러나 항구는 다르다. 배는 뭍이 아닌 물로 떠난다는 심리적 거리감도 크다. 좁은 땅에서 배를 타고 가야 할 일이 많지 않은데 배를 타고 떠나는 곳은 물이 가로막고 있는 섬이거나 가려해도 갈 수 없는 먼 나라다. 말 그대로 '바다 밖'인 '해외海外'인 것이다. 그러니 항구에서는 영원한 이별, 혹은 기약 없는 이별이다. '바다가 육지라면 배 떠난 부둣가에 울고 있지 않을 텐데' 바다는 이별의 눈물을 흘리게 한다. '사랑' 뒤에 '눈물'과 '이별'이 곧 뒤따라 나오는 노랫말이니 항구는 더없이 좋은 노래의 공간이다. 그래도 심수봉이 직접 곡을 쓰고 노래를 한 〈남자는 배, 여자는 항구〉에서는 항구의 새로운 의미를 발견한다. 물론 이 노래도 여자는 항구에서 기다리고, 남자는 배를 타고 떠난 것이긴 하지만.

공항은 더 멀고도 확실한 이별의 공간이기는 하다. 〈공항의 이별〉이라는 노래가 그 느낌을 대변해주기도 하지만 공항은 아주 늦게 생긴 공간이자 이용도가 그리 높은 공간이 아니다. 정거장이나 역처럼 우리 주변에 가까이 있지도 않고, 항구처럼 애잔한 느낌을 자아내지도 않는다. 공항은 왠지 유학, 출장 등의 공식적인 업무 차 떠나는 공간이거나 여행을 위해 즐거운 마음으로 거치는 곳으로 이해된다. 사실 거리상으로는 더 멀리 떠나게 되지만 빠른 속도 때문에 마음만 먹으면 금세 돌아와서 다시 만날 수 있는 공간으로 여겨지기도 한다.●

'역'은 노랫말에 그대로 집어넣기에는 적절하지 않다. 한 글자로 된 이 말을 그대로 노래에 넣어서는 의미 전달이 제대로 되지 않기 때문이다. 그래서인지 '역'은 앞에 무엇인가 앞에 붙은 채로 많이 나타난다. '전철역'과 '지하철역'이 많이 등장하는 것은 새로운 교통수단의 출현이 반영된 것이기도 하다. 그러나 이 때의 역은 헤어짐의 공간이 아니라 만남의 공간이다. 대중교통을 자주 이용하는 젊은이들에게 '강남역, 혜화역, 이대역' 등은 구체적인 만남의 공간이자 놀 수 있는 공간으로 표현된다. 조금 나이가 든 세대에게도 '시청 앞 지하철 역'은 떠나보내고 지웠던 추억을 다시 들춰내는 공간이다. 물론 좀 더 나이가 든 세대들이 즐기는 노래 속의 '안동역'은 '안 오는 건지 못 오는 건지 대답 없는 사람'을 기다리는 공간, 즉 여전히 헤어짐의 공간이다.●●

어느 곳이든 떠나는 사람과 돌아오는 사람은 결국은 같은 수여야

● 공항이 다른 이별의 공간과 주는 느낌이 다른 것은 각 공간의 모습 및 운영 방식과도 관련이 있다. 공항은 수속을 끝내고 어디론가 이어진 좁은 문으로 들어가면 끝이다. 이륙하는 비행기를 볼 수도 없으니 손수건을 흔드는 것은 꿈도 꿀 수 없다. 가다가 몇 번이나 돌아서고, 탈 것에 오르고 나서도 차창이나 난간 너머로 이별의 아쉬움을 나눠야 하는데 공항은 그 모든 것이 원천적으로 봉쇄되어 있다.

한다. 이별의 공간이기도 하지만 만남의 공간이기도 하다. 그런데 노래에서는 그렇지가 않다. 정거장은 오고 가는 사람들의 숫자가 같은 것으로 인식이 된다. 이별의 공간이기도 하고 재회의 공간이기도 하니 그렇다. 반면에 항구는 떠나는 사람으로만 기억이 된다. 그래도 세월의 흐름이 노랫말에 잘 반영이 된다. 이별의 공간이었던 역이 오늘날에는 만남의 공간으로 그려진다. 지하철과 전철이 늘어나면서 구체적인 삶의 공간으로 파고든다.

노랫말 속의 낯선 곳

지도를 재미 삼아 열심히 들여다본 사람은 킬리만자로라는 이름의 산과 이 산을 품고 있는 나라 탄자니아가 어디에 있는지 않다. 헤밍웨이의 〈킬리만자로의 눈〉을 읽은 사람은 킬리만자로 표범의 이야기를 안다. 그렇더라도 양인자가 가사를 쓰고 조용필이 노래를 한 1985년도의 〈킬리만자로의 표범〉은 이해하기 힘든 곡이다. 생뚱맞게 들도 보도 못한 킬리만자로가 나오는 것도 그렇고, 랩인지 사설인지 알 수 없는 긴 사설이 중간중간 나오는 것도 그렇다. 그러나 한 편

●● 〈시청 앞 지하철 역에서〉(동물원 작사, 동물원 노래, 1990)은 '역'의 이미지 변모 과정을 상징적으로 보여준다. '시청앞 지하철 역에서 너를 다시 만났었지'로 시작되니 만남의 공간으로 먼저 묘사된다. 그러나 '바삐 움직이는 사람들 속에 너의 모습이 사라질 때'는 다시 이별의 장소로 환원된다. 벌써 30년이 다 돼가는 '과거'의 노래이니 지금 세대가 '지하철 역'에 대해 갖는 느낌과는 사뭇 다를 것이다.

의 이야기가 담겨 있는 의미심장한 가사에 조용필의 가창력까지 더해져 많은 사람들의 사랑을 받는다. 덩달아 킬리만자로는 가볼 수는 없더라도 노래를 듣는 이의 가슴속에 아련한 기억으로 남는다.

노랫말에 다른 나라 혹은 다른 나라의 지명이 등장하는 것은 조심스럽고, 그래서 그런 노래가 드물다. 노래는 공감을 목적으로 하는데 가보지도 못한 땅의 정서를 노래해봐야 통할 리가 만무하기 때문이다. 그래서 〈I left my heart in San Francisco〉가 듣기에는 좋을지 몰라도 우리는 심장인지 마음인지를 왜 샌프란시스코에 두고 왔는지 알 수 없다. 그럼에도 불구하고 노랫말 속에 종종 다른 나라, 혹은 머나먼 이국땅의 도시가 등장한다. 외국 지명이 등장하는 노래는 1950년대에 가장 유행을 한다. 그중에 압권은 〈아메리카 차이나타운〉이다.

> 아메리카 타국 땅에 차이나 거리
> 란탄 등불 밤은 깊어 바람에 깜박깜박
> 라이라이 호궁이 운다 라이라이 호궁이 운다
> • 손로원 작사, 백설희 노래, 〈아메리카 차이나타운〉, 1954

'아메리카'는 당연히 미국인데 그곳의 코리아타운이라면 모를까 '차이나 거리'가 등장한다. '란탄'과 '호궁'이 낯설다.* 호궁이 말을

• '란탄'은 요즘이라면 '랜턴'이라고 써야 할 것이 '등불'과 같이 등장하는 것도 흥미롭다. '가스등'이 '와사등瓦斯燈'으로 음차되어 표기되고 '램프'가 '남포'로 받아들여졌던 것을 감안하면 '란탄 등불'은 '남폿불' 정도가 돼야 할 듯하다. '호궁胡弓'은 '해금'의 다른 말이긴 하지만 아무래도 중국의 얼후二胡로 보인다.

하는데 어찌된 일인지 말은 '오세요'라는 뜻의 중국어이다. 이쯤 되면 이 노랫말의 목적이 분명해진다. 이 노래는 공감이 목적이 아니라 오로지 이국적 정서가 목적이다. 비슷한 시기에 나온 〈홍콩 아가씨〉도 마찬가지다. '별들이 소곤대는 홍콩의 밤거리 나는야 꿈을 꾸며 꽃 파는 아가씨'가 한국인인지 현지인인지 중요하지는 않다. 그저 홍콩의 밤거리 분위기를 전하고 싶을 뿐이다.

공감이 아닌 분위기 전달이 목적이다 보니 노랫말에 등장하는 외국의 국명과 지명은 그 수도 많지 않지만 대중이 없다.

제목	아메리카, 북경, 동경, 하와이, 차이나, 러시안, 호주, 현해탄, 텍사스, 킬리만자로
가사	샹하이, 빠리, 하와이, 미국, 아메리카, 뉴욕, 인도, 홍콩, 대만, 와이키키, 아프리카

가사나 제목에 나라 이름을 넣는 것은 〈아 대한민국〉과 같이 작정하지 않고는 쉽지 않다. 그래도 역시 '미국'은 빠지지 않고 미국의 몇몇 도시들도 등장한다. 반면에 '일본'은 나라명과 그 지명이 극히 드물게 나타난다. 나머지 나라나 도시 역시 그저 산발적으로 등장할 뿐이다. 〈사랑의 트위스트〉에 나오는 '샹하이'는 중국의 도시 샹하이와 전혀 관련이 없다. 노래에서는 '샹하이'를 여러 번 외치지만 트위스트를 떠올릴지언정 중국의 도시를 떠올리지는 않는다.

요즘 노래에서는 더더욱 외국의 지명이 노랫말에 잘 등장하지 않는다. 단지 이국적인 정서에 호소하던 유행은 1950년대에 끝나버렸다. 진정 이국적인 정서를 원한다면 우리의 노랫말에 욱여넣을 것이 아니라 외국에서 만들어져 외국 사람이 부르는 노래를 들으면 된다. 우리의 노래와 다른 나라의 노래 사이의 경계가 많이 허물어졌다고 는 하나 여전히 우리 노래의 정체성, 그리고 그 노래에 대해 가지는 공감의 영역은 그대로 남아 있는 것이다. 생뚱맞음의 극한을 달리는 〈킬리만자로의 표범〉이 많은 사랑을 받는 이유는 '킬리만자로' 때문 이 아니라 '산에서 만나는 고독과 악수하며 그대로 산이 된들 또 어 떠리'가 담고 있는 정서 때문이다.

누구든 지친 몸을 누이고 편히 쉴 수 있는 집이 있다는 것은 크나큰 행복이다. 그 집을 떠나면 거리에 나서게 되고 온갖 탈 것으로 긴 거 리를 밟아가다 보면 산과 강, 그리고 바다에 닿는다. 이렇게 집을 떠 나서 맞닥뜨리게 되는 공간은 이별의 공간일 수도 있고 휴식을 위한 충전의 공간일 수도 있다. 그러나 집 밖의 공간은 영원히 머무를 수 있는 평안한 공간은 아니다. 노숙자 수첩 속의 노래 두 곡은 우리 마 음속의 영원한 지향을 담아내고 있다. 집은 집이되 고향 집이면 더 좋 다. '이쁜이 꽃분이'는 없더라도 '고향 역'으로 달려가면 어머니는 여 전히 기다리고 계신 집이 있을 것 같다. 노랫말 속에 나타난 온갖 공 간은 누군가의 고향 집이 있는 곳이다. 그래서 더 푸근하게 느껴진다.

먹고사는 일에서 한 발짝 떨어져

어릴 적 흙장난을 하면서 무심코 불렀던 노래가 있다. 누가 만들었고 언제부터 불렀는지 모르지만 누구나 한 번쯤 흥얼거렸을 법한 '두껍아 두껍아 헌 집 줄게 새 집 다오'가 그것이다. 두꺼비를 본 적이 없는 요즘 아이들도 주문처럼 외우는 그 노래다. 헌 집을 새 집으로 바꿔달라고 억지를 쓰는 노래인데도 그저 아무 생각 없이 따라한다. 물론 머지않아 이 노래도 사라질 것이다. 아스팔트와 보도블록으로 흙이 다 덮이고 놀이터의 흙은 동물들의 분변으로 오염되었다고 성화를 하는 상황이니 흙장난을 할 곳이 없다.

제목은 모른 채 '까치 까치 설날은 어저께고요'로 기억되는 노래가 있다. 설날 하루 전인 섣달 그믐날을 '까치설'이라고 하는 것을 모르니 왜 까치의 설날이 어제인지 알지 못하면서 그저 따라 부른다. 이어지는 가사에는 '댕기, 신발, 노랑저고리, 색동저고리'가 차례로 등장하는데 설날이나 돼야 새 옷을 얻어 입을 수 있다는 설렘이 가득 담긴 노래다. 신발이야 그렇다쳐도 나머지 것들은 정말 명절에만 볼 수 있는 것들이다. 언제든 사 입을 수 있는 옷이다 보니 '설빔, 때때

옷, 고까옷'이란 말도 이제는 사라져가고 있다.

　제목에는 '군밤'이 들어 있는데 가사를 보면 고개를 갸웃하게 되는
민요도 있다.

　　바람이 분다 바람이 분다 연평 바다에 어얼사 돈바람 분다
　　얼사 좋네 하 좋네 군밤이요 에헤라 생율밤이로구나
　　• 경기 민요, 〈군밤타령〉

　후렴구에 군밤이 왜 등장하는지 생뚱맞기만 하다. 앞 구절에서는
'군밤'이라고 했다가 뒤에 가서는 '생율밤'이라고 한다. '율栗'도 밤
을 뜻하니 '생율밤'은 '생밤밤'이 되어 '문전앞門前-'만큼이나 이상한
단어다. 입에서 입을 거치면서 자연스럽게 만들어지다 보니 민요에
서는 전후 맥락을 이해할 수 없는 것들이 꽤 된다.

　이렇게 뒤져보다 보니 의외로 우리의 삶과 밀접한 관련이 있는 의
식주에 대한 노래들이 드물다. 인간의 삶은 입을 것, 먹을 것, 잘 곳
을 뜻하는 '의식주'로 대변된다. '먹고살다'는 말에서 알 수 있듯이
먹는 것이 먼저이고, 추위와 더위는 물론 맹수의 위협으로부터 안전
을 보장해 주는 먹을 것과 쉴 곳이 그 다음이다. '의식주'는 한자로
이루어진 단어다. 각각 '옷[衣]', '먹을 것[食]', '집[住]'와 같이 고유어
로 쓰는 일이 더 많은데 '의식주'만은 늘 함께 붙어 다니며 고유어로
대체되는 일도 없다. 우리의 삶에서 가장 기본이 되는 세 가지이니
늘 한 단어처럼 쓰이는 것이 당연해 보이기도 한다. 인간의 삶과 밀
접한 관련이 있으니 시나 노래에 많이 등장할 법도 한데 의외로 많지

가 않다.

〈노란 샤쓰 입은 사나이〉에서 '샤쓰'가 보이기도 한다. 〈비둘기 집〉에서 '집'이 보이기도 한다. 그러나 매일 먹는 '밥, 국, 반찬' 등은 찾기가 어렵다. 우리의 삶 속에서 나온 노래가 우리 삶의 가장 밑바탕을 이루는 것과 거리를 두고 있는 것이다. 의식주는 모두 필수불가결한 요소이지만 어느 정도 충족되고 나면 과시와 향유의 수단이 된다. 맛있는 것, 멋진 것, 편한 곳을 찾는 것이 인간의 당연한 일상이 된다. 옛날의 노동요는 이것들을 얻기 위한 몸부림의 노래였지만 오늘날은 이것들을 즐기는 노래들이 만들어진다. 그래서 '생존'으로서의 집, 옷, 먹을 것이 아니라 '생활'로서의 이것들은 노래 속에 고스란히 반영된다. 이것의 변화는 결국 삶의 변화이기도 하고 삶에 대한 우리 태도의 변화이기도 하다.

오두막에서 아파트까지

'집'은 건물로서의 공간을 뜻하기도 하지만 가족들이 생활하는 공간을 뜻하기도 한다. 노랫말이 부동산에 관심을 가질 리 없으니 노랫말에서의 집은 당연히 후자일 수밖에 없다. 생활공간으로서의 집이지만 주부의 시각에서 쓴 노랫말이 아닌 한 집안에서의 생활 모두를 노랫말에 담아낼 이유도 없다. 그 속에서 이루어지는 생활보다는 그 속에서의 여러 가지 느낌에 초점을 맞추는 것이 일반적이다. 지친 몸을 누이고 쉴 수 있는 공간, 낮에는 흩어져 생활하던 가족들이 모이는 공간이니 다른 곳에서는 결코 가질 수 없는 느낌을 주는 곳이 바로 집이다. 이러한 집의 느낌은 이 노래가 압축적으로 보여준다.

> 집 떠나와 열차 타고 훈련소로 가는 날
> 부모님께 큰절하고 대문 밖을 나설 때
> 가슴속에 무엇인가 아쉬움이 남지만
> 풀 한 포기 친구 얼굴 모든 것이 새롭다
>
> • 김현성 작사, 김광석 노래, 〈이등병의 편지〉, 1996

군대의 졸병 이야기이지만 많은 사람들이 이 노래에 공감하는 이유는 노래의 첫 구절에서 찾을 수 있다. 군대 가는 것이 두렵기도 하고 싫기도 하지만 무엇보다도 부모님과 함께 살던 집을 떠나는 것이 슬프다. 매일 보던 얼굴도 못 보고 같이 먹던 밥도 못 먹는다. 첫 친구들도 대부분 집 근처의 친구들이니 집을 떠나는 것이 서럽다. 노랫말에 나오는 집은 대개 이런 집이다. 〈비둘기 집〉에서의 집도 이런 집이고, '집 나가면 개고생'이란 광고 속의 집도 이런 맥락에서 이해된다.

'집'은 제목에서는 46회 나타나는데 명사 중에서는 60위이다. 계절을 나타내는 '봄'과 '여름' 다음이니 꽤나 순위가 높다. 가사에서는 2,067회 등장해서 명사 중 83위를 기록하고 있다. 〈담배 가게 집 아가씨〉에서와 같이 그저 공간을 뜻하기도 하지만 단순한 공간 그 이상의 의미를 담고 있다. 먹고 자고 노는 일상이 집에서 이루어진다. 사랑하는 가족이 있는 공간이기도 하다. 누구나 집을 가지기를 소망하는 이유이기도 하고, 남녀가 만나 결혼을 하는 것도 결국은 '새로운 집'을 마련하는 일이기도 하다.

그런데 다소 엉뚱한 집이 노랫말에 등장해 큰 인기를 끌게 된다. 제목부터 등장하는 '아파트'는 지금은 '집'의 하나로 당연하게 쓰이지만 다소 엉뚱한 단어이기도 하다.˙ 그건 그렇다 치고 '별빛이 흐르는 다리를 건너 바람 부는 갈대숲을 지나'면 닿게 되는 데는 오두막이지 아파트는 아니다. 이래저래 뭔가 이상한 집이다.

> 별빛이 흐르는 다리를 건너 바람 부는 갈대숲을 지나
> 언제나 나를 언제나 나를 기다리던 너의 아파트
> • 윤수일 작사, 윤수일 노래, 〈아파트〉, 1982

아파트가 새로운 '집'으로 자리를 잡을 무렵 이 노래는 '띵동'하는 초인종 소리를 울리며 우리 곁으로 왔다. 각지에서 몰려든 사람들로 도시가 포화상태에 이르자 위로 솟구치며 공간 부족의 문제를 해결하고자 한 데서 나온 산물이다. 법적으로는 '공동주택'이라 불리는 건물, 좁은 땅을 상하좌우 콘크리트 벽으로 나눠 사는 건물이 '집'이 되는 무렵에 나온 곡이니 시대를 잘 타고 태어난 노래임에 틀림없다. '별빛'과 '갈대숲'을 보기 어려운 도시에서, '공동'이란 말이 들

• 외국에서 들어온 말이니 본래대로 정확하게 하려면 '아파트먼트 하우스Apartment house'라고 해야 한다. 그런데 이것저것 다 떼고 말하기 좋아하는 일본을 통해서 들어오다 보니 '아파트'가 되어버렸다. 그리고 5층이 넘는 대규모의 거주 공간은 '맨션Mansion'이라 하는데 그마저도 '아파트'로 대치되었다.

어가 있지만 노랫말에도 있듯이 '아무도 없는 쓸쓸함'이 더 느껴지는 새로운 집을 그리고 있다. 집에 대한 느낌이 서서히 변해가고 있는 것이다.

집의 모습이 바뀌고 집에 대한 생각이 바뀌더라도 집과 가장 잘 어울리는 동사는 역시 '가다'이고 노랫말에서도 '가다'와 어울리는 경우가 가장 많다. 어디서 무엇을 하든 밤이 되면 집에 가서 하루를 마치는 것이 일상이다. 그런데 묘하게도 2000년대 이후에 '집에 가지 마' 혹은 '집에 안 갈래'란 노랫말이 종종 등장한다.

집에 가지 마 BABY OH 너에게 줄 선물이 여기 있는데
오늘은 집에 가지 마 BABY YE
• GD 외 작사, GD&T.O.P 노래, 〈집에 가지 마〉, 2010

모른 체 딴청 피지 말어 그렇게도 눈치가 없어
그 나이 먹고 얼큰히 먹고 내가 꼭 말해줘야 아는 거니
• 황문섭 외 작사, 나비 노래, 〈집에 안 갈래〉, 2013

혼자 사는 사람들이 이성에게 '우리 집에서 라면 먹고 갈래'라고 하는 것과 똑같은 말이다. 집에서 기다리는 식구들을 생각하면 해서는 안 될 말이지만 이렇게 노래하고 있다. '가지 마'라고 하는 것은 대개 남자고, '안 갈래'라고 하는 것은 여자다. 이렇게 서로가 투정, 혹은 고집을 부리다가 정말로 집에 보내기 싫으면 결국 새로운 집을 이루기도 한다. 그러나 이때에도 결국 '가다'가 쓰였다. 가야 하는 것

이 당연하니 투정과 고집을 부리는 것이다. 밥은 딴 데서 먹어도 잠은 한데서 자지 말라는 옛말이 고리타분하게 들려도 결국은 들어가야 하는 것이 집이다. 집 떠나와 열차 타고 군대 간 이등병이 휴가를 받으면 제일 먼저 가는 곳도 역시 집이다. 그렇게 돌아갈 집이 있다는 것은 누구에게나 행복한 일이다.

행주치마에서 청바지까지

가수이지만 노래 이외에도 숱한 화제를 몰고 다니는 이들이 있다. 미니스커트에 대한 이야기에서 절대로 빠질 수 없는 이 노래꾼도 마찬가지다. 출중한 노래 실력과 무대에서의 화려한 퍼포먼스가 오히려 미니스커트 때문에 가려질 지경이다.[*] 화제성으로는 그만한 것이 없으니 여전히 우려먹는 것이다. 노래꾼이 입은 옷이 아니라 노랫말 속의 옷에 초점을 맞춰야 하는 상황에서조차 미니스커트 얘기로 시작하니 이것도 문제이기는 하다.

　노랫말에서 '옷' 자체가 주목을 받기는 어렵다. 제목에는 '옷'이 5회밖에 안 나타나지만 가사에서는 1,000여 번 나타나니 그리 드문 것은 아니다. 그러나 포괄적이고 추상적인 개념의 '옷'이 노랫말에

• 윤복희가 미니스커트를 입고 귀국한 것이 센세이션을 불러일으켜 미니스커트가 대유행을 하게 되었다는 이야기가 그것이다. 하지만 1967년 겨울 자정이 넘은 시각의 공항에 미니스커트를 입고 내렸을 리가 없다. 윤복희 본인도 이것은 사실이 아니라고 외쳐도 여전히 우리 미니스커트 역사의 결정적인 순간으로 그 장면을 꼽는다.

등장해서는 별 관심을 끌지 못한다. 그보다는 구체적인 옷이 등장해야 비로소 공감을 얻을 수 있다. 갖가지 옷이 등장하는 노래를 찾아 올라가다 보면 이 노래를 만나게 된다. 그리고 조금 뒤에 '양복'도 만나게 된다.

희양사 저고리에 흑갑사 댕기 행주치마 곁들이고 어디로 가남
도랑물 건너면은 서울 가는 길 행여나 꿈에라도 가지 말어 응야
• 임지현 작사, 박향림 노래, 〈꿈꾸는 행주치마〉, 1938

양복 입은 신사가 요릿집 문 앞에서 매를 맞는데
왜 맞을까 왜 맞을까 원인은 한 가지 돈이 없어
• 한영순 작사, 한복남 노래, 〈빈대떡 신사〉, 1950

'희양사'를 '시양사'로 적어 놓은 것도 있는데 들리기는 '희양사'로 들린다. 천의 한 종류이기는 할 텐데 어떤 천인지는 알 수 없다. 그런데 행주치마를 두르고 서울에 갈 생각은 꿈도 꾸지 말라고 타이르고 있다. 이때의 '행주치마'는 '주부'의 대유법이니 좀 씁쓸하다. 이에 비해 '양복'은 남자, 그것도 신사의 옷이다. 여자의 옷은 '양장'이라 하는데 저고리, 댕기, 치마로 대표되는 '한복'과는 대척점에 있는 옷이다. 한자 '복(服, 옷 복)'과 '장(裝, 꾸밀 장)'에 성별이 따로 있는 것은 아닌데 앞에 무엇이 붙느냐에 따라 묘한 쓰임새를 보인다.

'양복'과 '양장'이 남자와 여자의 옷을 뜻하지만 이마저도 추상적인 단어이니 노랫말에 잘 나타나지는 않는다. 노랫말에 나타나는 옷

은 단연 '치마'와 '바지'다. '치마'는 제목과 가사를 통틀어 279번이 나오고, 바지는 207번이 나온다. '치마'와 '바지'가 각각 '여자'와 '남자'를 상징하니 노랫말에서 인기가 떨어지는 남자가 그나마 많이 나오는 것으로 볼 수도 있다. 그런데 '바지'가 남자를 가리킨다는 것은 성급한 판단이다. 문제는 '바지' 중에 '청바지'가 73번이나 끼어 있다는 것이다. 이 청바지의 정체가 무엇인지는 이 노래에 잘 드러난다.

> 긴 머리 긴 치마를 입은 난 너를 상상하고 있었지만
> 짧은 머리에 찢어진 청바지가 너의 첫 인상이었어
> • 김창환 작사, 김건모 노래, 〈첫인상〉, 1992

'청바지'가 등장하는 노래를 살펴보면 남자보다 여자를 가리키는 것이 더 많다. 치마와 바지의 이분법에서 벗어나 여자들도 필요에 따라 바지를 입게 되지만 남자들은 치마를 넘보지는 않는다. 그것이 자연스럽게 노랫말 속에 드러나게 되는데 추상적인 '바지'보다는 구체적인 '청바지'로 나타나는 것이다. 소위 '전통가요'도 사정은 크게 다르지 않아 '꽉낀 청바지 갈아입고 거리에 나섰다'로 시작되는 〈너는 내 남자〉(조동산 작사, 한혜진 노래, 2003)에서도 마찬가지다. '청바지가 잘 어울리는 여자'(노영심 작사, 변진섭 노래, 〈희망사항〉, 1989)라고 굳이 '여자'를 밝히지 않아도 노랫말에서 '청바지'는 여자의 옷으로 더 많이 나온다.

미니스커트든 청바지든 노랫말에 옷이 등장할 이유는 많지 않다. 눈으로 보이는 것도, 귀로 들리는 것도 감정으로 승화시켜야 노랫말

이 되는데 옷은 감정으로 승화시키기에는 너무 추상적이거나 너무 말초적이어서 그런지도 모른다. 옷은 노랫말보다는 노래를 둘러싼 외적인 것들에서 더 문제가 된다. 남자 가수들의 옷은 반짝이가 아무리 많이 붙어 있어봤자 결국은 '양복'이다. 가끔씩은 흥부 자식보다 더 처참한 누더기 옷을 걸치고 나오지만 근육질 몸매가 잠시 이슈가 되었다 사라진다.

문제는 반대편에 있다. 점점 짧아지는 옷, 가리는 면적이 좁아지는 옷, 엉뚱한 상상력을 자극하는 옷들이다. 무대와 노래에 어울리는 옷이라면 문제될 것이 없다. 그러나 선정적인 노랫말, 자극적인 리듬, 퇴폐적인 춤이 문제가 된다. 그것도 스물 안팎의 걸 그룹을 둘러싸고 문제가 된다. 이 또한 노래와 함께 소비되는 상품이니 만드는 이나 즐기는 이 모두의 책임이다. 그러나 이런 잡음이 많은 노래는 노랫말의 역사, 혹은 노래의 역사에는 흔적을 남기지 못할 가능성이 아주 높다.

한 잔의 추억

'청바지에 어여쁜 아가씨가 부럽네요'라고 시작되는 노래가 있다. 정식으로 발매된 노래는 아니고 여러 예능 프로그램과 광고를 통해 〈식탐송〉으로 조금씩 알려진 노래다. '내가 만약 외로울 때면 치킨 먹지요'와 같이 웃으라고 만든 노래이다. 어떤 가사든 먹는 것과 관련을 시켜 우리 노래의 역사를 두루 훑고 있다. 이 노래는 오로지 먹는 것에 집중하고 있지만 우리의 노랫말 전체를 살펴보면 먹는 것에 대해서는 꽤나 인색한 편이다. 노래가 삶을 반영한 것이고, 의식주가 우리 삶의 근간이라면 당연히 '식(食, 먹을 식)'에 해당하는 것이 노랫말에 많이 담겨 있을 법도 한데 영 찾아보기 어렵다. 제목과 가사에 밥은 700번 남짓 나타나는데 특별한 인상을 주지도 못한다.

〈빈대떡 신사〉는 양복과 음식 이름이 동시에 나오니 '의'와 '식'에 충실한 노래라 할 수 있다. 그러나 〈솜사탕〉(최성우 작사, 네미시스 노래, 2005), 〈내 귀에 캔디〉(방시혁 작사, 백지영 노래, 2009), 〈마시멜로우〉(최갑원 작사, 아이유 노래, 2009) 등 군것질거리나 될 만한 것들이 노래로 만들어졌지 정작 '먹고사는' 데 핵심인 주식은 다뤄지지 않는다. 그이유는 쉽사리 짐작된다. '집'과 '옷'을 노래에서 본격적으로 다루지 않는 것과 마찬가지 맥락이다. 치열한 삶에서 한 걸음쯤 물러나서 노래를 해야 그 맛이 느껴지는데 의식주는 삶과 너무 가깝다. '먹고사는' 것이 중요하다지만 노래마저 먹고사는 문제에 매달리면 너무 서글프거나 천박하다고 느껴질 수 있다.

그러나 예외가 있다. '음식'이란 말로 뭉뚱그려지는 말 속의 '음(飮, 마실 음)'과 관련된 것들은 노랫말에 수도 없이 등장한다. '술'과 '커피'가 그것이다. 술은 제목과 가사를 합쳐 2,000번 이상 나오고 그중에 소주는 170여 번이나 나온다. 커피 역시 530여 번이나 나온다. 밥과 반찬은 노랫말에서 찬밥 신세인데 술과 커피는 너무도 귀한 대접을 받는다. '술'과 '커피'로만 찾아서 그렇지 구체적인 종류까지 나열하면 훨씬 더 많아진다.

그렇다고 노래가 술과 커피를 찬양하는 것도 아니고 그 자체에 대한 이야기를 하는 것은 아니다. 이들을 매개로 해서 뭔가 하고 싶은 이야기를 하고 있다. 일상의 인간관계를 나타내는 말에서 차, 밥, 술은 나름대로의 등급이 있다. '차 한잔 마시자'고 말하는 상대와 '밥한 끼 먹자'고 말하는 상대는 틀림없이 차이가 있다. 나아가 '술 한잔 마시자'고 말하는 상대는 다르다. 차 한잔은 시작되는 관계이고, 밥한 끼는 가까워진 관계이다. 여기에 술 한잔이 곁들여지면 속내까지 터놓을 수 있는 관계가 된다. 밥 한 끼는 배를 채우는 일이니 노랫말에 잘 등장하지 않는다. 그러나 커피 한잔은 새로운 관계의 시작이니 설레는 마음이 담겨 있고, 술 한잔은 친숙한 관계에 대한 믿음이 담겨 있다.*

노랫말 속의 커피는 〈밀월의 코스〉(박영호 작사, 김해송 노래, 1937) 속의 '브라질 커피 향기 출렁거린다'까지 거슬러 올라간다. 그러나 커피향이 담긴 최고의 노래는 딱 한 곡이다. 그리고 30년 뒤에 나온 노래도 그에 못지않다.

커피 한 잔을 시켜놓고 그대 올 때를 기다려봐도
웬일인지 오지를 않네 내 속을 태우는구려
• 신중현 작사, 펄 시스터즈 노래, 〈커피 한 잔〉, 1968

* '차'와 '커피'의 관계는 묘한 구석이 있다. 영어에서는 각각 'tea'와 'coffee'라고 하니 둘은 분명히 구별이 된다. 우리말에서도 '차'는 본래 영어의 'tea'와 같은 의미였는데 뒤늦게 들어온 '커피'도 '차'의 일종이 되었다. 차를 파는 곳이라는 뜻의 '다방'에서 차와 커피를 함께 팔게 되면서 자연스럽게 커피도 차에 포함이 된 것으로 보인다. 조용필이 부른 〈그 겨울의 찻집〉을 들으며 '차'와 '커피' 중 어느 것을 먼저 떠올리게 되는지 생각해보면 자신의 세대를 가늠해볼 수 있을 것이다.

아메리카노 좋아 좋아 좋아 아메리카노 진해 진해 진해

어떻게 하노 시럽 시럽 시럽 빼고 주세요 빼고 주세요

• 권정열 외 작사, 10cm 노래, 〈아메리카노〉, 2010

1968년대의 커피는 2-3-3의 비율로 달고도 진하게 타주는 '다방 커피'일 테고, 2010년의 커피는 에스프레소에 물을 섞은 '원두커피' 일 것이다. 후자가 '진해 진해'라고 노래하고 있지만 아무래도 다방 커피가 더 진해 보인다. '내 속을 태우는 그대'를 기다리며 마시는 커피와 '여자 친구와 싸우고 바람 필 때' 마시는 커피이니 차이가 있을 수밖에 없다. 그러나 커피 한잔을 두고 온갖 이야기를 만들어내는 것은 예나 지금이나 다르지 않다. 커피 한잔으로 시작해 맺어질 달콤한 관계가 궁금한 것도 마찬가지다. 물론 '싸구려 커피를 마신다 미지 근해 적잖이 속이 쓰려온다'(장기하 작사, 장기하와 얼굴들 노래, 〈싸구려 커피〉, 2008)에서는 쓴맛과 신맛도 함께 느껴지기도 한다.

술이 제목에 그대로 노출된 노래는 1932년 채규엽이 일본 노래를 번안해서 부른 〈술은 눈물일까 한숨이랄까〉까지 거슬러 올라간다. 이 노래 외에도 술이 제목에 직접적으로 드러나는 곡은 30곡이 넘는데, 여기에 '술집, 술잔, 술자리' 등과 구체적인 술 종류까지 더하면 그 수는 더 늘어난다. 가사에서는 이보다 훨씬 더 구체적이어서 나타나는 숫자도 많을 뿐더러 온갖 술이 다 나온다. 수없이 많은 노래 중에 제목부터 진하게 술의 향이 느껴지는 노래는 최근의 노래에서 찾을 수 있다.

슬픔이 차올라서 한 잔을 채우다가

떠난 그대가 미워서 나 한참을 흉보다가

나 어느새 그대 말투 내가 하죠 난 늘 술이야 맨날 술이야

• 류재현 작사, 바이브 노래, 〈술이야〉, 2006

아 아 아 그녀는 꼭 한잔 마신 후에

부드러운 손등으로 입술을 닦죠 오 막걸리나

• 윤종신 작사, 윤종신 노래, 〈막걸리나〉, 2010

제목이 〈술이야〉이니 노래를 모르는 이들이 19금 딱지를 붙이기 십상이다. 술 이름을 묘하게 여자 이름으로 바꿔 젊은이들도 좋아하게 된 막걸리를 노랫말에 그대로 끌어들였다. 이렇게 술이 직접적으로 드러나는 노래도 있지만 술 자체가 목적이 아닌 이상 간접적으로, 혹은 은근하게 드러나는 노래가 더 많다. 술이 채워지지 않은 〈빈 잔〉(조운파 작사, 남진 노래, 〈빈 잔〉, 1982)으로 인생을 노래하기도 하고, 〈소주 한 잔〉(임창정 작사, 임창정 노래, 2003)으로 짙은 그리움을 노래하기도 한다. 그런데 〈소주 한 잔〉에서도 알 수 있듯이 술이 등장하는 수많은 노래에 예상치 못한 공통점이 하나 있다.

취한 눈 크게 뜨고 바라보면은 반쯤 찬 술잔 위에 어리는 얼굴

마시자 한 잔의 추억 마시자 한 잔의 술 마시자 마셔버리자

• 이장희 작사, 이장희 노래, 〈한 잔의 추억〉, 1974

술을 안 마시는 사람은 있어도 한 잔만 마시는 사람은 드문데 노랫말 전체에서 '한 잔'은 1,200번 가까이 나온다. 노랫말이 술을 사랑하지만 그에 대한 경계도 잊지 않고 있는 듯이 보인다. 거슬러 올라가면 '주태백酒太白'이란 별명으로 불리기도 했던 이태백이나 정철의 시가에서도 나온다. 꽃가지를 꺾어 잔 수를 세며 무진무진 마시지만 '한 잔 먹세 그려 또 한 잔 먹세 그려'로 '한 잔'을 강조하고 있다. 마시면 취하고, 취하면 즐거워지기도 하고 슬퍼지기도 하는 술, 그것이 적당하면 가사가 되지만 지나치면 주사가 되는 것에 대한 경고일 수도 있다. 아니면 술 취한 '인생은 나에게 술 한잔 사주지 않는다'는 정호승 시인의 충고일 수도 있다.

이제까지 그래왔듯이 앞으로의 삶의 모습도 끊임없이 변화할 것이다. 그러나 '의식주'가 우리의 삶과 멀어질 가능성은 없다. 먹고 자고 입는 것은 삶이 아무리 달라지더라도 없어서는 안 될 것들이다. 게다가 먹고 마시는 일은 꽤나 큰 즐거움이니 놓을 수도 없다. 우리의 삶과 늘 함께하는 노래이니 의식주 모두가 노랫말에 꾸준히 반영될 것이다. 궁금한 것은 앞으로 어떻게 변화해갈 것인가이다. 아파트도 아닌 원룸에서 헐렁한 차림으로 혼밥과 혼술을 하는 모습으로 그려질 가능성이 높다. 노래도 그렇게 혼자 듣게 될지도 모른다.

20
하늘과 바람과 별과 노래

1인칭이 2인칭에 하는 사랑의 고백, 노랫말을 이렇게 정의하면 많은 경우에 맞아떨어진다. 그러나 모두에게 맞는다는 프리 사이즈의 옷은 사실은 어느 누구에게도 딱 맞지 않는 옷일 수도 있다. 노랫말에 대한 이 정의도 그렇다. 가끔씩은 이런 정의의 틀에 가두기에는 너무 버거운 노랫말을 접하게 된다. 특히 이 노래가 그렇다.

> 바람이 분다 서러운 마음에 텅 빈 풍경이 불어온다
> 머리를 자르고 돌아오는 길에 내내 글썽이던 눈물을 쏟는다
> 하늘이 젖는다 어두운 거리에 찬 빗방울이 떨어진다
> • 이소라 작사, 이소라 노래, 〈바람이 분다〉, 2004

철저하게 혼잣말을 하고 있다. 밤늦은 시각 일기를 쓰듯이 노래하고 있다. 짤막한 문장들을 모두 'ㄴ다'로 끝내고 있다. 노래를 듣는 이들은 남의 일기를 들춰보는 느낌을 갖는다. 사랑의 고백은 어디서도 찾을 길 없는 1인칭이 1인칭을 위해 쓴 노랫말을 읽으며 같이 눈

물을 쏟게 된다. 어두운 잿빛의 '젖은 하늘'에서 내리는 빗방울은 당연히 차가울 수밖에 없다. 청승의 극치다.

'하늘'과 '바람'은 윤동주 시인이 〈하늘과 바람과 별과 시〉에서, '바람'과 '비'는 김수영 시인이 앞의 시에서 '비를 몰아오는 동풍'으로 짝을 지어놓기도 했다. 이 노래는 이 셋을 욕심껏 짝을 지어놓았다. 초겨울이었으면 차가운 빗방울이 진눈깨비를 거쳐 어느새 눈으로 바뀌는 모습을 그렸을지도 모르겠다. 어느 가을날 밤을 하얗게 샜다면 다음날 새벽 자욱하게 낀 안개를 그렸을지도 모르겠다.

우리들의 머리 위에 늘 있지만 고개를 들고 눈의 초점을 먼 곳에 맞춰야 볼 수 있는 하늘인지라 일상에서는 하늘에 특별한 관심을 두지 않는다. 그 하늘을 하염없이 가르고 다니는 바람 또한 마주서기 전까지는 느끼지 못한다. 그래도 비와 눈이 올 것 같으면 습한 바람을 피부로 느끼게 되고, 어두워진 하늘을 바라보게 된다. 일상에서의 하늘과 바람, 그리고 비와 눈은 그저 이 정도 관심의 대상일 뿐이다.

그런데 노랫말에서는 사뭇 다르다. 말뭉치에서는 명사 중 빈도 순위가 217위에 불과한 '하늘'이 가사에서는 22위가 된다. 말뭉치에서는 416위로서 저 뒤에 밀려 있던 '비'가 제목에서는 14위로 급상승한다. '눈'과 '안개'도 말뭉치에서는 한참을 뒤져야 찾을 수 있는데 노랫말에서는 꽤나 앞자리를 차지하고 있다. 그저 늘 있는 하늘에서 벌어지는 자연현상들, 혹은 '날씨'라는 말로 뭉뚱그려지는 것들이니 일상에서 그리 많이 언급해야 할 이유가 없다. 그러나 노랫말에서는 특별한 대접을 받는다. 노랫말이 일기예보를 하는 것은 아니다. 하늘을 보며 하고 싶은 이야기, 내리는 비와 눈에 담고 싶은 이야기가 있는 것이다.

하늘의 색

1980년 여름, 암울한 사회 분위기 속에서도 이제는 사라진 방송사인 TBC가 주관하는 세 번째 〈젊은이의 가요제〉가 열린다. 가요제의 이름 때문이었을까, 아니면 시대를 견뎌보려는 젊은이들의 외침이었을까 알 수 없지만 우리 노래의 역사에서 오랫동안 기억될 만한 노래가 세상에 모습을 드러낸다. 그룹의 이름에서도 건강함이 느껴지는 '건아들'의 〈젊은 미소〉가 장려상을 받고, 학교의 상징 황소를 그룹 이름에 넣은 '옥슨 80'의 〈불놀이야〉가 금상을 받는다. '너와 나의 영원한 젊은 미소 밝은 내일을 약속하리라'는 노래도 희망적이고, 황소를 닮은 젊은이들의 시원한 목소리도 듣기 좋다. 그러내 대상을 받은 노래는 수상 이유를 분명히 보여준다. 하늘의 이미지를 이만큼 예쁘게 그려낸 노랫말도 드물다.

아침 햇살에 놀란 아이 눈을 보아요
파란 가을 하늘이 그 눈 속에 있어요
……
난 어른이 되어도 하늘빛 고운 눈망울
간직하리라던 나의 꿈 어린 시절 어린 꿈이 생각나네
• 최광수 작사, 로커스트 노래, 〈하늘색 꿈〉, 1980

가사에 나오는 '하늘색'은 물감의 이름으로도 쓰인다. 밤에는 새카만 하늘, 해가 지고 뜰 무렵에는 붉은 하늘, 비와 눈이 내릴 때에는 잿빛 하늘이지만 물감의 '하늘색'은 오로지 푸른색이다. 시시각각 변하는 하늘의 색을 알고 있지만 가장 바라는 색을 '하늘색'이라 고정해 놓았다. 당연히 구름 한 점 없는 높고 푸른 하늘, 특히 가을의 하늘이 '하늘색'이다.*

노랫말에서의 하늘도 '하늘색'처럼 나타난다. 제목에서는 95회가 나타나고, 가사에서는 6,859회가 나타난다. 노랫말이 남자와 여자의 사랑 이야기인데 '남자'와 '여자'보다도 많이 나타나는 것이다. 횟수만 많은 것이 아니라 그 이미지도 긍정적이다. 눈을 위로 향해 하늘을 볼 수 있는 사람은 삶 속에 여유가 있는 사람이거나 앞날에 대한 희망을 찾는 사람들이다. 그러니 하늘을 우울하게 그릴 이유가 없다. 때때로 색이 변하기도 하지만 때가 되면 다시 맑고 푸른 하늘이 되리란 것도 안다. '하늘' 뒤에 '나라'를 붙여 누군가가 떠났다고 쓰지 않는 한 하늘은 늘 희망적이다.

'하늘'과 같이 나타나는 단어들을 봐도 그렇다. '하늘' 앞에 많이 쓰이는 단어들은 '파란, 푸른, 높은' 등이고 뒤에 많이 쓰이는 단어들은 '아래, 위, 높이' 등이다. 하늘은 높고 푸르러야 하고, 그 아래에 우리가 살고 있음에 감사해야 하고, 꿈은 하늘 위로 높이 향하도록

---

* 사물이나 천체, 자연 등을 끌어들여 색깔 이름을 정하는 것은 흔한 일이다. 우리말로 '하늘색'이라고 하는 색은 영어로는 '스카이 블루sky blue'이니 결국은 같은 말이다. 황토색, 개나리색, 고동색, 오렌지색 등도 같은 맥락이다. 그러나 주황색과 흰색을 섞으면 만들 수 있는 '살색'은 인종 차별 문제 때문에 더 이상 사용할 수 없는 이름이 되었다.

해야 한다는 의식의 표현이기도 하다. 그래서인지 그룹의 이름을 푸
는 하늘이라 짓고 부른 대부분의 노래들이 밝고 건강하다. 노랫말까
지 '푸른 하늘'로 도배한 이 노래는 특히 그렇다.

> 나의 마음 언제나 푸른 하늘처럼 맑을래
> 하얀 구름모자 쓰고 나와 웃음 띠우는 하늘같이
>
> • 유영석 작사, 푸른하늘 노래, 〈푸른 하늘〉, 1990

하늘은 텅 비어 있는 공간이 아니라 해와 달, 그리고 별을 품고 있다.
더 맑은 하늘은 은하수도 품고 있다. 해와 달 또한 노랫말에서 만만치
않게 등장하는데 썩 나쁘지 않은 이미지다. 달은 가끔 청승을 매개하
기는 하는데 별은 그런 적이 없다. '푸른 하늘 은하수'는 더더욱 그렇
다. 그런데 하늘을 가르는 바람과 하늘에서 내리는 비와 눈은 그렇지
않다. 하늘과 땅 사이에서 머뭇거리는 안개도 마찬가지다. 그래도 다
행이다. 그 모든 것 위에 '하늘'이 있고 '하늘색 꿈'도 언제나 유효하다.

노래에 이는 바람

기압의 변화에 의해 일어나는 공기의 움직임, 사전은 '바람'을 이렇
게 무미건조하게 설명하고 있다. 지극히 당연한 뜻풀이인데 뭔가 마
음에 와 닿지 않는다. 눈으로 볼 수도 없고, 귀로 들을 수도 없는 공
기의 움직임이지만 우리는 보고 듣는 것이 가능하다고 믿고 있다. 나

뭇가지와 갈대를 지나갈 때의 흔들림과 소리를 알고, 먹구름을 몰고 올 때의 느낌을 알고 있다. 그러나 '바람'이 우리 노랫말 속에서 그렇게 많이 부는지는 알지 못한다. 노랫말에 나타날 법한 여러 자연현상 중 가장 먼저 떠오르는 것인 '비'인데 실상은 아니다.

'하늘'까지 포함해 '바람'과 '비'가 엎치락뒤치락 하는 양상을 보여준다. 가사에서 가장 높은 빈도를 보이던 '하늘'이 제목에서는 세 번째로 밀린다. '바람'은 가사에서는 '비'에 앞서지만 제목에서는 뒤로 처진다. 가사에서 '바람'이 '비'보다 많이 나타나는 것은 의외다. '비'와 '바람' 모두 각각의 의미와 용법을 가지고 있지만 '바람'은 상대적으로 고정된 이미지가 옅은 편이다. '바람'이 '파도'와 엮여서 '풍파風波'로 쓰일 때는 세상살이의 어려움을 나타내기도 하지만 보

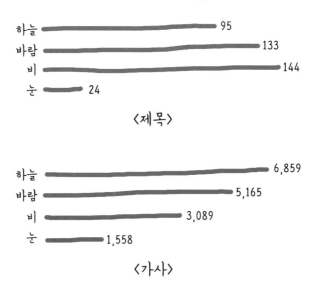

하늘 ▬▬▬▬▬▬▬ 95
바람 ▬▬▬▬▬▬▬▬ 133
비 ▬▬▬▬▬▬▬▬▬ 144
눈 ▬▬ 24

〈제목〉

하늘 ▬▬▬▬▬▬▬▬▬ 6,859
바람 ▬▬▬▬▬▬▬ 5,165
비 ▬▬▬▬▬ 3,089
눈 ▬▬▬ 1,558

〈가사〉

통은 특별한 치우침이 없는 말이다. 결국 '바람'은 어떤 말과 함께 쓰이느냐에 따라 의미와 용법이 정해진다.

노랫말에서 '바람'의 앞에 쓰여서 생명을 불어넣는 단어들을 빈도 순으로 정리해보면 '차가운, 시원한, 거친, 거센, 모진, 따뜻한' 등이다. '시원한'과 '따뜻한'을 제외하고는 부정적인 용법으로 바람을 몰아간다. '차가운'은 겨울 날씨를 그리기 위한 것이고 '거친, 거센, 모진'은 고된 삶을 표현하기 위한 것이다. 그러나 노랫말에서 자주 등장하는 단어가 대개 그렇듯이 바람 역시 결국은 사랑을 표현하기 위한 도구로 사용된다. 〈바람이 분다〉의 착 가라앉은 분위기는 결국 '사랑은 비극이어라'라는 노랫말로 설명이 된다. 그리고 이 노래로도 바람의 정체가 드러난다.

> 그대 이름은 바람 바람 바람 왔다가 사라지는 바람
> 그대 이름은 바람 바람 바람 날 울려놓고 가는 바람
> • 김범룡 작사, 김범룡 노래, 〈바람 바람 바람〉, 1985

> 사랑인 줄 믿었는데 바람인 줄 몰랐는데
> 이제 와서 가슴 시린 바람이었어
> • 양인자 작사, 김현식 노래, 〈바람인 줄 알았는데〉, 1980

앞의 노래는 제목과 가사 모두에서 '바람'의 빈도 순위를 높이는 데 특히 기여를 많이 한다. 이 노래 속의 바람은 '그대'이자 '사라지는'과 '울리는'으로 묘사된다. 다가오기 전까지는 존재를 알지 못하

다가 느끼는 순간 바로 지나가 버리는 것이 바람이다. 사랑도 어느 날 바람처럼 왔다가 바람처럼 사라져버린다. '바람'에 가장 어울리는 동사가 '스치다' 혹은 '스쳐가다'인 이유가 있다. 스쳐야 알지만 그 순간 바로 가버린다. 〈바람인 줄 알았는데〉를 부른 노래꾼도 그렇게 너무 일찍 스쳐가고 말았다.

노랫말 속에는 다른 바람도 많다. '꽃바람' 속의 바람은 앞에 붙은 '꽃' 덕분에 화사한 느낌이 든다. 꽃 피는 시절에 부는 '봄바람'은 그저 계절 중 하나에 부는 것일 수도 있지만 마음이 들떠 '바람'이 날 수 있는 바람이다. 불어오는 바람이야 어쩔 수 없지만 '나는 바람'과 '피우는 바람'은 환영할 것이 못 된다. 온갖 바람들이 있지만 노랫말 속의 바람은 대개 서늘하다. 온도가 아니라 느낌이 그렇다. 때로는 살갗을 스치고 지나가는 것이 아니라 가슴을 뚫고 지나가는 느낌을 주기도 한다. 한없이 투명해서 보이지는 않지만 어딘가에 늘 있는 바람처럼 '바람'은 앞으로도 노랫말 속에서 사랑을 받을 것이다.

비와 당신

크리스마스 때마다 만나야 하는 영리한 꼬마와 불쌍한 도둑 둘이 있다. 3편까지 나온 〈나 홀로 집에〉가 그것인데 시리즈를 다 보고 나면 어느새 크리스마스가 지나가 버린다. 주인공 케빈이 성년이 되었을 무렵부터는 '사랑은 실제로 어디에든 있다'는 〈러브 액추얼리Love Actually〉로 대체된다. 영화 한 편에 19명의 사랑 이야기를 담기가 쉽지 않을 텐데 모든 사랑 이야기가 때론 잔잔하게, 때론 진하게 전해진다. 그 중의 하나 늙어서도 변태 끼를 버리지 못한 가수와 그와 함께 늙어 버린 촌스런 매니저의 사랑도 잔잔하게 전해진다. 그리고 그런 사랑을 다시금 그리고 싶었던 감독에 의해 영화 〈라디오 스타〉가 만들어진다. 덕분에 비가 오면 생각나는 노래 한 곡도 세상에 선을 보이게 된다.

> 그런 내 맘이 비가 오면 눈물이 나요
> 아주 오래전 당신 떠나던 그날처럼
> • 방준석 작사, 박중훈 노래, 〈비와 당신〉, 2006

제목과 가사에 '비'가 딱 한 번씩만 나오지만 비가 올 때마다 이 영화를 떠올리는 것은 영화의 덕이기도 하고 노래 자체의 힘이기도 하다. '하늘'까지 포함해 여러 자연현상 중 비에 대한 노래가 가장 많다고 느껴지는 것은 이 노래를 포함해 '비'가 제목에 쓰인 노래가 많기 때문이다. 가사에서는 '하늘'과 '바람'에 뒤지지만 제목에서는 가장 앞선다는 것이 그 증거다. 그러나 이것만으로는 설명이 되지 않는다. 계절 중 '가을'이 포함된 노래가 가장 적은데도 가을 노래가 많다고 느껴지는 이유를 생각해보아야 한다. '비'를 소재로 한 노래 중에 좋은 노래가 많고, '비'에 대한 노래가 공감이 잘 되는 데서 이유를 찾아야 한다.

> 비가 내리고 음악이 흐르면 난 당신을 생각해요
> 당신이 떠나시던 그 밤에 이렇게 비가 왔어요

• 박성식 작사, 김현식 노래, 〈비처럼 음악처럼〉, 1986

비는 시각, 청각, 후각, 미각, 촉각의 오감 모두로 전해진다. 비가 내리기 전 어두워진 하늘, 떨어지는 빗방울, 기스락을 타고 떨어지는 빗물이 눈에 보인다. 후두두 떨어지는 소리와 함께 훅 끼쳐 오는 흙 냄새, 그리고 비릿한 물 냄새가 이어진다. 그 소리와 함께 반사적으로 떠오르는 부침개와 고이는 침도, 살갗으로 느껴지는 차가움도 모두 비에 대한 느낌으로 다가온다. 이렇게 살뜰히 느껴지는 것이 비이다 보니 누구든 비에 대한 노래는 가슴 깊이 받아들일 준비가 되어 있다. 비에 대한 노래들은 이 모든 것을 담아낸다. 안개비부터 장대비까지, 봄비부터 겨울비까지 모두를 노래로 담아낸다.

그런데 비와 관련된 노래는 전반적으로 우울하다. '봄비'는 좀 나을 듯도 한데 '나를 울려주는 봄비'(신중현 작사, 김추자 노래, 〈봄비〉, 1967)로 나온다. '여름비'는 간 데 없고, '가을비'는 '아픈 가슴 달래며 찾아 헤매이는 가을비 우산 속'(이두형 작사, 최헌 노래, 〈가을비 우산 속〉, 1978)이 된다. 겨울에도 눈 대신 '아픈 마음에 홀로 걸으면 겨울비 내려와 머리를 적시는' '겨울비'가 그려진다. '물'의 이미지가 그러니 어쩔 수 없다. 비오는 날의 어두침침한 분위기도 그렇고, 추적추적 조금씩 젖어드는 옷 속의 몸과 마음도 그렇다. 또 다시 '청승'이란 키워드를 꺼내들 수밖에 없다. 비 내리는 날은 청승이 어울리고, 청승에 노래만 한 것이 없다.

그러나 꼭 그런 것만은 아니다. 음악을 연구하는 사람이 아닌, 미술을 연구하는 사람이 깊은 관심을 기울여야 할 노랫말도 있다. 빗방울이 떨어진다. 점점이 떨어져 먼지를 뭉쳐내던 빗방울이 어느새 굵어지면 세상의 모든 때를 벗겨낸다. 그것을 깨끗한 붓으로 투명하게 색칠을 하는 것으로 표현했다. '투명한 색칠'은 어느 화가도 구현하지 못한 그림의 기법이자, 어떤 시인도 생각해내지 못한 모순어법이다. 글로 쓴 수채화이자 목소리로 그려낸 수채화다.

빗방울 떨어지는 그 거리에 서서
그대 숨소리 살아 있는 듯 느껴지면
깨끗한 붓 하나를 숨기듯 지니고 나와
거리에 투명하게 색칠을 하지
• 강인원 작사, 강인원 외 노래, 〈비 오는 날의 수채화〉, 1989

화이트 크리스마스

눈은 엉터리 화가다. 비를 수채화를 그리는 화가에 비유할 수 있다면 눈은 유화를 그리는 화가에 비유할 수 있다. 도화지나 캔버스에 색을 입혀 나가는 것이 그림을 그리는 과정임을 감안하면 비나 눈 모두 엉터리 화가이긴 하다. 그러나 비는 내리면 내릴수록 투명하게 색칠을 해서 먼지 속에 감춰져 있던 풍경을 찾아내니 그나마 낫다. 그러나 눈은 아니다. 어두운 색부터 칠해야 하는 유화의 기본을 눈은 애초부터 무시한다. 흰색으로 온 세상을 다 칠해놓고는 그것이 끝이다. 첫눈이 오면 개뿐만이 아니라 모든 사람이 다 설렌다.

슬퍼하지 마세요 하얀 첫눈이 온다구요
그때 옛말은 아득하게 지워지고 없겠지요
함박눈이 온다구요 뚜렷했었던 발자욱도 모두 지워져 없잖아요
 • 김정신 작사, 이정석 노래, 〈첫눈이 온다구요〉, 1979

살다 보면, 그리고 가능한 일이라면 한 번쯤은 리셋 키를 누르고
싶다. 그 욕구를 흰 눈이 대신 해준다. 옛말과 옛일을 모두 지우고 오
로지 흰색으로 덮어주니 고마울 따름이다. 덧칠을 할수록 점점 더 망
쳐지는 그림을 그리는 아이가 새 도화지를 받은 기분이기도 하다. 비
록 겨울 한 철에 한정되어 내리지만, 눈이 녹아가는 세상은 더 슬픈
세상이 되지만 잠시나마 맞이하게 되는 하얀 세상은 누구에게나 기
쁨이다. 그래서인지 '눈'에 대한 노래들의 상당수는 밝고 건강하다.

우리들 사랑이 담긴 조그만 집에 옹기종기 모여 정다운 이야기
서로의 즐거움 슬픔을 나누던 밤
지금도 잊을 수 없는 즐거운 시절
 • 조하문 작사, 조하문 노래, 〈눈 오는 밤〉, 1987

겨울날 조건만 맞으면 언제든지 내리는 눈이지만 크리스마스에 내
리는 눈을 최고로 친다. '화이트 크리스마스'란 물 건너 온 말 때문에
그렇다.⁰ 생각해보면 화이트 크리스마스는 이제까지 극히 적었고,

 • 사실 '화이트 크리스마스'는 철저하게 만들어진 전통의 만들어진 이미지일 뿐이다. 크리

겨울에 눈이 내리는 횟수를 감안해 보면 앞으로도 크리스마스이브에 눈이 올 가능성은 극히 낮다. 그래도 크리스마스와 눈이 같이 나오는 노래가 40곡에 육박한다.

> 크리스마스에는 축복을 크리스마스에는 사랑을
> 당신과 만나는 그날을 기억할게요
> 창 틀 위에 촛불이 까만 밤을 수놓으며
> 온 세상이 하얀 눈으로 덮여가겠죠
> • 김현철 작사, 강성민 외 노래, 〈크리스마스에는 축복을〉, 2009

눈에 대한 환상과 기다림을 깰 이유는 없다. 일 년 내내 비 구경을 하기가 어려운 사막도 있다. 한 철이나마 눈 구경을 하려면 정해진 위도 이상으로 자리를 잡아야 한다. 물이 덜 귀한 지역에서 네 계절 내내 비 구경을 하다가 가끔씩 눈 구경을 하는 것은 축복이다. 그리고 그 눈을 바라보며 들을 수 있는 노래가 있다는 것도 큰 기쁨이다. 다행히 '첫눈'도 해마다 내리니 〈첫눈이 온다구요〉는 빼먹지 않고 들을 수 있다.

스마스에 관심을 가지는 것은 산타클로스를 기다리는 아이들과 만날 핑계를 찾는 연인들이 대부분이다. 기독교인이라면 모를까 딱히 기억해야 할 명절도 아니고 특별한 절기도 아니다. 그러나 어느 순간부터 명절 이상의 날이 되었고, 꼭 흰 눈이 내려야만 하는 날이 되었다.

구름, 안개, 그리고 이슬

모든 것이 물의 조화다. 지표면과 수평선 위의 물이 태양에 끌려 하늘로 올라간다. 올라가서 구름으로 뭉쳐 있다가 무거우면 엉겨서 비로 내리고, 날이 추우면 눈으로 내린다. 때로는 높이 올라가지 못한 물의 기운이 자욱하게 안개로 변하기도 하고 새벽마다 풀잎 위에 이슬로 맺히기도 한다. 노랫말에서는 이 셋이 사이좋게 줄을 서서 나타난다.

'구름'이 '눈'과 비슷한 횟수로 나타나는 것은 다소 의외다. 그러나 누군가 지구과학 시간에 배운 대로 노랫말을 쓴 것은 아니지만 자연현상을 있는 그대로 반영한 것이기도 하다. 비와 눈이 내리려면 구름이 있어야 하니 딱 그만큼의 '구름'이 노랫말에 나온다. 노랫말 속의 구름은 '바람'과 '비'를 반반씩 닮았다. 하늘에 떠 있어야 하니 바람

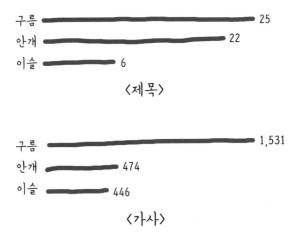

구름	25
안개	22
이슬	6

〈제목〉

구름	1,531
안개	474
이슬	446

〈가사〉

과 비슷해야 한다. 앞에 뭐가 붙느냐에 따라 느낌이 달라지는데 '흰 구름'과 '먹구름'이 그것을 확인시켜준다. 물을 머금고 해를 가리다가 언젠가는 비로 내리니 결국은 비와 닮아 있다. 어떤 구름이든 '뜬구름'이니 정처 없이 떠다니는 인생에 비유되기도 한다.

> 눈물을 감추려고 하늘을 보니 정처 없는 구름 나그네
> 어디로 가는 걸까 아무 말도 하지 않고
> 부는 바람 새소리에 고개 넘어 님 찾으러
> • 서유석 작사, 최헌 노래, 〈구름 나그네〉, 1978

지표면과 대기의 온도 차이로 생기는 것일 뿐인 안개는 죄가 없는데 인간이 만들어낸 연기와 결합어 스모그가 되면서 애꿎게 욕을 먹는다. 그러나 노랫말이 그려내는 안개는 자연 속의 그것이다. 비록 각종 탈 것의 운행에 방해가 되지만 분위기를 조성하는 데는 이만한 것이 없다.* 모든 것이 뿌옇게 보이기는 하지만 그래서 오롯이 자신과 주변에만 집중하게 되기도 한다. 물론 '안개'는 이 노래 덕에 장충단 공원에서의 청승으로 영원히 기억될 수밖에 없다.

안개 낀 장충단 공원 누구를 찾아왔나

• 냇 킹 콜Nat King Cole의 〈외롭고도 오래된 도시It's A Lonesome Old Town〉가 〈밤안개〉로 번안된 이유를 여기서 찾을 수도 있다. 오래된 도시와 안개는 직접적인 관련이 없지만 '외로움'을 연결고리로 하면 둘은 자연스럽게 어울리게 된다. 안개가 자욱하게 끼면 세련된 고층빌딩의 도시도 오래된 도시처럼 느껴진다.

낙엽송 고목을 말없이 쓸어안고 울고만 있을까

• 최치수 작사, 배호 노래, 〈안개 낀 장충단 공원〉, 1967

이른 아침 풀숲을 걸어보지 못한 사람은 이슬을 책으로 배우거나 녹색 병에 붙은 상표 딱지로 알게 된다. 해 뜨기 전 풀잎에 맺혔다가 해가 뜨는 순간 영롱하게 반짝이다가 순식간에 사라지는 것이 이슬이다. 과거에는 도둑이나 바람난 사람들이 밤이슬을 밟으니 나쁜 이미지로 여겨지기도 했지만 오늘날에는 그럴 이유가 없다. 그저 맑고 깨끗하고 신비로운 존재일 뿐이다. 자연 속의 이슬은 이런 이미지이지만 우리의 머릿속에 박힌 이슬은 숙연한 저항의 상징이기도 하다. 순전히 이 노래 때문이다.

긴 밤 지새우고 풀잎마다 맺힌
진주보다 더 고운 아침 이슬처럼
내 맘에 설움이 알알이 맺힐 때
아침 동산에 올라 작은 미소를 배운다

• 김민기 작사, 양희은 노래, 〈아침이슬〉, 1971

노래가 있어 다행이다. 눈으로 보지 못하고 귀로 듣지 못하는 바람을 노래는 느끼게 해준다. 비를 기다리는 농부의 마음은 아니겠지만 내리는 비를 청승 속에서도 진한 느낌으로 즐길 수 있도록 노래가 도와준다. 〈잃어버린 30년〉에서 '비가 오나, 눈이 오나, 바람이 부나' 생각나는 것은 헤어진 가족이지만 일상에서는 그렇지 않다. 어떤 하늘에 어떤 날씨든 어울리는 노래가 있다. 구름과 안개가 끼어도 마찬가지고 이슬이 내려도 마찬가지다. 날이 어떻든 우리 곁에 늘 있는 노래는 좋고도 감사하다.

누가 하늘을 보았다 하는가
누가 구름 한 송이 없이 맑은
하늘을 보았다 하는가

• 신동엽, 〈누가 하늘을 보았다 하는가〉

부록

순위로 보는 노랫말

'천사의 미소처럼 새들의 노래처럼 이토록 사랑스런 당신이 좋은걸요' 로 시작되는 노래가 있다. 가사의 첫 구절만 들어봐도 의심할 여지가 없이 우리가 흔히 듣는 사랑노래다. '자줏빛 비가 내리는 숲' 이라는 뜻을 가졌지만 그저 '자우림' 이란 세 글자로 기억되는 그룹이 부른 노래이니 역시 그렇다. 그런데 노래 제목이 엉뚱하게도 ⟨17171771⟩이다. 숫자로만 된 제목, 이 노래를 소개할 DJ도 고역이겠다. 설마 '천칠백십칠만 천칠백칠십일' 이라고 하지는 않겠지만 '일칠일칠일칠칠일' 이라고 하기도 난감하다. 간첩들의 암호 같은 제목이다.

ㅣ ㄴ ㄴㅣ ㄴㅣ ㄴㅣ
I L U V U

그런데 엉뚱하게도 이 노래의 제목은 ⟨I Love You⟩라고 한다. '17171771'을 쓴 뒤 뒤집고, 띄어쓰기를 해서 억지로 로마자에 대입해 보면 'I L U V U'가 된단다. 넓은 마음으로 보면 그리 보이기도 하니 너무 억지스럽다고 따질 필요는 없다. 어쨌든 숫자가 주는 묘한 느낌 때문에 제목으로서 관심을 끄는 데는 성공했으니 말이다.

숫자는 수를 세거나 순서를 정하기 위해 쓴다. 헤아리는 것이 양이기도 하고 수이기도 하지만 그것을 숫자로 표시하면 그 정도가 쉽게 가늠이 된다. 그리고 이 숫자의 많고 적음에 따라 순서를 정하는 방법도 있다. 빈도를 따져 순위를 매기는 것이 그것이다. 노랫말을 수로 바꾸는 것은 노래가 가진 고유의 속성을 지나치게 단순화하는 것일 수도 있다. 그러나 숫자로 표현되는 것은 많으면 많은 대로, 또 적으면 적은 대로 그 이유가 있다. 따라서 노랫말을 구성하는 여러 요소를 헤아려 그것을 순위별로 살펴보는 것도 노랫말을 들여다보는 흥미를 더해준다.

'아, 그 서울에 사랑이 없어 다시 나를 사랑한다'는 어색하기 짝이 없는 문장이다. 그러나 노랫말 속에 등장하는 요소들 중 각 영역별로 가장 높은 순위의 말들을 엮어서 만들어본 제목이다. 왜 '서울'과 '안녕'이 많이 등장할까? '사랑'이 첫 번째 자리를 차지하는 것도 모자라 '사랑하다'마저도 왜 맨 앞자리를 차지하는 것일까. 어차피 '나의 노래'일 텐데 왜 '나'가 끊임없이 등장하는 것일까. '없다'가 '있다'를 누른 이유는 무엇이고, '다시'는 왜 잊을 만하면 다시 등장하는가. 단어는 명사, 동사, 형용사 등 몇 개의 부류로 나눈다. 그 부류에 대해서는 굳이 자세히 알 필요는 없다. 그러나 각 부류별로 각각의 수를 헤아려 보고 그 순위를 살펴보는 것도 흥미롭다. 물론 더 세밀하고 깊이 있게 들여다보는 것은 그다음 일이다.

내 하나의 사랑 서울

단어의 기본은 역시 무엇인가의 이름을 나타내는 말이다. 국어시간에 배운 용어를 끄집어내자면 명사가 이에 해당된다. 사물의 이름을 나타내는 이 부류의 말은 말을 배울 때 가장 먼저 배우는 것들이기도 하다. 이와 비슷한 것이 대명사와 고유명사이다. 명사는 명사이되 대명사는 말 그대로 명사를 대신하는 말이고, 고유명사는 세상에 하나밖에 없는 대상의 이름이다. 한 나라의 가장 높은 이를 '왕'이라 하는데 이는 명사이고, 그중에 '세종'은 세상에 하나밖에 없으니 고유명사이다. 왕 중의 하나인 세종이 자신을 '나'로 대신할 수 있는데 이 말이 곧 대명사이다. 숫자를 헤아리는 말을 수사라고 하는데 여기에 속한 단어도 명사와 비슷한 쓰임을 보인다.

'사랑'과 '사람'은 말 그대로 한끝 차이다. 눈이 나쁜 사람이나 한글을 처음 보는 사람이 보면 같은 글자로 보일 수도 있다. 이 '사람'과 '사랑'은 명사의 사용 빈도 면에서 가장 윗자리를 차지하고 있는 단어들이다. 그런데 노랫말에서와 말뭉치에서의 순위가 엎치락뒤치락한다. 노랫말에서는 '사랑'이 1위, '사람'이 2위인데 말뭉치에서는 1위가 '사람'이고 '사랑'은 104위로 한참 뒤다. 시인 한용운이 〈님의 침묵〉에서 읊었듯이 '사랑도 사람의 일'이니 '사랑'과 '사람'은 떼려야 뗄 수 없는 말이다. 그래도 이 순위가 말해주는 한 가지 확실한 것이 있다. 노래가 '사랑타령'이라는 것, 바로 그것이다.

나머지 명사들을 살펴보는 것도 흥미롭다. 말뭉치 속의 '일, 문제, 사회, 정부'등을 보면 머리가 아파진다. 다행히 이런 단어들은 노랫

순위	제목	가사	말뭉치
1	사랑	사랑	사람
2	사람	마음	때
3	이별	말	말
4	눈물	사람	일
5	여자	눈물	문제
6	남자	때	속
7	날	이제	경우
8	말	날	사회
9	밤	속	자신
10	노래	가슴	정부

▶ 명사의 빈도 순위

말 속에서는 잘 나타나지 않는다. 반대로 노랫말의 말들을 살펴보면 가슴이 아파진다. '남자'와 '여자'가 만나서 '사랑'을 하는데 '이별'이 끼어들어 '가슴'을 아프게 해 결국은 '눈물'이 흐르게 한다. '마음'이 아프기는 하지만 결국 이것이 '노래'다.

서울은 대한민국의 수도다. 이 또한 유치원생도 알고 있는 극히 일반적인 상식이다. '대한민국'은 우리의 공식적인 국호이지만 현실에서는 이것을 줄인 '한국'이 더 많이 쓰인다. 그리고 '한국'은 말뭉치에서 가장 많이 등장하는 고유명사이다. 당연하다. 한국 사람이 한국 말로 말을 하고 글을 쓰면서 가장 많이 언급하는 고유명사가 이것일 수밖에 없다. 철수와 영희가 아무리 많더라도 8천만에 이르는 사람들의 조국인 '한국'에 비할 바가 아니다.

그런데 노랫말에서는 '한국'은 순위가 저만치 뒤로 밀리고 '서울'이 맨 앞자리를 차지한다. 말뭉치에는 신문기사, 뉴스, 교과서 등이 많이 포함되어 있으니 '한국'이 많이 등장하는 것은 당연하다. 그러나 노래에서 '대한민국'이든 '한국'이든 '나의 조국'이 등장할 이유는 없다. 행사 때마다 부르게 되는 〈애국가〉나 대통령이 작사와 작곡을 한 유일무이하지만 정체불명의 노래 〈나의 조국〉이라면 모를까. 응원구호로 '대한민국'이 등장하고 월드컵 때 〈오 필승 코리아〉가 등장하기는 하지만 이는 모두 특별한 경우이다.

그러니 노랫말에서는 '한국' 대신 '서울'이 1등을 차지하는 이유가

순위	제목	가사	말뭉치
1	서울	서울	한국
2	부산	대한민국	미국
3	평양	부산	일본
4	순이	한국	서울
5	여수	코리아	북한
6	신데렐라	한강	김
7	목포	순이	중국
8	대한민국	강남	조선
9	강남	동해	러시아
10	한강	마징가	프랑스

▶ 고유명사의 빈도 순위

분명하다. 서울은 대한민국의 수도이자 가장 많은 사람들이 거주하는 곳이기도 하다. '서울' 자체가 지명이기도 하지만 한 나라의 수도라는 뜻으로 쓰이기도 한다. 심지어는 동요 〈오빠 생각〉에서 누이의 비단구두를 사기 위해 가는 곳이기도 하다. 사람에 따라 동의를 할 수도, 안 할 수도 있지만 노랫말에서는 '아름다운 서울에서 서울에서 살렵니다'(길옥윤 작사, 패티 김 노래, 〈서울의 찬가〉, 1969)와 같이 흔하게 나타난다.

순위	제목	가사	말뭉치
1	나	나	나
2	너	너	그
3	그대	그대	우리
4	우리	내	이
5	당신	우리	그것

▶ 대명사의 빈도 순위

순위	제목	가사	말뭉치
1	하나	하나	만
2	둘	둘	백
3	천	오	천
4	백	천	억
5	열	열	하나

▶ 수사의 빈도 순위

그래도 말뭉치와 노랫말이 일치하는 게 있기는 하다. 대명사의 순위에서는 둘 다 '나'가 압도적인 1위이다. '나'가 있어야 '너'가 있고, '너'까지 있어야 '그'가 있으니 당연한 것이기도 하다. 노랫말에서든 일상의 말과 글에서든 모든 말은 나로부터 시작된다. 다른 대명사도 순위는 크게 다르지 않다. 대명사의 숫자 자체가 적고 그 용법이 제한되어 있어서 나타난 결과이다. 그러나 노랫말에서 흔히 쓰이는 몇몇 대명사는 곱씹어볼 필요가 있다. 특히 노랫말의 대명사는 단순히 단어 하나로서의 지위뿐만 아니라 노래의 전체적인 모습을 결정하는 중요한 역할을 한다.

숫자를 헤아리는 말은 우리의 예상을 조금 벗어난다. 노랫말이 그렇다는 것이 아니라 말뭉치가 그렇다. 모든 수는 '일' 또는 '하나'로부터 시작된다. 따라서 당연히 '일' 또는 '하나'가 가장 많이 등장할 것으로 기대된다. 노랫말은 이러한 기대를 저버리지 않고 '하나, 둘, 천, 백, 열' 순으로 나타난다. 그런데 말뭉치에서는 '만, 백, 천, 억'순으로 나오다가 겨우 '하나'가 나온다. 노랫말에서의 숫자는 보통 사랑의 대상 또는 횟수를 나타낸다. 그러나 현실에서의 숫자는 대개 돈이다. 그러니 노랫말에서의 숫자는 작을수록 좋고 현실에서의 숫자는 클수록 좋다.

사랑이 있어야 사랑하다가 된다

사물의 이름을 나타내는 말만큼이나 중요한 말은 움직임이나 상태를 나타내는 말이다. 말이란 것이 어떤 대상의 움직임이나 성질 혹은 상태를 표현하는 것이 기본이니 그렇다. 어떤 대상은 명사 및 이와 비슷한 역할을 하는 말로서 이미 살펴보았으니 그다음은 움직임이나 상태를 표현하는 말을 찾아봐야 한다. 역시 국어시간에 배운 지식을 살짝 동원해보면 움직임을 나타내는 말은 '동사'라고 하고 성질과 상태를 나타내는 말은 '형용사'라고 한다.

동사가 보여주는 양상도 명사와 비슷하다. 노랫말에서는 '사랑하다'가 가장 앞자리에 있는데 비해 말뭉치에서는 139위로서 뒤로 한참이나 밀려 있다. 노랫말에서는 사랑이 넘치지만 현실에서는 그렇지 않은 것이다. 사람들의 동작이란 것이 결국 무엇인가를 '하는' 것

순위	제목	가사	말뭉치
1	사랑하다	하다	하다
2	가다	사랑하다	되다
3	하다	보다	보다
4	오다	되다	대하다
5	되다	가다	위하다
6	보다	알다	말하다
7	모르다	모르다	받다
8	알다	잊다	가다
9	울다	오다	알다
10	살다	살다	오다

▶ 동사의 빈도 순위

인데 무엇을 하는지 모를 '하다' 앞에 '사랑'이 붙어 노랫말의 정체성이 분명해진다. 결국 사랑을 '모르는' 사람들이 '오고 가다 보는' 사람을 '알게' 되고 결국 '사랑하게' 되는 것이 노랫말이다. 물론 '살다가 울게' 되는 일도 많이 그려지는 것이 노래이기도 하다.

성질이나 상태를 표현하는 말은 모순되는 두 형용사가 뒤바뀐 양상을 보여준다. 말뭉치에서는 그래도 긍정의 의미를 가지고 있는 '있다'가 가장 높은 자리를 차지하고 있는 반면 노랫말에서는 부정적인 의미의 '없다'가 그 자리를 차지하고 있다. 말뭉치는 성질과 상태를 담담하게 표현하는 말들이 높은 빈도를 보이는 반면 노랫말에서는 감정에 치우친 말들이 많이 나타난다. '그립고, 미안하고, 아프고,

순위	제목	가사	말뭉치
1	없다	없다	있다
2	좋다	있다	없다
3	있다	같다	같다
4	슬프다	좋다	그렇다
5	같다	아프다	크다
6	아프다	그렇다	많다
7	아름답다	이렇다	좋다
8	그렇다	행복하다	어떻다
9	미안하다	힘들다	이러하다
10	그립다	많다	이렇다

▶ 형용사의 빈도 순위

슬픈, 힘든' 것이 노랫말이다. 가끔씩은 '행복하고, 아름답고, 좋은' 것도 있지만 전체적인 정서는 역시 축 처진다. 이는 노랫말이 '청승'의 정서를 담고 있다는 것의 증거이기도 하다.

아, 다시 그 안녕

문장이 섬세해지고 그 내용이 풍부해지기 위해서는 문장을 이루는 중요한 요소를 꾸미는 말이 있어야 한다. 명사나 이와 비슷한 성질의 단어를 꾸미는 말을 관형사라 하고 동사나 형용사를 꾸미는 말을 부사라 한다. 이러한 말들이 없어도 문장은 만들어질 수 있으나 적절히 사용되면 표현하고자 하는 것들이 훨씬 더 잘 드러난다.

관형사나 부사는 그 수가 상대적으로 제한되어 있다. 그렇다보니 쓸 수 있는 말들이 어느 정도는 뻔해서 노랫말과 말뭉치가 크게 차이는 안 난다. 단지 순위 내에서의 변동만 조금 있을 뿐이다. 관형사

순위	제목	가사	말뭉치
1	그	그	그
2	한	이	이
3	이	한	한
4	두	모든	두
5	그런	두	다른

▶ 관형사의 빈도 순위

'이', '그'는 특성상 압도적으로 많이 나타날 수밖에 없다. 그나마 제목에서는 '이'가 한 단계 뒤로 밀려 있는 것이 눈에 띈다. 부사 '다시'와 '또'는 의미상 별 차이가 없다. 그런데 노랫말에서는 '또'보다 '다시'가 더 선호된다. 물론 가사에서는 '또다시'와 같이 아예 둘을 붙여서 쓰는 경우도 매우 흔해서 가사에서는 634회나 나타난다.

놀랐을 때, 느낌을 말하고자 할 때, 누군가를 부르고자 할 때 쓰는 말도 따로 분류하는데 이를 감탄사라고 한다. 사실 일상에서 감탄사는 곳곳에서 쓰이는데 글에서는 상대적으로 덜 쓰인다. 이에 반해 노랫말에서는 감탄사가 많이 쓰일 수 있다. 느낌을 솔직하게 표현하고자 할 때 적절한 감탄사는 많은 도움이 된다. 그리고 노랫말에서 나타나는 특유의 추임새나 후렴구도 있다. 따라서 감탄사의 사용양상은 사뭇 다르게 나타난다.

일상의 대화에서 인사말로 많이 쓰이는 '안녕'은 소설이나 동화에는 나타날 수 있으나 공식적은 글에 등장하기는 어렵다. 그러나 제목에서는 '안녕'이 114회나 등장해서 두 번째 순위인 '그래'의 세 배 가

순위	제목	가사	말뭉치
1	다시	다시	또
2	왜	더	더
3	잘	다	다시
4	안	또	함께
5	더	너무	가장

▶ 부사의 빈도 순위

순위	제목	가사	말뭉치
1	안녕	아	그래
2	그래	그래	아니
3	아	라라라	아
4	야	마	뭐
5	여보	안녕	네

▶ 감탄사의 빈도 순위

량 된다. 김창완은 묘하게도 〈안녕〉(김창완 작사, 산울림 노래, 1987)과 〈그래 걷자〉(김창완 작사, 김창완 노래, 1983)란 제목의 노래를 만들기도 했다. 가사에서는 수없이 많은 '아', '라라라', '랄랄라' 등이 나타난다. 이러한 다양한 추임새는 노랫말의 특징이기도 하다.

순위와 목록은 어떤 대상이 가지고 있는 본질의 일부분만 보여준다. 그러나 노랫말의 경우 등장하는 단어들의 순위와 목록을 들여다보는 것만으로도 그 특성이 어느 정도 가늠이 된다. 이제까지의 노래는 '아, 그 서울에 사랑이 없어 다시 나를 사랑한다'와 같이 엮인다. 시간이 흘러감에 따라 이 문장은 바뀔지도 모른다. '아'는 영어의 'yeah'로 바뀔 수도 있고, 지방자치가 더 활성화되면 '서울'의 순위가 밀리게 될 수도 있다. 사랑이 충만한 세상이 되면 '없다'가 '있다'로 대치될지도 모른다. 그러나 '사랑'만은 변치 않을 것으로 보인다. '내'가 '너'에게 고백하는 '사랑'이 결국은 노랫말이기 때문이다.